Elementos de uma
TEORIA DA DECISÃO JUDICIAL

Hermenêutica, Constituição e
respostas corretas em Direito

0995

F137e   Faccini Neto, Orlando.
        Elementos de uma teoria da decisão judicial: hermenêutica, constituição e respostas corretas em direito / Orlando Faccini Neto. – Porto Alegre: Livraria do Advogado, 2011.
        220 p.; 23 cm.
        Inclui bibliografia.
        ISBN 978-85-7348-759-6

        1. Filosofia do direito. 2. Hermenêutica (Direito). 3. Juízes – Decisões – Teoria. 4. Função judicial. 5. Brasil. Constituição. I. Título.

                        CDU 340.12
                        CDD 340.1

        Índice para catálogo sistemático:
        1. Filosofia do direito   340.12

(Bibliotecária responsável: Sabrina Leal Araujo – CRB 10/1507)

Orlando Faccini Neto

Elementos de uma
TEORIA DA DECISÃO JUDICIAL

Hermenêutica, Constituição e
respostas corretas em Direito

Porto Alegre, 2011

© Orlando Faccini Neto, 2011

Capa, projeto gráfico e diagramação
Livraria do Advogado Editora

Revisão
Rosane Marques Borba

Direitos desta edição reservados por
Livraria do Advogado Editora Ltda.
Rua Riachuelo, 1338
90010-273 Porto Alegre RS
Fone/fax: 0800-51-7522
editora@livrariadoadvogado.com.br
www.doadvogado.com.br

Impresso no Brasil / Printed in Brazil

Em memória de meu pai,
que sempre me deu respostas corretas...

Agradecimentos

Ao Professor Dr. Lenio Luiz Streck, pela confiança em orientar-me durante o Mestrado e, sobretudo, pelo vigor intelectual, pela coragem de produzir doutrina em um país como o Brasil.

Aos demais professores e funcionários do programa de Mestrado em Direito da Unisinos, pela atenção dispensada e pelo compartilhar de conhecimento.

Ao Tribunal de Justiça do Rio Grande do Sul, por autorizar meus afastamentos semanais, sem os quais o prosseguimento de meus estudos seria impossível.

Aos funcionários da 1ª Vara Criminal de Carazinho e ao pessoal de meu gabinete, porque me tornaram dispensável e mantiveram sempre em dia o nosso trabalho, em minhas ausências.

A todos os que, durante a elaboração deste trabalho, compartilharam minhas angústias, ouviram-me, ensinaram-me, cada qual a seu modo, um pouco mais sobre o Direito e sobre a vida. Tudo se faz e tudo fiz *with a little help from my friends*.

A minha mãe e à Luciane, que acreditaram em meus sonhos.

Finalmente, à Bruna, que mais de perto suportou os meus tormentos, temperando-os com sua doçura; que me soube ouvir, mesmo quando falava para mim mesmo e que aprendeu a conviver com minhas contradições, que não são poucas. Prova maior de que no amor também é possível encontrar-se a resposta correta.

Palavras sem obras são como disparos sem balas, atroam mas não ferem (Pe. Antonio Vieira).

Se você treme de indignação perante uma injustiça no mundo, então somos companheiros (Che).

O dilema contemporâneo – como decidir?
À guisa de prefácio

Durante os últimos quinze anos, venho travando uma batalha contra decisionismos e discricionarismos. E venho apontando o cerne do problema: o positivismo jurídico e sua má compreensão. Ou seja, a comunidade jurídica não entendeu o que a teoria do direito queria dizer com a "era do pós-positivismo". Por isso, minhas pesquisas vêm tendo uma finalidade específica: discutir o problema da validade do direito num contexto em que veem à tona as chamadas teorias pós-positivistas. Possui como tese central a ideia de que as teorias do direito contemporâneas superaram a discussão sobre a validade do direito no modo como era colocada pelo positivismo jurídico-normativista.

Deixando mais claro: como é cediço, no contexto do normativismo kelseniano os critérios para aferição da validade do direito eram dados apenas por uma conformação formal da norma inferior com a norma superior. Isso no âmbito da ciência do direito, é claro. Já o conteúdo deste processo, vale dizer, a interpretação efetuada pelos órgãos jurídicos, passava ao longe das preocupações kelsenianas. Para tanto, basta lembrar que, no capítulo VIII de sua *Teoria Pura do Direito*, Kelsen relega os problemas da interpretação do direito para o âmbito da vontade, admitindo, inclusive, sua incontrolabilidade, quando afirma o conceito de "moldura (ou quadro) normativa(o)". Ou seja, Kelsen era um pessimista em relação à atividade aplicativa do direito (decisão judicial).

Como venho explicitando de há muito, minha tese vai em direção contrária, isto é, vai no sentido de afirmar que a aferição da validade do direito *passa – obrigatoriamente – pelo enfrentamento desse conteúdo interpretativo, do controle dessa vontade do sujeito solipsista*, que havia sido deixado de lado pelo normativismo kelseniano.

Vale dizer: o direito só pode ser considerado válido se os conteúdos afirmados pela jurisdição forem legítimos do ponto de vista democrático. Nesse sentido, é possível afirmar que o normativismo kelseniano foi uma espécie de maldição lançada sobre o universo jurídico, especialmente pela confusão que causou: a expressiva maioria dos juristas viu no capítulo oitavo da TPD um espaço crítico, porque Kelsen disse que a interpretação dos juízes era um ato de vontade...! O que acontece é que, em verdade, essa tese se constituiu em um verdadeiro "ovo da serpente" do decisionismo (e suas variações ativistas). Não compreendeu a comunidade jurídica que a preocupação do positivismo normativista kelseniano era com a ciência do direito, e não com a aplicação do direito. A primeira se dava no nível da metalinguagem; a segunda, no nível da linguagem-objeto. Esqueceram-se da complexidade da obra kelseniana, cuja raiz, como se sabe, está no neopositivismo lógico (círculo de Viena).

Em outras palavras, nesta quadra da história, não pode ser considerado válido um direito que não seja legitimado pelo selo indelével da democracia. Na altura atual de minhas pesquisas, penso que o espaço adequado para estas discussões se encontra delineado nas questões que incidem no momento da decisão judicial.

Por isso, meu trabalho atual procura atuar no sentido de se estabelecer uma teoria da decisão jurídica. Ou seja, a intersubjetividade não tem espaço apenas no momento do estabelecimento dos sentidos (analíticos) do direito, mas, sim e fundamentalmente, no momento aplicativo, pela simples razão de que interpretar é aplicar (*applicatio*), como sempre disse Hans-Georg Gadamer.

Todavia, essa convicção de que os problemas da validade-legitimidade do direito passam pelo enfrentamento dessa teoria da decisão, é resultado de um longo caminho. Muito mais do que um ponto de partida, ela representa um ponto de chegada de um processo de pesquisa que já se estende há mais de 12 anos, desde a publicação da primeira edição de *Hermenêutica Jurídica e(m) Crise* (hoje já em sua décima edição). Com efeito – e isto está ainda mais delineado em meu *Verdade e Consenso* (3ª e 4ª edições), minhas pesquisas estão profundamente inseridas naquela que é apontada por muitos como a principal questão da teoria do direito atual: o problema da *interpretação*.

Essa pujança da questão interpretativa no campo jurídico deve-se, em grande parte, àquilo que Jorge Miranda chamou de "Revolução Copernicana do Direito Público", ou seja, o novo lugar ocupado pelas Constituições do pós-guerra e o igualmente novo papel exercido pelos Tribunais Constitucionais, mormente no campo da Europa Continental.

Nesse sentido, é importante lembrar que é nesse contexto de afirmação das Constituições e do papel da jurisdição constitucional, que teóricos dos mais variados campos das ciências sociais – principalmente dos setores ligados à sociologia, à ciência política e ao direito – começaram a tratar de fenômenos como a *judicialização da política e o ativismo judicial*.

Ambos os temas passam pelo enfrentamento do problema da interpretação do direito e do tipo de argumento que pode, legitimamente, compor uma decisão judicial.

Em outras palavras: quais são as condições de possibilidade do argumento jurídico-decisório? Sob que circunstâncias é possível afirmar que o tribunal, no momento de interpretação da constituição, não está se substituindo ao legislador e proferindo argumentos de política ou de moral? Neste ponto é importante mencionar estudos como *The global expansion of Judicial Power: the judicialization of politics* (Chester Neal Tate e Torbjörn Vallinder), *On law, politics & judicialization* (Martin Shapiro, Martin e Alec Stone Sweet), *Towards juristocracy. The origins and consequences of the new constitutionalism* (Ran Hirschl). Em outra perspectiva, mas apontando também para a incisividade do Poder Judiciário na condução da vida política, tem-se o artigo *Tomada de Decisões em uma democracia: a Suprema Corte como uma entidade formuladora de políticas nacionais* (Robert A. Dahl).

Esse é o grande dilema contemporâneo. Superadas as formas de positivismo exegético-racionalista (formas exegéticas), os juristas ainda não conseguiram construir as condições para o controle das posturas voluntaristas (que, registre-se, por apostarem na discricionariedade dos juízes, não deixam de ser também positivistas). Se antes o intérprete estava assujeitado a uma estrutura preestabelecida, já a partir do século XX o dilema passou a ser: como estabelecer controles à interpretação do direito e evitar que os juízes se assenhorem da legislação democraticamente construída?

Pois é exatamente nesse contexto, neste complexo emaranhado de questões que se insere a obra de ORLANDO FACCINI NETO, que tenho o prazer de prefaciar. Este livro – *Elementos de uma Teoria da Decisão Judicial* – é produto de um extenso e profícuo diálogo travado nas aulas do Programa de Pós-Graduação em Direito da Unisinos e do Dasein- Núcleo de Estudos Hermenêuticos. A hermenêutica (filosófica) tem sido o lócus privilegiado para o albergamento desse tipo de reflexão. De que modo podemos hoje enfrentar a crise que atravessa a dogmática jurídica de *terrae brasilis*?

Este livro de ORLANDO FACCINI NETO conjuga os elementos teóricos e práticos necessários para o enfrentamento dessa fenomenologia. De que modo os juízes decidem? Existe uma maneira de controlar esse poder decisório? É "fato" ou "mito" o enunciado de que "primeiro decido e, depois, fundamento"? Mais: interpretamos para compreender ou compreendemos para interpretar? Existem respostas corretas em direito? ORLANDO responde que sim. E ele está certo ao dizer isso. Certíssimo. Afinal, que sentido tem a democracia se, depois de tantas lutas, depois de termos construído um arcabouço jurídico tão rico, permitirmos que os juízes decidam *ad libitum*? Que alguém deva decidir por último, não há dúvida. Não se descobriu ainda um sistema jurídico que dispense (ess)a decisão. Mas, qual é o tipo de decisão que deve ser feita? Qualquer uma? Decidir é o mesmo que escolher? Qual é o papel da doutrina? Princípios "abrem" ou "fecham" a interpretação?

Tais questões e tantas outras são recorrentes neste belo livro intitulado *Elementos de uma Teoria da Decisão Judicial*, que a partir de agora se torna(rá) indispensável para aqueles que desejarem discutir esse grande dilema contemporâneo: como decidir. Boa leitura.

Da *Dacha* de São José do Herval, no rigoroso inverno de junho de 2011, no "entrenuvem" da montanha coberta de cerração, que impede o desvelar da imensa ravina que se estende no vale de Santa Maria do Herval, para as pradarias de Carazinho onde habita o Orlando,

do *Prof. Dr. Lenio Luiz Streck*

Sumário

Apresentação – *Ingo Wolfgang Sarlet* 17
Introdução 19

1. Resposta correta em direito, da possibilidade à necessidade de sua obtenção: esboços de uma teoria da decisão judicial 23
   1.1. Prolegômenos sobre a resposta correta 23
   1.2. Um breve olhar sobre Heidegger 35
   1.3. Um breve olhar sobre Gadamer 47
   1.4. Dworkin e a resposta correta: construindo a *metáfora* num sistema de *civil Law* .. 59
   1.5. Ainda a resposta correta: e de como o positivismo jurídico é incapaz de dá-la .. 72

2. Resposta(s) correta(s) em direito(s): contributos constitucionais às múltiplas faces do direito e a adequação constitucional das decisões judiciais 91
   2.1. Bases para decisões penais constitucionalmente adequadas 92
      2.1.1. A dimensão objetiva dos direitos fundamentais 93
      2.1.2. A vocação constitucional do Direito Penal e o fundamento constitucional dos bens jurídicos penalmente tutelados 98
      2.1.3. A proibição de insuficiência 109
      2.1.4. Decorrências do olvido à proibição de proteção deficiente: o acionamento dos mecanismos de controle de constitucionalidade 116
   2.2. Os novos paradigmas do controle judicial sobre a atividade administrativa: respostas corretas em Direito Público 123
      2.2.1. Um diálogo necessário: procedimentalismo *x* substancialismo 123
      2.2.2. Ainda a Constituição Dirigente 133
      2.2.3. O controle judicial da administração pública, ontem e hoje 138
   2.3. O Direito Privado na atualidade e as equivocadas percepções sobre as cláusulas gerais 144
      2.3.1. Reflexões sobre a *tardia* constitucionalização do Direito Civil 145
      2.3.2. Concepções inadequadas a respeito das cláusulas gerais: é de mais *poder* aos juízes que estamos falando? 154
      2.3.3. A inserção do mundo prático no Direito, a partir dos princípios: de como os princípios conduzem à resposta correta em direito privado 162
   2.4. A perspectiva processual da resposta correta: as garantias constitucionais como condição necessária para respostas judiciais constitucionalmente adequadas .. 172

2.4.1. A efetivação da resposta correta 173
2.4.2. A resposta correta e a sua fundamentação 179
2.4.3. O prazo razoável para a produção da resposta correta 184
2.4.4. A resposta correta e o contraditório: o refinamento da resposta judicial a partir das liminares inibitórias 189

Considerações finais 197

Referências 211

Apresentação

Como Magistrado e Professor, não há como não me sentir profundamente honrado e gratificado pela possibilidade que me foi assegurada pelo estimado colega e amigo, ORLANDO FACCINI NETO, também Juiz e Professor, de, mediante esta breve apresentação, quem sabe contribuir de algum modo para a publicação e difusão de uma obra que aborda, com proficiência, a difícil temática do "bem decidir", notadamente, a rica e complexa seara da assim chamada Teoria da Decisão. O texto – convém lembrar – corresponde à dissertação apresentada pelo autor no âmbito do Mestrado em Direito da UNISINOS, sob a sempre competente e estimulante orientação do eminente Professor LENIO LUIZ STRECK, parceiro de algumas jornadas acadêmicas e nome que integra, de há muito, a constelação dos grandes juristas brasileiros.

Se a própria opção pelo tema já é merecedora de elogios, esses se revelam ainda mais devidos quando se cuida do conteúdo da obra que ora é oferecida ao público, marcado pelo esmero científico, especialmente no que diz com a densidade da pesquisa, a quantidade e qualidade das fontes bibliográficas, a estrutura do texto e mesmo a riqueza e fluidez da linguagem, o que nem sempre se verifica no âmbito da imensa produção acadêmica brasileira, e se mostra ainda mais relevante em se tratando de tema tão complexo e árido. O fato de o autor ser Juiz, tal como eu integrante de uma Magistratura que sempre se caracterizou como engajada e criativa na construção de uma prática jurisdicional socialmente comprometida e responsável, deverá imprimir ainda maior interesse pela obra, pois, ao fim e ao cabo, se trata de um Magistrado escrevendo sobre o seu próprio ofício. Neste sentido, desde logo espera-se que não apenas no meio acadêmico, mas especialmente entre os que labutam diuturnamente na aplicação do Direito, com destaque para os membros do Poder Judiciário, a obra encontre sua devida acolhida, destinada que está a contribuir para uma prática decisória afinada com a necessária integridade do Direito, tal como, entre nós, tem insistido Lenio Streck, ele próprio autor de alguns dos mais relevantes e instigantes escritos sobre o tema.

O que importa sublinhar, neste momento, é que a obra apresentada dialoga, com habilidade e acuidade, com representativa literatura e busca, no âmbito de uma tradição hermenêutica (portanto, distinta da tradição representada pelas teorias da argumentação) contribuir para a construção de uma teoria da boa decisão, ciente de que um dos mais nobres, mas nem sempre devidamente valorizado, direitos fundamentais, é o direito a decisões judiciais constitucionalmente adequadas (ou corretas, como prefere o autor em adesão ao merecidamente prestigiado Lenio Streck), ciente que está o autor de que uma bem construída teoria da decisão é também uma ferramenta útil para a afirmação intransigente da dignidade da pessoa humana no âmbito do processo judicial.

Por derradeiro, importa parabenizar também a equipe da Editora Livraria do Advogado, por acreditar em jovens talentos e em projetos que em muito transcendem o mero apelo comercial.

Porto Alegre, maio de 2011.

Ingo Wolfgang Sarlet

Titular da Faculdade de Direito e do Programa de Mestrado e Doutorado em Direito da PUCRS. Juiz de Direito em Porto Alegre e Professor da Escola Superior da Magistratura (AJURIS)

Introdução

Quando ingressamos na faculdade de Direito, em geral ainda movidos pelos anseios da juventude, sobressaltam-nos, sempre, dúvidas quanto ao por vir, quanto ao futuro, e, em que medida, ser-nos-á útil o saber haurido das lições dos professores e dos livros.

Muitas vezes, entretanto, os anseios juvenis conduzem-nos a certo imobilismo, de maneira que os afazeres de uma vida cada vez mais veloz levam-nos a, após alguns anos, deixarmos os bancos universitários quase que ostentando a mesma condição que tínhamos ao ensejo de nosso ingresso.

Perdemos a oportunidade de aprender; de questionar aquilo de que já nos supúnhamos sabedores; de refinar as nossas razões, ou mesmo de contrariar aquilo que se nos afigura incorreto ou obsoleto. Em suma, deixamos de progredir.

Esse risco, é certo, corremos em vários outros momentos de nossas vidas, em diversas circunstâncias, mormente quando confrontados com o novo, com um saber de que, até então, não dispúnhamos.

Depois de quase dez anos no exercício da magistratura, carreira que propicia a fantástica atividade de julgar processos, mas também questionamento profundo sobre a natureza e as razões que nos levam a proferir tal ou qual decisão, é idôneo dizer que este trabalho representa uma tentativa de evitar o risco do imobilismo e da acomodação. O qual, também em conta de razoável experiência no magistério, em que felizmente atuo, tem-se visto como recorrente na experiência de um número imenso de alunos.

Convém explicar melhor.

O texto que se segue decorre da conclusão de curso de Mestrado, em que se ingressou com a expectativa firme de deixar-se modificar. De deixar-se convencer pelo bom argumento, de alterar convicções e, assim, de avançar no infinito caminho do conhecimento jurídico, infinito e infindável.

Por isso, em grante parte do texto, encontrar-se-ão remissões e referências a trabalhos publicados por outros professores, no que possível com citação fiel. É, de certo modo, uma homenagem aos mestres, com cujo contato, pessoal ou por meio de seus trabalhos, dispus-me a aprender, e muito aprendi.

Por isso, também, o conteúdo do que segue escrito está fortemente alinhavado com as pesquisas desenvolvidas por meu orientador, professor Doutor Lenio Streck, de cujo conjunto da obra foram extraídas várias ideias que permeiam o texto, o qual, não obstante, com todos os riscos de ser acoimado de excessivamente pretensioso, ainda assim pretendeu avançar.

É que parece ser essa a atribuição de quem se lança como orientando numa pesquisa acadêmica; referenciar-se em seu Mestre, buscar as suas fontes, mas, se possível, encontrar outras, para que o escopo do trabalho não se convole em mera repetição.

É o que se pretende aqui. As contundentes críticas de Lenio ao modo como se está a produzir o Direito em nosso país são de uma pertinência inabalável. A necessidade de se romper com o paradigma que entrega à discricionariedade dos juízes a solução dos casos parece inequívoca. Discutir-se, pois, a decisão judicial, é inadiável.

Deste modo, na primeira parte deste trabalho pretende-se percorrer a trilha hermenêutica, ao fim da qual reluz a asserção de que é possível e necessário alcançarem-se respostas corretas em Direito. Trata-se de uma espécie de parte geral, que permitirá uma análise mais concentrada em cada um dos ramos do Direito, a ser realizada na etapa seguinte do trabalho.

Assim, depois de uma introdução na problemática, portanto, será necessário um passar de olhos sobre alguns aspectos da obra de Heidegger e Gadamer, passar de olhos, diga-se, porque qualquer expectativa do leitor, de aqui encontrar uma análise mais aprofundada da obra destes autores, resultará em frustração. A redução do campo de análise àquilo que de mais pertinente haja com os objetivos do texto já em si será reveladora do seu paradigma.

Em seguimento, se aquilo que se pretende discutir é de que maneira se pode, a partir da hermenêutica jurídica e de uma pré-compreensão constitucional adequada, obterem-se respostas corretas em Direito, faz-se necessário situarmo-nos diante da obra de Dworkin, mormente para o fim de estabecer-se a viabilidade de seus argumentos num sistema jurídico de *civil law*.

Ao término da primeira parte, enfim, busca-se firmar o alvitre de que uma teoria da decisão judicial constitucionalmente adequada requer a superação do positivismo pelo paradigma constitucional, especialmente na quadra atual, em que a discricionariedade judicial positivista é tão mais grave porque se faz exercitar a partir de princípios aleatoriamente *criados* pelo julgador.

Tudo isso porque a aplicação do direito pelos juízes e tribunais e a amplitude dos limites que lhes são impostos no exercício desta atividade não ensejou, em nosso país, um debate doutrinário mais consistente que consubstanciasse uma teoria da decisão judicial.

Por isso a necessidade de superação pela hermenêutica; que de início observe que a historicidade e a temporalidade do intérprete revelam-se no ato de compreender, pois esse não é um modo de conhecer, mas sim um modo de ser. Assim, há o intérprete, melhor dizendo, o julgador, porquanto se trata de uma teoria sobre a decisão judicial, de guardar obediência à *tradição autêntica*, de respeitar a integridade e de, ainda, sentir-se parte da grande obra que é o Direito, de forma que atue, em seus casos particulares, com a noção de que a sua decisão se insere no conjunto das decisões sobre determinado tema, e, por fim, há o intérprete de atuar sob o influxo de uma *pré-compreensão* constitucional adequada. É que se mostra inequívoco o reconhecimento da Constituição como centro do sistema jurídico, condicionando formal e materialmente as demais normas jurídicas.

Caberá ao julgador, como consectário, no exercício de sua atividade, *imbuir-se de Constituição*, por isso que toda decisão judicial revela um ato de jurisdição constitucional, com toda a riqueza de mecanismos que contemporaneamente se pode utilizar.

Dito isso, e considerando que o Direito se apresenta sob múltiplas faces, almejar-se-á, na segunda parte do trabalho, desenvolver uma espécie de *applicatio*, vale dizer, a partir de pré-compreensões constitucionais adequadas, ingressar-se-á em ramos particulares por que passam, inevitavlemente, as decisões judiciais.

De modo que se pretende forjar bases para decisões penais constitucionalmente adequadas, as quais, assim, não podem olvidar que, a partir da dimensão objetiva dos direitos fundamentais, tem-se o Direito Penal como mecanismo de proteção ao qual não é dado ao legislador renunciar ou tornar insuficiente. Ou seja, é necessário atinar à correspondência potencial, ao ponto de contato, entre os bens jurídicos penais e os direitos fundamentais, no sentido de assentar-se que, muitas vezes, a proteção efetiva destes requer a atuação do Direito Penal.

No controle judicial da atividade administrativa, a partir da aceitação do caráter dirigente de nossa Constituição, por sua vez, há o juiz de evitar o reducionismo da análise à mera legalidade, no que afetados os parâmetros desse exercício, que não se limita aos meios empregados pelos entes públicos, mas atina às finalidades que lhe são constitucionalmente determinadas.

A discussão, aqui, necessariamente há de passar sobre a dualidade existente entre os assim chamados procedimentalistas e os substancialistas, bem como aludir à viabilidade de, no caso brasileiro, ainda falar-se em dirigismo constitucional.

Além disso, busca-se revelar que, contrariamente ao que tem alvitrado o senso comum teórico, no Direito Privado, as denominadas cláusulas gerais (ou abertas) não ampliam o poder discricionário dos juízes. É que os princípios, ao inserirem o *mundo prático* no Direito, ao revés do que se pensa, não abrem a interpretação; fecham-na. Desta maneira, far-se-á pertinente o estudo sobre a constitucionalização do Direito Civil, bem assim a respeito de equivocadas percepções doutrinárias, que sinalizam a um alargamento do poder dos juízes, a partir da consagração das cláusulas gerais. Assim, adensando-se a análise dos *princípios*, buscar-se-á demonstrar que não é de mais discricionariedade que se está a tratar. Muito ao contrário.

Ao fim, o estudo propende a assentar que a obtenção de respostas corretas em Direito, por isso que adequadas constitucionalmente, exige, em termos processuais, o atendimento das garantias constitucionais do processo. Destarte, nessa perspectiva processual da resposta correta, será abordada a efetivação das decisões judiciais, a sua fundamentação, o prazo razoável para a sua produção e, ainda, o contraditório, máxime à luz de técnicas processuais mais refinadas, tais quais as liminares inibitórias.

Em suma, é extenso o caminho a percorrer e, é bom esclarecer, no mais das vezes, evitou-se a utilização de exemplos, a citação de acórdãos ou decisões judiciais, para que fosse mantido o escopo teórico a que parece propor-se o presente texto, que, naturalmente, é, na aparência, deveras ambicioso, uma vez que pretende abordar relevantes temas de variados setores jurídicos.

No fim das contas, todavia, ver-se-á que de algum modo todos os assuntos tratados, mesmo em termos de Direito Penal, Direito Privado, Direito Público e Processo, enfim, que todos os assuntos tratados convergem, cada qual à sua maneira, àquilo que poderíamos denominar de sentido constitucional, ou de pré-compreensão constitucional autêntica, sem a qual não se pode cogitar de respostas corretas em Direito.

1. Resposta correta em direito, da possibilidade à necessidade de sua obtenção: esboços de uma teoria da decisão judicial

Há diversas perspectivas por que se pode analisar o fenômeno jurídico.

O Direito pode ser visto sob o ponto de vista regulatório, tendente a direcionar a vida e as expectativas das pessoas; pode ser concebido como estruturante do Estado e dos poderes que o conformam; pode ser visto, também, como instrumento de transformação social, no caminho de propiciar menos desigualdade entre grupos e classes, ou, no sentido inverso, como expressão da força, pela qual se reproduz e subsistem as divisões entre os indivíduos. Pode ser concebido como o estatuto pelo qual se limita a atividade política, ou como um mero produto dela. Pode ser o Direito decorrente da atividade legislativa, ou pensado como nascido na rua.

Todos estes pontos de vista são idôneos e, de um modo ou de outro, vêm sendo trabalhados por incontáveis autores, que contam e explicam, assim, uma grande história, do passado e do futuro. Nenhum deles, entretanto, está compreendido neste trabalho.

Aqui se tratará do Direito em sua aplicação por juízes e tribunais. E de como eles, juízes e tribunais, na fabulosa atividade de julgar casos, devem contribuir para que a grande história do Direito continue sendo contada. Numa palavra, é de um esboço de teoria da decisão judicial que se trata.

1.1. Prolegômenos sobre a resposta correta

Não é consensual no saber jurídico a suposição de que se possa alcançar uma *resposta correta* em Direito.

Muitos afastam essa possibilidade pela percepção de que, como os casos judiciais estão sob o crivo de juízes, cada qual com uma particular de *visão de mundo*, com ideologia ou moralidade própria, tornar-se-ia impossível desgarrar-se da subjetividade, no ensejo de julgar; outros aludirão ao argumento de que as leis trazem em si, de modo abstrato, as soluções para os casos que se põem os juízes a julgar, de maneira que estes haverão de alcançar-lhe o sentido, e, em casos sombrios, duvidosos, optarão racionalmente pela decisão que se lhes afigurar mais adequada.

Numa e noutra dessas perspectivas, esvai-se e faz-se vã a tentativa de elaboração de uma teoria da decisão judicial.

A imperar as subjetividades, o Direito passa a ser aquilo que os juízes disserem que ele é; à confiança extremada na completude da lei, corresponde o olvido à *faticidade*, e os juízes deixam de decidir casos e passam a decidir teses.

Um observador atento, disposto a lucubrar acerca do Direito brasileiro nesta quadra da história, não se constrangeria em assinalar que algo não vai bem; diria que, em nosso país, revelamos a um só tempo os sintomas de uma arraigada concepção positivista, pela qual, em última análise, o ato de julgar *cria* o Direito, apostando-se na discricionariedade do juiz e, também, que, em alguns casos, a partir de boas razões, é-lhes dado – aos juízes – abdicar de qualquer direcionamento normativo, em favor de decisões forjadas por uma boa consciência.

Tanto mais graves são os sintomas, quando é notável que em nome de princípios jurídicos aleatoriamente criados, decide-se, hoje, como se quer! Com efeito, a discricionariedade positivista surge em um modelo em que os princípios não faziam parte do manejo corriqueiro dos juristas. O modelo era de regras. Com a sua proeminência, todavia, essa mesma discricionariedade se vê, hoje, exercida em nome de princípios, ampliando-se em demasia, ao invés de arrefecer.

Não será preocupação deste texto a enumeração de exemplos e a análise de decisões que confirmem o que está dito; seria, de verdade, fastidioso transcrever ementas que, em casos similares, apresentaram soluções em tudo e por tudo antagônicas, e ambas fundamentadas num mesmo princípio...

Igualmente não serão examinadas decisões que se afirmem baseadas numa ou noutra *jurisprudência*, a cujos fatos, entretanto, não guardem a menor pertinência.

A suposição é a de que o observador atento conhece as nossas mazelas.

Pior é que, dos malefícios dos sintomas não decorreu melhor remédio. Este, com efeito, e o exemplo das súmulas vinculantes basta, veio amargo, porquanto ao equívoco de compreender-se a lei como detentora abstrata da totalidade dos fatos, correspondeu o de que, agora, as súmulas assim o farão, para o que foram direcionadas.

A tentativa de controlar o descontrole na interpretação do direito resultou na formulação de *textos*, vinculantes, também desgarrados da *faticidade*, como a insinuar que, não só nas leis, agora os juízes hão de subsumir os casos que julgam às súmulas ...

Quiçá o façam via método, literal, lógico ou teleológico, para, a um só tempo, depreenderem o *real sentido* das leis e das súmulas, entes abstratos e atemporais que, assim, irmanam-se.

Por isso não se afigura descabida a pretensão de formular-se uma teoria da decisão judicial. Mormente quando a essa formulação se liga uma mudança de paradigma, que envolve, sobretudo, o ato de decidir. Que não há de ser, pois, um exercício de subjetividade, nem tampouco o desenvolvimento de métodos tendentes à apreensão do sentido de um texto elaborado necessariamente no passado.

De modo que se há de superar a indevida cisão entre sujeito/objeto, tributária da metafísica, com os aportes de Heidegger, notadamente a partir de suas elaborações acerca do círculo hermenêutico e da diferença ontológica; há de se revelar que a interpretação é a explicitação do compreendido, e que, pois, a compreensão antecede a interpretação e que ela não se dá afastada da tradição e da consciência histórico-efe(i)tual, como dirá Gadamer; há de se conceber no Direito, por fim, algo mais que um modelo de regras, porque nele também se expressa o mundo prático, a partir dos princípios, como dá conta Dworkin, com quem se pode caminhar em direção à resposta correta.

Em linhas bastante gerais, e por ora esboçadas sinteticamente, poder-se-ia dizer que essa há de ser a trilha a percorrer-se, em ordem a levar-se o Direito a sério.

De início, é necessário fixar que a resposta correta há de ser entendida como uma *metáfora*, que decorre de uma simbiose entre a teoria integrativa, sustentada por Dworkin, e a fenomenologia hermenêutica,[1] que abarca a hermenêutica filosófica.

Não será uma resposta definitiva e tampouco se pode garantir deveras sua correção. Mas, de todo modo, sua busca pretende a superação do que, também metaforicamente, designa-se como *estado de natureza* her-

---

[1] Nos limites do texto, pretender-se-á avançar nesta análise, mas, para iniciar, convém referir que Stein, ao tratar especificamente sobre a fenomenologia hermenêutica, aponta que: "Heidegger assume a expressão hermenêutica no sentido de ontologia da compreensão. (...) O hermenêutico é, justamente, o elemento ontológico da compreensão, enquanto ela radica na própria existencialidade da existência. O ser-aí é, em si mesmo, hermenêutico, enquanto nele reside uma pré-compreensão fundamento de toda posterior hermenêutica. A compreensão é o modo do ser-aí enquanto existência. A compreensão é um existencial, é o existencial fundamental, em que reside o próprio 'aí', a própria abertura, o próprio poder-ser do ser-aí. Assim, o ser-aí é, em si mesmo, hermenêutico, enquanto já sempre se movimenta numa compreensão de seu próprio ser" (2001, p. 187-8).

menêutico, no qual a liberdade de interpretação dos textos jurídicos, a pluralidade de soluções diversas para temas equivalentes, enfim, a fragmentação das decisões, acabou por representar uma *guerra de todos os intérpretes contra todos os intérpretes* (Streck, 2007, p. 109).[2]

Com efeito, segundo Streck (2009, p. 6):

> O velho senso comum teórico, forjado em perspectivas pragmatistas, sob os mais variados matizes, transformou o direito em um somatório de decisões desconectadas, é dizer, em um verdadeiro "estado de natureza hermenêutico", no interior do qual cada juiz decide como mais lhe aprouver. Sob o álibi da abertura interpretativa, proveniente da principiologia constitucional, parece não haver limites para a "criatividade", a ponto de soçobrar o próprio texto constitucional.

A resposta correta em Direito exige, portanto, nova visão hermenêutica.[3]

Que de início observe que a historicidade e a temporalidade do intérprete revelam-se no ato de compreender, pois esse não é um modo de conhecer, mas sim um modo de ser. Há, portanto, a substituição da epistemologia pela ontologia.[4]

Destarte, não se cogita de método interpretativo, porque se trata de uma manifestação do ser.[5]

---

[2] Escapar do(s) decisionismo(s) parece uma necessidade ainda maior, quando se tem em vista que "o quadro atual é o da presença de um fenômeno de jurisdicionalização de toda uma série de atividades sociais que pareciam, ao menos em parte, entregues a outros poderes do Estado" (PICARDI, 2008, p. 11). E nem se diga tratar-se de algo transitório, pois o mesmo autor ressalta que: "a situação atual, longe de apresentar caráter conjuntural, coloca-se em uma perspectiva de longa duração, chegando a assumir a dignidade de uma fase histórica" (op. cit., p. 12).

[3] Evidentemente, trata-se de um modo de compreensão diverso daquele outrora sustentado, no sentido de que se deveria buscar, por meio de métodos estabelecidos, o sentido da lei ou a sua *vontade* (sic). Por exemplo, Maximiliano, que define a hermenêutica, dizendo que tem por objeto o estudo e a sistematização dos processos aplicáveis para determinar o sentido e o alcance das expressões do Direito, de forma que as leis positivas são formuladas em termos gerais; fixam regras, consolidam princípios, estabelecem normas, em linguagem clara e precisa, porém ampla, sem descer a minúcias (1996, p. 01). Assim, seria tarefa primordial do executor a pesquisa da relação entre o texto abstrato e o caso concreto, entre a norma jurídica e o fato social. Muito ao contrário disso: "trata-se de cuidar da hermenêutica não como *método*, mas como *capacidade*. A raiz do problema está no *modo de ser* do homem" (MAMAN, 2003, p. 102).

[4] A qual, segundo Ricoeur (2008, p. 37), faz surgir uma questão nova: "ao invés de nos perguntarmos como sabemos, perguntaremos qual o modo de ser desse ser que só existe compreendendo". E prossegue: "os fundamentos do problema ontológico devem ser procurados do lado da relação do ser com o mundo, e não da relação com outrem. É na relação com minha situação, na compreensão fundamental de minha posição no ser que está implicada, a título principal, a compreensão (...) o compreender não se dirige, pois, à apreensão de um fato, mas à de uma possibilidade de ser. Não devemos perder de vista esse ponto quando tiramos as conseqüências metodológicas dessa análise: compreender um texto, diremos, não é descobrir um sentido inerte que nele estaria contido, mas revelar a possibilidade de ser indicada pelo texto" (op. cit., p. 39-40).

[5] Como salienta Alvarez Gómez (1985, p. 66): "la tesis general implica también el carácter linguistico de la actividad hermenéutica. Cuando se interpreta un texto es ineludible tener en cuenta las con-

O método, aliás, tem servido de álibi, por detrás do qual se esconde o decisionismo. Decisões emanadas do mais puro subjetivismo abrigam-se e pretensamente justificam-se sob o argumento de adequação a técnicas de interpretação, que se prestariam a dar embasamento a resultados absolutamente discrepantes.

Há de ser superada a cisão sujeito/objeto, e o alvitre de que o conhecimento do último, pelo primeiro, faz-se a partir da linguagem, como instrumento.

Nessa ontologia da compreensão, o ser não é transcendental, mas sim temporal. Neste sentido, segundo Streck (2004, p. 230):

> Fazer hermenêutica jurídica é realizar um processo de compreensão do Direito. Fazer hermenêutica é desconfiar do mundo e de suas certezas, é olhar o direito de soslaio, rompendo-se com (um) hermé(neu)*tica* jurídica tradicional – objetivamente prisioneira do (idealista) paradigma epistemológico da filosofia da consciência. Com (ess)a (nova) compreensão hermenêutica do Direito recupera-se o sentido possível de um determinado texto, e não a reconstrução do texto advindo de um significante primordial fundante.

Ou seja, principia-se pela constatação de que entre texto e sentido do texto não há uma identificação, da qual adviria o formalismo, tendente a apreender a inalcançável vontade da lei; tampouco há cisão, de que brotaria o subjetivismo do intérprete. Há, portanto, entre texto e sentido do texto, uma diferença que reside na temporalidade. Assevera Streck (2008, p. 291):

> (...) negar essa diferença implica negar a temporalidade, porque os sentidos são temporais. A diferença (que é ontológica) entre texto e norma (sentido enunciativo do texto, ou seja, o modo como o podemos fenomenologicamente) ocorre na incidência do tempo.

Cuida-se, aqui, do emprego do teorema da diferença ontológica, a ser melhor enfocado adiante, mas que, num esboço adequado pode-se dizer que significa a diferença que há entre o ser e o ente e que representa o impensado pela metafísica (Oliveira, 2008, p. 142). Prossegue Oliveira:

> É preciso ter presente desde já: trata-se de uma diferença e não de uma fratura (cisão/separação) entre ser e ente. E para Heidegger é mais que isso. É uma diferença que se dá numa unidade, numa totalidade que é a compreensão. É a partir da diferença ontológica e da constituição do ser-aí como ser-no-mundo que Heidegger rompe com os dualismos que povoam toda a tradição metafísica (op. loc. cit).

Como se verá, em Bancalari (2008, p. 32) lê-se que:

> Heidegger insiste sulla stretta coappartenenza tra verità dell'essere e verità dell'ente, sottolineando che non si tratta di due regioni separate, ma dell'único non nascondimento,

---

diciones en las que nos situa el proprio uso del language". Por isso que, logo se advirta, longe está a alusão à resposta correta de afastar a interpretação.

dell'essere e dell'ente, che rende possibilie l'una e l'altra verità. La verità dell'essere non è mai tale senza esser contemporaneamente verità dell'ente, e quest'ultima, in quanto manifestatività dell'ente, implica la verità dell'essere di quello stesso ente.[6]

Não se faz írrito o aporte de tais lições da filosofia no Direito. Pelo contrário, situada a questão neste plano, é possível depreender como se faz inadequado o pretendido acoplamento de casos particulares a universalizações prévias, como se o ente (o caso concreto) pudesse existir sem o ser (sentido).

Por isso que Streck (2008, p. 81) refletirá sobre a importância da diferença ontológica entre ser e ente e a diferença ontológica entre texto, que não é apenas um enunciado linguístico e norma, que vem a ser o texto em forma de enunciados, isto é, aquilo que se diz sobre ele.[7]

Depois, ficará claro, em Gadamer, que a ausência de método não significará atribuição de sentidos arbitrários aos textos.

Não é isso! Porque, uma vez que a interpretação se dá sempre a partir de um caso concreto, fato e direito se "conjuminam em uma síntese, que somente ocorre concretamente, na *applicatio*" (Streck, 2009, p. 08).

---

[6] Em livre tradução: "Heidegger insiste sobre a estreita copertença entre a verdade do ser e a verdade do ente, sublinhando que não se trata de duas regiões separadas mas de uma única não ocultação, do ser e do ente, que faz possível uma e outra verdade. A verdade do ente não é nunca tal sem ser ao mesmo tempo verdade do ente, e essa última, enquanto manifestação do ente, implica a verdade do ser daquele mesmo ente".

[7] Em julgamento recente, na Arguição de Descumprimento de Preceito Fundamental n. 153, o Ministro Eros Grau ponderou acerca do pensamento que distingue texto normativo e norma jurídica, isto é, a dimensão textual e a dimensão normativa do fenômeno jurídico. E assentou: "o intérprete produz a norma a *partir dos textos e da realidade*" (grifo meu). E seguiu, manifestando que a atuação do intérprete dar-se-á "a partir de textos normativos e da realidade (...) interpretar/aplicar é dar concreção (=concretizar) ao direito. Neste sentido, a interpretação/aplicação do direito opera a sua inserção na realidade; realiza a mediação entre o caráter geral do texto normativo e sua aplicação particular; em outros termos, ainda: a sua inserção na vida". Crê-se importante o resgate da faticidade(realidade) à interpretação/aplicação do direito, que, segundo seu voto ainda: "opera a inserção das leis (= do direito) no mundo do ser (=mundo da vida). Como ela se dá no quadro de uma situação determinada, expõe o enunciado semântico do texto no contexto histórico presente, não no contexto da redação do texto. Interpretar o direito é caminhar de um ponto a outro, do universal ao singular, através do particular, conferindo a carga de contingencialidade que faltava para tornar plenamente contingencial o singular. As normas resultam da interpretação e podemos dizer que elas, enquanto textos, enunciados, disposições, não dizem nada: elas dizem o que os intérpretes dizem que elas dizem". Também Streck, no prefácio da Hermenêutica Constitucional de Tribe e Dorf (2007, p. xviii) vai dizer que "um mesmo texto pode gerar normas diferentes, a partir de contextos diferentes e sob o influxo implacável do tempo". Ainda, conforme Guatini (1988, p. 34): "nella formula 'T' significa 'S', la variabile T sta per un texto del discorso delle fonti; la variabile S sta per il senso o significato ascritto a quel texto dall'interprete. Nella formula, la variabile T è posta tra virgolette per l'ovvia ragione che, entro l'enunciato-interpretivo, ossia entro il discorso dell'interprete, essa costituisce una citazione testuale del discorso delle fonti". Quer dizer: "Na fórmula 'T' significa 'S', a variável T está para um texto do discurso das fontes; a variável S está para o sentido ou o significado adstrito àquele texto por interpretar. Na fórmula, a variável T é posta entre aspas pela óbvia razão que, entre o enunciado interpretativo, ou seja entre o discurso do intérprete, ela constitui uma citação textual do discurso das fontes".

Portanto, a hermenêutica parte do suposto de que a história não nos pertence; somos nós que pertencemos a ela.

Com efeito, segundo Gadamer (1993, p. 76):

> La correlación común que possee el conocimiento y lo conocido, este tipo de afinidad que liga el uno al otro, no se fundamenta en la equivalencia de su modo de ser, sino sobre *esto que es* este modo de ser. Esto significa que ni el cognoscente ni lo conocido está "ónticamente" y simplesmente "subsistentes", sino que son "históricos", es decir, que tienen el modo de ser de la historicidad (grifo no original).

De maneira que, como expõe Ramires (2010, p. 91), é uma empresa infrutífera tentar decidir fora da história, e isso envolve tanto a intenção de resolver universalmente todos os casos futuros, quanto a pretensão de decidir em uma individualidade absoluta e irrepetível. Toda decisão judicial está inevitavelmente lançada no mundo histórico.

A equivocada busca de objetividade pressuporia que o observador atuasse isento das noções e juízos que o circundam.[8] E olvidaria, a mais não poder, a circunstância de que "el individuo mismo está inserto de antemano en el linguage" (Alvarez Gómez, 1985, p. 78).

É que a linguagem proporciona a possibilidade de que exista o mundo.

Explicitando o argumento gadameriano, tem-se que:

> La visión que se tiene del mundo en cuanto expresada por el linguage no quiere decir que el mundo sea una cosa simplesmente objetiva e independiente del linguage, sino que se da una mutua implicación de linguage y mundo. El linguage condiciona la forma como nosotros interpretamos o vemos el mundo, que se hace presente en el linguage en cuanto que éste representa la presencia del mundo. Es, en definitiva, una aplicación de la unidad sujeto-objeto. (Alvarez Gómes, 1985, p. 78).

Quando falamos, pois, da hermenêutica filosófica, é o tratamento filosófico da linguagem que está em questão. Para Stein (1996, p. 14), trata-se de falar do mundo e de nos darmos conta de que não podemos falar do mundo a não ser falando da linguagem. Ou, noutras palavras, de que o mundo é mundo apenas enquanto se exprime na linguagem.

---

[8] Cf. PEREIRA, Rodrigo da Cunha. Por Que o Direito Se Interessa Pela Psicanálise?. Net, Minas Gerais. Disponível em http://www.puc-rio.br/sobrepuc/depto/direito/revista/online/rev06_rodrigo.html. Acesso em 09 de setembro de 2009. Naturalmente que, desde a perspectiva hermenêutica, a análise aqui estabelecida não adentrará à interessante questão sobre a influência do que, em Freud, revelar-se-ia no inconsciente, donde a remissão ao texto feito nesta nota. Porém, vale a alusão de ser essa uma abordagem idônea, e que, também Cardozo (1978, p. 152), em texto específico, concebido na década de 30, aborda, assentando o seguinte: "já falei das forças de que os juízes confessadamente se valem para dar forma e conteúdo a seus julgamentos. Raramente são de todo conscientes. (...) Profundamente abaixo da consciência estão outras forças, as simpatias e antipatias, as predileções e prevenções, o complexo de instintos, emoções, hábitos e convicções que fazem o homem, seja ele litigante ou juiz".

Quer dizer:

L'origine del linguaggio coincide con l'origine stessa del mondo: non si dà cioè un preesistente mondo umano in cui Il linguaggio sopraggiungerebbe solo successivamente, in un secondo momento. (Gregorio, 2006, p. 92).[9]

E assim, pretender que o intérprete faça abstração de suas pré-compreensões de mundo, para chegar ao que deveras é – ao que seria real –, mostra-se tarefa impossível. É que não existe esse ser humano em estado neutro que de repente faz uma proposição assertória predicativa. Não existiu um dia esse ser humano que pela primeira vez pronunciou uma frase correta do ponto de vista linguístico, gramatical. O ser humano desde sempre falou dentro de uma história determinada (...) o ser humano sempre aparece dentro de uma determinada história, aparece dentro de um determinado contexto (Stein, 1996, p. 17).

Dessa equivocada pretensão resultaria, por exemplo, a aferição de que uma obra de arte, uma pintura, corresponde apenas à tinta lançada sobre madeira ou tela, pois a beleza – a estética em si – não é de ordem objetiva.

Na forma como expõe Gadamer (2004, p. 205), tal busca da ontologia da imagem – ou do ser – resulta em que:

Torna-se duvidosa a primazia do quadro pintado sobre madeira, que faz parte de um acervo de pinturas e que corresponde à consciência estética. Ao contrário, o quadro guarda uma relação indissolúvel com o seu mundo.

E com o mundo de quem o vê – poder-se-ia acrescentar.

A metáfora da resposta correta, ademais, deve obediência à tradição autêntica.

De referir-se que a tradição aqui trabalhada não diz respeito a um problema de conhecimento, mas, sim, a um fenômeno de apropriação espontânea e produtivo de conteúdos transmitidos.

Por isso que, para Gadamer (1993, p. 115-6):

Comprender es operar uma medición entre el presente y el pasado, es desarollar en sí misma toda una serie continua de perspectivas por las cuales el pasado se presenta y se dirige a nosotros. En este sentido radical y universal, la toma de conciencia histórica no es el abandono de la tarea eterna de la filosofia, sino la ruta que nos ha sido dada para acceder a la verdad siempre buscada. Y veo, en la relación de toda comprensión al lenguaje, la manera en la cual se ensancha la conciencia de la productividad histórica.

---

[9] Em livre tradução: "A origem da linguagem coincide com a origem mesma do mundo: não se dá portanto um pré existente mundo humano em que a linguagem se ajunta somente sucessivamente, em um segundo momento".

Tradição, ademais, de maneira que seu vetor de sentido está ligado radicalmente aos compromissos estabelecidos na Constituição.

Com efeito, explana Streck (2008, p. 309):

> A resposta correta aqui trabalhada é a resposta hermeneuticamente correta, que, limitada àquilo que se entende por fenomenologia hermenêutica, poderá ser denominada de verdadeira, se por verdadeiro entendermos a possibilidade de nos apropriarmos de pré-juízos autênticos·

Apropriação de pré-juízos pelos quais se possa entrever que a Constituição traduz ideais, jungidos à história institucional da nação a que se destina. Além do que estabelece compromissos, conforma um modelo de Estado e o direciona à realização de objetivos expressamente fixados, inclusive a partir de comandos direcionados ao legislador e também aos juízes, aos quais incumbe, ademais, o controle da atividade parlamentar, no que desrespeitados os dispositivos constitucionais.

Ou seja, há, inequivocamente, embutidos no texto constitucional, elementos de *valor*, que, sobretudo a partir dos princípios, passam a fazer parte de nosso ordenamento jurídico.[10]

E é por isso que a obtenção da resposta correta também pressupõe o acatamento, pelos juízes, da integridade.

Como afirma Dworkin (2006, p. 133):

> Temos de insistir num verdadeiro princípio de poder, uma ideia contida no próprio conceito de direito: a ideia de que, quaisquer que sejam as suas convicções acerca da justiça e da imparcialidade, os juízes têm também de aceitar um princípio superior e independente – o princípio da integridade.

A partir da integridade nas deliberações judiciais, tem-se que, em primeiro lugar, a decisão judicial há de ser determinada por princípios, não por acordos, estratégias ou acomodações políticas.

Ademais, verticalmente, significa que o juiz deve demonstrar sua coerência com os precedentes e as estruturas do arranjo constitucional e,

---

[10] Lê-se em Streck (2004, p. 87) que ao se ter em vista a pergunta pelo sentido do texto jurídico, a partir de uma análise da ontologia fundamental heideggeriana-gadameriana, há de se perceber que "a interpretação do texto ex-surgirá a partir desse 'fundamento sem fundo', desse lugar originário, produto da antecipação de sentido (estrutura prévia de sentido que desde sempre é dada pelo *Dasein* enquanto ser no mundo), isso porque, como assinala Stein, não há conhecimento de objetos no mundo sem que tenhamos uma relação significativa com o mundo ou com o mundo que nos envolve e nos carrega. É por isso que a pré-compreensão acerca do que é Constituição, da função da justiça constitucional e da revolução copernicana ocorrida no constitucionalismo, torna-se condição de possibilidade para a configuração do lugar da co-originariedade *onde* habita a estrutura prévia do compreender, a partir da virtuosidade do círculo hermenêutico". Dito de outra forma, o entendimento da Constituição como sendo o produto de um processo compreensivo, é dizer, de uma *applicatio* hermenêutica, pressupõe um rompimento paradigmático, isto é, torna-se imprescindível o paradigma da hermenêutica, porque o compreender é um existencial, é uma categoria pela qual o homem se constitui (Streck, 2004, p. 230).

horizontalmente, cobra do juiz que, ao aplicar um princípio, dê importância e ele nos outros casos que decide ou endossa.

Conforme refere Bongiovanni (2000, p. 120), em passagem que já sinaliza o equívoco de se supor que os argumentos de princípio ampliam o espaço da discricionariedade judicial, ao revés de limitarem-na, como será visto depois:

> La presenza di principi quale livello fondativo di una comunità richiede che le decisioni prese all'interno del sistema siano "coerenti" con tale schema di principi. A questo livello, a partire daí dati della "appertura concettuale" dei principi, della "diversità" dei casi e dello sviluppo sociale, l'integrità (universalizzabilità) implica una lettura "morale" dei principi: ciò significa sia che dei principi sia fornita la "migliore" interpretazione, sia che essi vanno adatti alle peculiarità dei casi.[11]

Há de se guardar, portanto, a partir da metáfora, respeito à integridade na deliberação judicial.

A integridade, com efeito, requer que, até onde seja possível, nossos juízes tratem nosso atual sistema de normas públicas como se este expressasse e respeitasse um conjunto coerente de princípios e, com esse fim, que interpretem essas normas de modo a descobrir normas implícitas entre e sob as normas explícitas (Dworkin, 2003, p. 261). Quer dizer, a integridade exige que as normas públicas da comunidade sejam criadas e vistas de modo a expressar um sistema único de justiça e equidade na correta proporção.

O tema, é importante enfatizar, permeará diversas reflexões que, no tempo próprio, aparecerão neste trabalho. Sobrelevam razões, não obstante, para citar recente passagem de Dworkin (2010, p. 105), em que se alude ao porquê de a integridade ser tão importante.

Vejamos:

> Toda democracia contemporânea é uma nação dividida, e noss própria democracia é particularmente dividida. Nossas divisões são de natureza cultural, étnica, política e moral. Não obstante, aspiramos a viver juntos como iguais, e parece absolutamente crucial para essa ambição que também aspiremos que os princípios que nos governam nos tratem como iguais. (...) Só poderemos perseguir essa indispensável ambição se tentarmos, sempre que necessário, nos colocar em um plano bastante elevado em nossas deliberações coletivas, *inclusive em nossas decisões judiciais*, de modo a pôr à prova nosso progresso em tal direção. (grifo não original).

---

[11] Em livre tradução: "a presença de princípios situados no nível fundativo da comunidade requer que as decisões situadas internamente no sistema sejam coerentes com tal esquema de princípios. A este nível, a partir do dado da abertura conceitual dos princípios, da diversidade dos casos e do desenvolvimento social, a integridade (universabilidade) implica uma leitura moral dos princípios: isto significa tanto que dos princípios seja fornecida a melhor interpretação, como que eles se adaptam à peculiaridade dos casos".

Enfim, ressaltada que seja a importância das decisões judiciais ao efetivo alcance do ideal democrático, devemos nos incumbir desse dever de integridade nas deliberações judiciais, se pretendemos alcançar um Estado de Direito que não seja apenas instrumento de avanço econômico e paz social, mas um símbolo e espelho da igual consideração pública, que nos dá o direito de afirmar a comunidade (Dworkin, 2010, p. 106).

Fosse o escopo aqui a apresentação de uma síntese, dir-se-ia que a resposta correta será aquela adequada à Constituição.[12]

A Constituição é um existencial, que, como acentua Streck (2009, p. 297), faz parte do modo de ser no mundo (autêntico ou não) do intérprete. De modo que lhe caberá, a ele intérprete, uma pré-compreensão adequada da Constituição, a qual requer uma confrontação com a sociedade para a qual dirigida, com a realidade social que se destina a regular e, de alguma forma, transformar.

Porque é da Constituição, nascida do processo constituinte, como algo que constitui, que deve exsurgir uma nova sociedade, não evidentemente rebocando a política, mas permitindo que a política seja feita de acordo com a Constituição.

Não se trata, portanto, de uma consideração meramente abstrata do texto constitucional e, sim, muito ao contrário, de um comprometimento, que há de advir das decisões judiciais, com a concretização daquilo estabelecido pela Carta.

---

[12] No posfácio de seu *Verdade e Consenso*, publicado na segunda edição da obra, Streck deixa claro que: "a tese aqui apresentada é uma simbiose entre as teorias de Gadamer e Dworkin, com o acréscimo de que a resposta não é nem a única e nem a melhor: simplesmente se trata da 'resposta adequada à Constituição', isto é, uma resposta que deve ser confirmada na própria Constituição, na Constituição mesma" (2009, p. 573). É importante ressaltar a crítica de Ovídio à obra de Dworkin, que a qualifica de meramente 'acadêmica', por não se preocupar com as "circunstâncias e peculiaridades que individualizam o caso concreto", a revelar em Dworkin o "seu débito para com o antigo liberalismo". Ovídio diz, às claras: "não aceito a doutrina sustentada por Dworkin quando ele exige que o julgador, ao decidir uma causa, seja capaz de estabelecer uma solução certa (...) essa resposta certa está no campo abrangido pela lei, ou, ao contrário, seria uma construção concebida pelo intérprete?" (BAPTISTA DA SILVA, 2009, p. 21-48). Ocorre que a faticidade não está alheada dos ideais de Dworkin, mormente quando se parte da hermenêutica filosófica. A dúvida manifestada por Ovídio, sobre se a resposta correta estaria na lei ou no intérprete acaba por redundar na antiga querela entre formalistas e realistas. Se Ovídio diz que "em certo sentido, todos somos positivistas, na medida em que estamos subordinados, coercitivamente, à lei promulgada pelo Estado" (op. cit, p. 44), é preciso esclarecer que a obtenção da resposta constitucionalmente adequada está longe de admitir o voluntarismo judicial, em desconsideração ao texto jurídico; texto, entretanto, que há de ser aplicado se afinado à Carta, de maneira que, a rigor, e mesmo quando não explicitado, todo ato judicial acaba por ser um exercício de jurisdição constitucional. Ademais, o rechaço à discricionariedade dos juízes não implica na ausência de interpretação, muito ao contrário. Apenas que essa já não se faz conforme o paradigma sujeito-objeto, em que ora o intérprete busca, via método, o *correto sentido da lei* (sic), ora dá-lhe o significado que quer, justificando-o a partir do que se tem denominado de pan-principiologismo, ou seja, capas de sentido que escondem as verdadeiras razões de decidir.

De maneira que em toda decisão judicial se haverá de conceber, mesmo que implicitamente, um exercício de jurisdição constitucional, porquanto é na Constituição, ou, dito de outra forma, é na adequação da decisão judicial à Constituição, que residirá o entendimento de que se estabeleceu uma resposta correta ao caso posto a decidir.

Ainda Streck (2009, p. 17), noutro texto, assenta que:

> Entendo ser possível encontrar uma resposta constitucionalmente adequada para cada problema jurídico (...)a hermenêutica praticada no Estado Democrático de Direito não pode deslegitimar o texto constitucional produzido democraticamente.

Em plena vigência do Estado Democrático de Direito, não se há de conceber que, máxime nas situações de maior gravidade, estejam as decisões judiciais submetidas à discricionariedade dos julgadores; é na Constituição, nos princípios constitucionais e nos dados de valor por eles desvelados, que há de se situar a resposta judicial às situações concretas; repita-se, situações concretas, pois os sentidos somente são atribuíveis a partir da faticidade em que está inserido o intérprete e respeitando os conteúdos de base do texto, que devem nos dizer algo (Streck, 2008, p. 292).[13]

O constitucionalismo, numa palavra, não pode repetir os equívocos positivistas, proporcionando decisionismos ou discricionariedades interpretativas (Streck, 2010, p. 159).

Com efeito, *os textos devem nos dizer algo*, e, desta maneira, a interpretação textual é parte essencial de qualquer programa mais amplo de interpretação constitucional, pois o que foi realmente afirmado pelos constituintes é sempre, no mínimo, um componente importante de qualquer argumentação constitucional que se pretenda adequada (Dworkin, 2010, p. 168).

Que fique claro, todavia, que a fidelidade ao texto da Constituição não esgota, em nenhuma medida, a interpretação constitucional.[14]

Nas palavras de Dworkin (2010, p. 168):

---

[13] No esboço preliminar de seu livro sobre o pensamento de Dworkin, Guest (2010, p. 18) assenta que "sua teoria da discricionariedade (discretion) é simplesmente a de que os juízes são legalmente limitados no exercício do seu poder de decisão final. Embora as práticas jurídicas existentes possam não fornecer uma resposta definitiva, o juiz, não obstante, deve fazer um juízo substantivo a respeito de qual decisão, no tocante à igualdade, ajusta-se melhor ao direito estabelecido. Portanto, o juiz é limitado (bound) pelo direito e não tem permissão para usar o seu poder de decisão em um sentido mais forte".

[14] Parece evidente: "temos um texto constitucional. Não discordamos sobre o conjunto de enunciados que constituem esse texto; ninguém questiona quais sequências de letras e espaços lhe dão a forma que tem. Sem dúvida, identificar uma série canônica de letras e espaços é apenas o começo da interpretação, uma vez que permanece o problema de saber o que *significa* qualquer segmento específico de tal série" (Dworkin, 2010, p. 171).

Em certas ocasiões, a integridade constitucional em sua plenitude pode exigir um resultado que não se poderia justificar por meio da melhor interpretação do texto constitucional, compreendido este como algo apartado da história de sua vigência, e que talvez chegasse, inclusive, a contradizer tal interpretação.

Porque nenhum texto está ou há de estar apartado da *história de sua vigência*. Ao se lançar um breve olhar sobre Gadamer, mais adiante, a asserção resultará mais clara. Por ora, basta a remissão a Bianco (2004, p. 108), segundo o qual a distância temporal que separa o intérprete do texto não se constitui de um espaço vazio, mas de um ininterrupto fluir da *tradição*, que enriquece e preenche de significados a compreensão.[15]

O caminho a percorrer, pois, está revelado e é importante demarcar, por fim, que aqui não se trata de mera especulação. Em variados setores do Direito, em cada qual dos ramos em que tradicionalmente foi dividido, é possível, e dir-se-ia necessário, aludir-se a pré-compreensões constitucionais autênticas, tendentes à formulação de respostas judiciais constitucionalmente adequadas.

É de uma vontade constitucional que se trata; de princípios que, mesmo nalguns casos não escritos, sintetizam a moral de um povo, enraizada e desenvolvida a partir de sua história institucional.

Não mais a vontade da lei; não mais a vontade do juiz. A vontade e a vocação constitucional, à qual a lei e o juiz hão de prestar reverência.

À resposta correta, pois.

1.2. Um breve olhar sobre Heidegger

À indagação potencial pelas razões de se realizar um breve olhar sobre Heidegger poder-se-ia responder com outra pergunta, que em si principiará a dar conta da importância do filósofo: Por que há o ser de preferência ao nada? Porque sim.

Esta é uma resposta a ser vista com a máxima seriedade, não como um dito espirituoso.

Explica Eco (1998, p. 23):

> O próprio fato de que podemos fazer a pergunta (que não poderíamos fazer se não existisse nada, nem sequer nós que a fazemos) significa que a condição de toda pergunta é que o ser exista. (...) Que algo existe é a primeira coisa que o nosso intelecto concebe como a mais notória e evidente, e todo o resto vem depois. Ou melhor, não poderíamos pensar senão partindo do princípio (implícito) de que estamos pensando algo. O ser é o horizonte, ou o líquido amniótico, em que naturalmente se move o nosso pensamento.

---
[15] No original: "considerare la distanza temporale che separa l'interprete dal testo non come uno spazio vuoto da superare, ma come lininterroto fluire della tradizione, che arricchisce di significati la comprensione" (BIANCO, 2004, p. 108).

Após séculos dividindo o ser da essência e a essência da existência, restava uma última possibilidade, restava *fazer o ser divorciar-se de si mesmo*. Em Heidegger, esclarece-se que o mal da metafísica é que esta sempre se ocupou do ente, mas não do seu fundamento, isto é, do ser, e da verdade do ser. Interrogando o ente enquanto ente, a metafísica evitou voltar-se para o ser enquanto ser (Eco, 1998, p. 30).

Ocorre que:

> Por vivermos sempre numa compreensão de ser e o sentido de ser estar, ao mesmo tempo, envolto em obscuridade, demonstra-se a necessidade de princípio de se retomar a questão sobre o sentido de "ser" (Heidegger, 2006, p. 39).

O despertar da vocação filosófica de Heidegger, como aponta Pöggeler (2001, p. 21), deu-se a partir da pergunta pela unidade do ser em sua multiplicidade. De forma que o sujeito, antes de instaurar a relação de conhecimento, já está desde sempre envolvido nela, já que lançado no mundo.[16]

Heidegger elabora a pergunta pelo sentido do ser através de uma nova ontologia da compreensão. Fenomenologia, vida, história, tempo e ser são englobados a partir de uma *hermenêutica da faticidade*, que se tornará a analítica existencial do *Dasein*.[17]

Nas palavras de Silva Filho (2006, p. 113):

> A busca de Heidegger se dá em direção àquilo que seja o fundamento de tudo, o conceito mais fundamental. Algo que, segundo assinala, permanece sendo olvidado desde a antiguidade clássica: o ser. O caminho escolhido em Ser e Tempo para aproximar-se do ser segue a indicação fenomenológica. Se o homem é um ente que se caracteriza pela compreensão do seu próprio ser, a busca pelo ser deve partir desta compreensão. Esta compreensão ocorre no mundo, ela antecipa a consciência humana e a sustenta. Assim, ir às coisas nelas mesmas significa considerar como ponto de partida o homem em sua faticidade.

Ser é sempre o ser de um ente – ele mesmo não é um ente. Como perguntar é um modo de ser de um ente específico, do ente que somos em cada caso nós mesmos, o ente exemplar é o *Dasein*. E a formulação explí-

---

[16] De referir-se que isto não quer dizer que Heidegger não reconheça a existência dos entes em si mesmos, mas que o sentido que adquirem não se instaura por si só, de modo universal e absoluto. O ser dos entes não é uma qualidade que poderia ser nomeada como um objeto à espera de captura, pois ele só é instaurado a partir da compreensão do ser que o *ser-aí* possui (SILVA FILHO, 2006, p. 111).

[17] O ser dá-se a partir da compreensão do *Dasein* e o *Dasein* se dá a partir da compreensão do ser. O *Dasein* é o ente de caráter superior entre os entes que se constitui pela compreensão do ser. O *Dasein* é um plano em que se dão ente e ser, no nível do ente privilegiado. Aqui se introduz a diferença ontológica, que é sustentada pelo *Dasein*, ultrapassando-se o "caráter metafísico-objetivista" e o "espaço fenomenológico-transcendental" (STEIN, 2003, p.17). O *Dasein* aparece tanto como abertura do ser como compreensão, homem, existência, vida humana (ente que, no seu ser, conhecemos como vida humana; ente *respectivamente-em-cada-momento* do seu ser; ente que cada um de nós é, que cada um de nós acerta a dizer no enunciado fundamental "eu sou" etc.) (HEIDEGGER, 2003, p. 12-33).

cita e transparente da pergunta pelo sentido do ser (em geral) exige uma prévia e adequada exposição deste ente, no que diz respeito ao seu ser. Esta é, portanto, a temática da analítica existencial do *Dasein*. Com efeito, por vivermos sempre numa compreensão de ser e o sentido de ser estar, ao mesmo tempo, envolto em obscuridade, demonstra-se a necessidade de princípio de se retomar a questão sobre o sentido de "ser" (Heidegger, 2006, p. 39).

São, pois, existenciais os caracteres do ser do *Dasein*. Portanto, o movimento se dá já desde sempre em uma compreensão, mais ou menos explícita, acerca do seu ser.

Dessa maneira, com estribo em Stein (2001, p. 153), pode-se dizer que a fenomenologia não será mais o instrumento de redução de tudo à subjetividade, nem um caminho que deve transformar tudo em "objeto". A fenomenologia heideggeriana, em suas palavras: "mergulhará no seio do velamento e desvelamento em que residem todas as essências" (op. loc. cit.). Esse âmbito é o lugar em que se dá a abertura do ser-aí.

O *Dasein* é essencialmente sua possibilidade. Isto é, o *Dasein* não tem suas possibilidades como propriedades que simplesmente estão dadas, para que possa utilizá-las de qualquer forma.

Tem o seu caráter de historicidade, isto é, sendo o seu próprio passado na forma de seu ser e compreendendo seu existir, o *Dasein* já tem as possibilidades de seu ser abertas.

E o sentido do seu ser é, justamente, a temporalidade. Como dirá Padovani (1993, p. 488), pois: "a estrutura mais essencial que Heidegger descobre no *existente humano* é precisamente a temporalidade".

A descrição fenomenológica do *Dasein* terá o sentido da interpretação.

Esta terá sua essência determinada a partir do hermenêutico, que é o "elemento ontológico da compreensão, enquanto ela radica na própria existencialidade da existência" (Stein, 2001, p. 187). Ou seja, o compreender é um modo de ser do *Dasein* enquanto existência – ele é, em si mesmo, hermenêutico.

Sigamos Stein (2001, p. 188):

> A compreensão é um existencial, é o existencial fundamental em que reside o próprio "aí", a própria abertura, o próprio poder ser do ser-aí. Assim, o ser-aí é, em si mesmo, hermenêutico, enquanto já sempre se movimenta numa compreensão de seu próprio ser.

Também Gregorio (2006, p. 19) aludirá que, em Heidegger:

> Il comprendere non è più dunque inteso come un modo di conoscere (epistemologicamente più debole) accanto ad altri (più perfetti ed efficaci), ma è ora la dimensione fondamentale

dell'esserci, il suo modo d'essere primario, nel suo rapporto già da sempre instituito con il mondo, con gli enti intramondani, con gli altri esserci, e, innanzitutto, con l'essere stesso.[18]

Por isso que a hermenêutica não há de ser tomada como método – retomaremos a asserção; a interpretação é o desenvolvimento da própria compreensão, é a elaboração das possibilidades projetadas no compreender.

Heidegger assume o termo "hermenêutica" no sentido de ontologia da compreensão, jamais como uma suposta teoria da arte de interpretar ou como a própria interpretação. O hermenêutico é justamente o elemento ontológico da compreensão, enquanto ela radica na própria "existencialidade da existência". Como precisamente leciona Stein (1983, p. 82), a compreensão é o modo de ser do ser-aí enquanto existência.

A compreensão é um existencial, é o existencial fundamental, em que reside a própria abertura, o próprio poder ser do ser-aí.

Portanto, o ser-aí é em si mesmo hermenêutico, enquanto já sempre se movimenta numa compreensão de seu próprio ser (Stein, op. loc. cit.).[19] [20] Com efeito, pode-se dizer que a compreensão sustenta a interpretação; e sendo contemporânea de nossa existência, estará presente em todo ato de interpretar, cuja essência está unida por vínculos fortes às potencialidades concretas do ser, no horizonte da situação que cada um ocupa no mundo.

Retome-se a pergunta: por qual razão o afastamento do método?

Também ao se fazer breve reflexão a respeito de algumas observações de Gadamer, voltar-se-á ao tema, que, contudo, principia aqui, visto que, para Heidegger, só se "pode falar de linguagem, no sentido estrito da palavra, aí onde o ser se desvela, se abre, ou seja, no homem" (Oliveira, 2006, p. 201).

Isso significa que não se há de reduzir a linguagem a uma dimensão instrumental, no sentido de que por meio dela o ser entra em contato com

---

[18] Em livre tradução: "a compreensão então não é mais entendida como um modo de conhecer (epistemologicamente mais débil) ao lado de outros (mais perfeitos e eficazes), mas é agora a dimensão fundamental do ser, o seu modo de ser primário na sua relação desde sempre instituída com o mundo, com os entes intra mundanos, com os outros seres e, antes de tudo, com o ser mesmo".

[19] Segundo Oliveira (2006, p. 209): "porque o eis-aí-.ser é, em si mesmo, hermenêutico, isto é, compreendedor de ser, a ontologia hermenêutica passa pela hermenêutica do eis-aí-ser, isto é, do homem enquanto revelador do ser. O ser do eis-aí-ser é fundamentalmente EXISTÊNCIA, isto é, compreensão prévia do sentido do ser, presença do ser. O conjunto das estruturas constitutivas do eis-aí-ser é, então, a existencialidade. A analítica dessas estruturas vai explicitar as dimensões constitutivas do ser-no-mundo, superando, assim, tanto a ontologia da coisa como a filosofia da subjetividade".

[20] Diz Morcilo Lixa (2008, p. 49) que "a partir do pensamento de Heidegger, a hermenêutica sofre uma 'virada'. Até então a interpretação precedia a compreensão. Com a hermenêutica ontológica, o primário será a compreensão: compreensão existencial que se trasmuta em interpretação".

os entes. Tal é o paradigma da filosofia da consciência, pelo qual a dualidade sujeito-objeto faz-se mediada pela linguagem.

Grande parte dos esforços de Heidegger consistiu em mostrar as bases de outro paradigma, no qual a "linguagem constitui momento fundamental para toda experiência do real" (Oliveira, 2006, p. 205), isto é, todo pensar já se movimenta no seio da linguagem, que, porém, não é obra da subjetividade.

Antes, estamos nela inseridos. Vejamos:

(...) toda a reflexão de Heidegger, portanto, faz-se no sentido de mostrar que o originário não é que falamos uma linguagem e dela nos utilizamos para poder manipular o real, mas, antes, que a linguagem nos marca, nos determina, e nela se dá a revelação dos entes a nós, o que só é possível porque, em sua dimensão última, a linguagem é o evento de desvelamento do sentido do ser (Oliveira, 2006, p. 206).

De outra parte, a pergunta pelo sentido do ser em geral e sua compreensão estão radicados na finitude do homem.

Há uma circularidade em que o *Dasein* compreende o ser, pois é finito; e sua finitude é imposta pela finitude da compreensão do ser.[21]

A compreensão é um existencial, retome-se a asserção. É que no compreender, o ser-aí projeta seu ser para possibilidades. O projetar inerente ao compreender possui a possibilidade própria de se elaborar em formas.

Expõe Heidegger (2006, p. 209):

(...) chamamos de interpretação essa elaboração. Nela, o compreender vem a ser ele mesmo e não outra coisa. A interpretação funda-se existencialmente no compreender e não vice-versa. Interpretar não é tomar conhecimento do que se compreendeu, mas elaborar as possibilidades projetadas no compreender.

Há, destarte, inequívoca, a superação da metafísica, em Heidegger. Porque nela se pensa apenas o ente, e não aquilo que possibilita o próprio pensamento: o ser. Em toda a sua história, a metafísica esqueceu o ser, justamente por permanecer junto ao ente e não se voltar ao ser enquanto ser – à diferença ontológica.

Noutras palavras, na medida em que a metafísica pensa o ente enquanto tal, no todo, ela representa o ente a partir do olhar voltado para o diferente da diferença, sem levar em consideração a "diferença enquanto

---

[21] A compreensão não é uma categoria no sentido de um conceito *a priori*, cujo sentido está estabelecido para sempre, mas compreensão é um 'modo de ser' do estar-aí, portanto do ser finito e histórico. Compreender e compreensão estão, então, ligados ao universo da história (STEIN, 1988, p. 34-5). Também Morcilo Lixa (2008, p. 52) assenta que "Heidegger vislumbrou na historicidade e temporalidade os referenciais capazes de tornar compreensível a natureza do ser, tal como se revela na experiência vivida, que não pode ser encarcerado em categorias conceituais e a-temporais".

diferença" (Heidegger, 2009, p. 74). E assim, a "origem da diferença não mais de deixa pensar no horizonte da metafísica" (op., loc. cit.).

Quer dizer, não se há de pretender um analisar as coisas em si, mas sim o sentido das coisas em referência a algo.

Desse modo, o ser da coisa se revela não em decorrência de um olhar desinteressado e meramente contemplativo da coisa em si, mas a partir do momento em que a coisa ingressa no contexto funcional com o mundo.

Somente através da pergunta pelo ser há a possibilidade da superação da metafísica.[22]

O *Dasein* compreende seu próprio ser enquanto existe. Este modo de ser do *Dasein* é primariamente um *ser-possível*. Enquanto existencial, a possibilidade já está desde sempre determinada pelo caráter fático do ser do *Dasein*. O *Dasein* é, assim, *possibilidade lançada*. Assim, ser-no-mundo é sempre poder-ser-no-mundo. Portanto, o *Dasein*, enquanto existe, é projetante – mas está ancorado em sua faticidade. Por isso, a compreensão de si mesmo e do ser enquanto tal sempre sofrerá uma limitação.

Que o ser imponha limites ao discurso mediante o qual nos estabelecemos no seu horizonte não é a negação da atividade hermenêutica, nem é mais a condição. Se assumíssemos que podemos dizer tudo sobre o ser, a aventura da sua interrogação contínua não teria mais sentido. Bastaria falar dela ao acaso. A interrogação contínua parece razoável e humana justamente porque assumimos que existe um *limite* (Eco, 1998, p. 49).

E prossegue o autor:

> Não podemos senão consentir com Heidegger: o problema do ser se apresenta apenas a quem foi lançado na Existência, no *Dasein* – do qual a nossa disposição faz parte e advertir que algo existe, e falar sobre ele. E na nossa Existência temos a fundamental experiência de um *limite* que a linguagem pode dizer antecipadamente (e então apenas predizer) num único modo, e além do qual se esvai no silêncio: é a experiência da morte" (Eco, 1998, p. 49-50).

Já a interpretação significa o desenvolvimento das possibilidades projetadas no compreender. O projetar inerente ao compreender possui a possibilidade própria de se elaborar em formas.

---

[22] Outra maneira de aludir à superação do esquema sujeito-objeto está na distinção feita por Heidegger entre o *como hermenêutico* e o *como apofântico*. Sigamos, neste ponto, Stein (2000, p. 47): "o que significa a superação do esquema sujeito-objeto? Significa a superação do projeto que busca na filosofia um fundamento para o conhecimento a partir do discurso em que impera a ideia de juízo, a ideia de síntese na subjetividade em que se fundaria o enunciado. Heidegger introduziu, para isso, uma distinção entre o discurso explicitador, o discurso manifestativo, que denomina apofântico, e o discurso subterrâneo, que acontece simultaneamente com o discurso apofântico e que o filósofo denomina de dimensão hermenêutica. Sem o elemento apofântico, não se daria, entretanto, o que podemnos designar o discurso hermenêutico. Este representa a estrutura básica, que, desde sempre, sustenta qualquer tipo de enunciado que pode ser verdadeiro ou falso".

De maneira que "chamamos de *interpretação* essa elaboração" (Heidegger, 2006, p. 209).

Nela, na interpretação, o compreender apropria-se do que compreende. Isto é, na interpretação, o compreender vem a ser ele mesmo, e não outra coisa. A interpretação funda-se existencialmente no compreender, e não vice-versa.

Interpretar não é tomar conhecimento do que se compreendeu, mas elaborar as possibilidades projetadas no compreender. Quer dizer, o compreender, na interpretação, desenrola-se de tal maneira que chega a ser si mesmo.

O compreender se apropria do compreendido por ele porque algo é primeiramente compreendido e interpretado depois. Heidegger (2008, p. 69) dirá que só podemos transformar em um "sobre-o-quê" possível de enunciação aquilo junto ao que já nos encontramos.[23]

A interpretação tem sempre, como antecedente, a compreensão de uma totalidade já compreendida, isto é, uma *posição prévia*. Esta é guiada a partir de uma *visão prévia*, que estabelece uma *concepção prévia*. Tais compostos constituem a pré-compreensão, o fundamento da interpretação de *algo enquanto algo*. Portanto, a interpretação só é possível sobre a base de uma *pré-compreensão*, que projeta, na compreensão, um todo de significatividade.[24]

Deste modo:

(...) a interpretação nunca é apreensão de um dado preliminar, isenta de pressuposições. Se a concreção da interpretação, no sentido da interpretação textual exata, se compraz em se basear nisso que "está" no texto, aquilo que, de imediato, apresenta como estando no texto nada mais é do que a opinião prévia, indiscutida e supostamente evidente, do intérprete (Heidegger, 2006, p. 211).

Assim também Emerich Coreth (1973, p. 84):

(...) a coisa que vem a nosso encontro abre-se primeiro principalmente numa "totalidade de situação"; aprendemo-la e compreendemo-la originalmente em um contexto de sentido, numa totalidade de significação. Isto, porém, quer dizer que toda compreensão se baseia num "olhar" anterior, numa "antecipação projetora", isto é, no projeto de uma totalidade de sentido, dentro da qual o particular se revela primeiramente em seu sentido.

---

[23] A interpretação não lança, por assim dizer, um significado sobre a nudez de algo simplesmente dado e nem cola sobre ele um valor. O que acontece é que, no que vem ao encontro dentro do mundo como tal, o compreender de mundo já abriu uma conjuntura que a interpretação expõe (HEIDEGGER, 2006, p. 211).

[24] Neste sentido: "toda interpretação envolve, na opinião de Heidegger, um ante-ter (Vorhabe), um 'ante-ver' (Vorsicht) e um 'ante-conceber' (Vorgrift). O intérprete possui de antemão o objeto de sua interpretação" (INWOOD, 2004, p. 60).

Ou seja, a interpretação nunca é apreensão de um dado preliminar, isenta de pressuposições. De forma que, reiterando a importante assertiva de Heidegger (2006, p. 211), se a concreção da interpretação, no sentido da interpretação textual exata, se compraz em se basear nisso que está no texto, aquilo que, de imediato, apresenta como estando no texto nada mais é do que a opinião prévia, indiscutida e supostamente evidente, do intérprete.

Em todo compreender está compreendida também a existência, na forma do círculo hermenêutico.

Claro, se a interpretação já sempre se movimenta no já compreendido e dele se deve alimentar, como poderá produzir resultados científicos sem se mover num círculo, sobretudo se a compreensão pressuposta se articula no conhecimento comum de homem e mundo? (Heidegger, 2006, p. 214).

Portanto, é decisivo entrar no círculo de modo adequado, porque nele se esconde a possibilidade positiva do conhecimento mais originário que, decerto, só pode ser apreendida de modo autêntico se a interpretação tiver compreendido que sua primeira, única e última tarefa é de não se deixar guiar, na posição prévia, visão prévia e concepção prévia, por conceitos populares e inspirações (Heidegger, 2006, p. 215).

De maneira que:

> O processo de pré-compreensão, que desde sempre acompanha a estrutura do ser-aí (*Dasein*), é condição de possibilidade de qualquer acesso do conhecimento científico a seus objetos (Stein, 2001, p. 101).

Deter-se no círculo hermenêutico parece uma necessidade.

É importante ter em conta que, em Heidegger "il problema del circolo ermeneutico si chiarisce come problema filosofico fondamentale, ma non più come problema epistemologico, bensì come fenomeno ontológico" (Gregorio, 2006, p. 19).[25][26]

Foi Heidegger quem mostrou que, em filosofia, é equivocado pensar nas palavras como fonte de *essência de significados*.

---

[25] Refere, ainda, Gregório, que "all'interno di questa nuova impostazione del pensiero, non più orientata in senso epistemologigico-metodologico, ma appunto ontologico, Il circolo ermeneutico acquista una valenza assolutamente positiva (...) Il comprendere diviene in Heidegger un 'esistenziale fondamentale' dell'esserci umano, Il suo modo d'essere fondamentale in quanto esso è inanzitutto un essere-nel-mondo" (2006, p. 19). Ou seja: "no interior dessa nova manifestação do pensamento, não mais orientada no sentido epistemológico-metodológico, mas precisamente ontológico, o círculo hermenêutico adquire uma significação absolutamente positiva (...). A compreensão se torna em Heidegger um existencial fundamental do ser humano. O seu modo de ser fundamental em relação a isso é antes de tudo um ser-no-mundo".

[26] Em livre tradução: "o problema do círculo hermenêutico se apresenta como problema filosófico fundamental, mas não mais como problema epistemológico, e sim como fenômeno ontológico".

Note-se, destarte, com Streck (2009, p. 17), que não são nas palavras que devemos buscar os significados do mundo (ou do direito, para ser mais específico), mas *é para significar (o direito) que necessitamos das palavras*. É para isso que as palavras servem: para dar significado às coisas. Assim:

> Articulamos as palavras que temos disponíveis projetando sentidos a partir deste todo de significados. Ou seja, o discurso – que é o modo de manifestação da linguagem – é articulado sempre imerso nesta dimensão de (pré)compreensibilidade da significância (Streck, 2009, p. 17).

Uma advertência, todavia, se impõe, qual seja a de que não se pode confundir pré-compreensão com visão particular de mundo, preconceitos ou qualquer outro termo que revele uma abertura para o relativismo.

A pré-compreensão demonstra exatamente que não há espaço para este tipo de relativização subjetivista que acabaria, no fundo, caindo nas armadilhas de um ceticismo filosófico (Streck, 2009, p. 18). Na hermenêutica, portanto, não há espaço para o relativismo.

Então, verifica-se que há uma relação circular, não cronológica, entre ser e *Dasein*. O *Dasein*, existindo, abre-se ao ser (compreende-o), mas o ser somente se dá à medida que o *Dasein* existe. Livrando-se das amarras metodológicas, Heidegger transforma o círculo hermenêutico em ontológico – um modo de ser do *Dasein* (Rodhen, 2002, p. 163).

Usando outras palavras, pode-se dizer que a elaboração de um projeto prévio a partir da compreensão colocada em um texto, revisado pelo intérprete, isto é, conceitos prévios substituídos por outros mais adequados, faz da interpretação um constante reprojetar, que evita os erros das opiniões prévias não confirmadas.

Esta é a tarefa permanente da compreensão, assinala Morcilo Lixa (2008, p. 65), elaborar projetos corretos e adequados às coisas, que, como projetos, são antecipações que "apenas devem ser confirmadas nas coisas".

O problema do *Dasein*, enquanto único entre todos os entes que pode expor o problema do ser, seria justamente isto: perceber a sua relação circular com a totalidade dos entes que nomeia – tomada de consciência suficiente para suscitar angústia e desambientação, mas que de modo algum nos faria sair do círculo em que a existência foi lançada (Eco, 1998, p. 32).

Segundo Stein (2001, p. 277):

> A emergência da circularidade do ser-aí (*Dasein*) é a própria emergência da diferença ontológica e vice-versa. O fato da circularidade impõe a diferença ontológica e esta manifesta

aquela. A relação do ser com o homem e do homem com o ser que revela a circularidade já é a própria diferença ontológica, entre ser e ente (Stein, 2001, p. 277).

Assim, Heidegger torna claro que o círculo hermenêutico está longe de ser uma armadilha, ou seja, não é um vício, porquanto não alude a um problema metodológico. Entendido em termos da oposição sujeito-objeto, o círculo hermenêutico só pode apresentar-se como vicioso. Heidegger, todavia, redescreve o círculo hermenêutico como um elemento ontológico estrutural da compreensão. De modo que para Heidegger o círculo hermenêutico não é um círculo formal, mas descreve a compreensão como "o jogo interno do movimento da tradição" (Hekman, 1990, p. 152).

É justamente na dimensão desenvolvida por Heidegger que se dá o acontecer originário da compreensão do ser, anterior à relação sujeito-objeto, proposta pela tradição metafísica, que objetificou/entificou o ser.

Com a entificação do ser:

> O acontecer ou o presentar-se, ou ainda o vir-ao-encontro com seu modo de ser, das coisas, dos eventos e das pessoas, é negado, é encoberto ou mesmo totalmente ignorado. Entretanto, é nesses aspectos que precisamente se dá a dimensão fundamental em que os entes se mostram em seu ser e, ignorar essa dimensão do acontecer do ser, significa não permitir que apareça a diferença ontológica (Stein, 2002, p. 191-2).[27]

E é a partir da diferença ontológica que Heidegger irá situar todo o seu caminho de recuperação da dimensão anterior à relação sujeito-objeto e, a partir dele, realizar a sua crítica à metafísica como entificadora, objetificadora e encobridora do ser.

Porém, não compreendemos um ser em si, muito menos um ente em si, pois ser é sempre ser de um ente, e todo ente *é* – há uma *diferença ontológica*. A compreensão do ser, portanto, é realizada na própria existência; nesta reside todo compreender e todo conhecer originários.[28]

Heidegger se indaga, em sua *Introdução à Filosofia*, sobre se existe algo que tenha sido mais frequentemente discutido e problematizado, desde o começo da modernidade, do que a relação sujeito-objeto. Dando conta da enorme importância da discussão, pergunta, entretanto, se, ao

---

[27] Só posso objetivar algo se esse algo já se encontra antes defronte a mim como um ente manifesto. Mas um ente que se encontra manifestamente aí defronte só pode se encontrar aí defronte como ente se já for compreendido, isto é, projetado antes em seu ser, em vista de seu ser (HEIDEGGER, 2008, p. 238).

[28] Vale repetir, com outros termos: "ser significa sempre e em toda parte: *ser do ente*, locução em que deve ser pensado o genitivo como *genitivus obiectivus*. Ente significa sempre e em toda parte: *ente do ser*, locução em que deve ser pensado o genitivo como *genitivus subiectivus*. Falamos, sem dúvida, com reserva de um genitivo, referindo-nos a objeto e sujeito; pois estas expressões sujeito e objeto já têm por sua vez origem em uma caracterização do ser. Claro está apenas que no ser do ente e no ente do ser se trata, cada vez, de uma diferença" (HEIDEGGER, 2009, p. 67).

tomarmos conjuntamente os dois polos extremos, o todo será abarcado, se essa totalidade pode ser apreendida a partir de dois polos extremos e de sua conexão. Segundo diz:

> (...) uma tal apreensão é, contudo, impossível – já pelo único fato de que exatamente esses dois pólos, assim coligados como polos extremos, surgem sobre o solo de um ponto de partida que até aqui esqueceu de levar em consideração o todo fundante (Heidegger, 2008, p. 65).

Quer dizer, esses dois extremos, sujeito e objeto, eles mesmos o resultado de um ponto de partida não esclarecido e inadequado, não podem reconquistar e determinar a totalidade antes indeterminada por meio do fato de eles agora – de que maneira for – se acharem interligados. Para retomar o sobredito, esquece-se de levar em consideração *o todo fundante*.

Que, no Direito, há de ser concernente à Constituição, de que se olvida, porém, quando presente ainda a filosofia da consciência, a cisão sujeito-objeto, pela qual se advoga uma separação entre fato e norma, uma dualidade texto e norma e um distanciamento entre o intérprete e o que será interpretado; a desconsideração da diferença ontológica tem-nos levado a deixar de lado *o todo fundante*, o que, no Direito, constitui, ou o constitui, a Constituição.[29]

Falemos um pouco mais, nesta perspectiva, da diferença ontológica.[30]

Pode-se dizer que a diferença ontológica é a diferença entre ser e ente, uma vez que "o ser é o elemento através do qual ocorre o acesso aos entes, isto é, sua condição de possibilidade" (Moraes Mello, 2006, p. 30). Essa condição, vale dizer, é realizada por meio da compreensão, pelo *Dasein*, pelo ser que se compreende e que sempre se dá pelo círculo hermenêutico.

Dessa forma, reiterando, a circularidade hermenêutica substitui o modelo da tradição metafísica, ancorado na relação sujeito-objeto. É que pensar o conceito de ser, a partir da diferença ontológica, significa que ao compreendermos o mundo, compreendemos a nós mesmos. De modo que a emergência da circularidade do *Dasein* é a própria emergência da diferença ontológica, e vice-versa. Com efeito, a relação do ser com o homem e do homem com o ser que revela a circularidade já é a própria di-

---

[29] É por isso que Streck (2010, p. 162) afirma que, fundamentalmente, a hermenêutica filosófica vem para romper com a relação sujeito-objeto, representando, assim, uma verdadeira revolução copernicana. Em outras palavras, coloca em xeque os modos procedimentais de acesso ao conhecimento. E isso tem consequências. Sérias. E não pode ser ignorado pelos juristas preocupados com a democracia.

[30] Conforme Stein (20001, p. 276), a questão da diferença ontológica deve ser visualizada em sua relação com a circularidade do ser-aí; a diferença ontológica "acontece na faticidade circular do ser-aí".

ferença ontológica, entre o ser e o ente. Uma não se dá sem a outra (Stein, 2001, p. 279).

Para pensarmos a circularidade já nela nos movimentamos e afirmamos a diferença; para pensarmos a diferença já nela nos movemos e afirmamos a circularidade.[31] O que se apresenta como intermediário entre o homem e o ser é o tempo, de modo que, temporalizando-se, o homem está junto do ser, e, temporalizando-se o ser, este está junto do homem.

O tempo possibilita, portanto, que o ser seja verdadeiramente ser e que o ente seja verdadeiramente ente. Também, que a diferença entre eles seja realmente diferença, diferença que tanto os separa como os une.

A repercussão no campo jurídico, de tais considerações filosóficas, parece inegável, mormente quando se tem, ainda hoje, presente a equivocada percepção de dualidades metafísicas entre o sujeito e o texto, ou entre este e o seu sentido, de modo a cindi-los, em olvido à diferença que, já dissemos, distingue-os e os une, na temporalidade – temporalidade, dirá Bancalari (2005, p. 25), como "condizione di possibilità della comprensione dell'essere e dell'ontologia come tale".[32]

Neste sentido:

> Heidegger chiarisce innanzitutto che la distinzione tra essere ed ente è strutturalmente conessa all'esserci, anzi, in un certo senso, è l'esserci stesso, perché ha il suo stesso modo di essere: essa, infatti, non è uno stato di cose, ne un concetto, ma è una differenziazione, che accade per il fatto stesso che l'esserci si temporalizza (Bancalari, 2005, p. 24).[33] [34]

---

[31] É importante sublinhar que, com a diferença ontológica, Heidegger pretende olhar para a questão do ser, cujo esquecimento pela metafísica torna-a problemática. Assim, segundo Stein (2001, p. 277), o filósofo quer "determinar, pela ontologia fundamental, como se estabelece a verdadeira interrogação pelo ser na finitude". Adiante, dirá Stein que "essa interrogação pelo próprio ser e sua relação com o homem, a pergunta pela constituição circular do ser-aí, se omite na metafísica, onde o homem é tomado como um dado, como uma natureza subsistente sobre a qual colocamos ainda uma relação com o ser" (op. cit., p. 283).

[32] Em livre tradução: "condição de possibilidade do ser e da ontologia como tal".

[33] Isto é: "Heidegger esclarece antes de tudo que a distinção entre ser e ente é estruturalmente conexa ao ser-aí, aliás, em um certo sentido, é o ser-aí mesmo, porque tem o seu próprio modo de ser: este, de fato, não é um estado de coisas, nem um conceito, mas é uma diferenciação, que se dá pelo fato mesmo de que o ser-aí se temporaliza".

[34] A compreensão do ser, segundo Stein (2001, p. 104-5), leva-nos a um caminho de duas mãos: o ser é pela compreensão a possibilidade de acesso ao ente: sem compreensão não há ente. Nosso acesso aos entes só nos é possível porque o *Dasein* compreende o ser e não porque temos um outro fundamento para o conhecimento dos entes. Assim, o *Dasein*, pela compreensão, inaugura uma circularidade. Mas ela não é simples circularidade, mas uma circularidade que se dá pela compreensão. É, portanto, uma circularidade hermenêutica. O ser não funda o ente, nem qualquer ente funda o ser. A recíproca relação entre ser e ente somente se dá porque há *Dasein*, isto é, porque há compreensão. De forma que "o ser heideggeriano torna-se o elemento através do qual se dá o acesso aos entes, ele é sua condição de possibilidade. Isso é a diferença ontológica. Como esta condição só opera através da compreensão pelo *Dasein*, pelo ser humano que se compreende, a fundamentação (condição possibilidade) sempre se dá pelo círculo hermenêutico" (op. loc. cit.).

Poder-se-ia dizer que, de alguma maneira, o homem está sempre implicado em seu objeto e projeta o horizonte de sua subjetividade como âmbito da compreensão. Sujeito e objeto conjugados numa unidade de sentido projetada na compreensão. A diferença ontológica é o suporte do ser e do ente, ente que não existe sem estar junto ao ser. Mas que não está, por outro lado, disponível a ele. Não há qualquer delegação em favor do sujeito de uma disponibilidade significativa sobre o objeto. Objeto que não é em si mesmo e nem tampouco é o que o sujeito determinar que seja. Pois entre eles há a diferença ontológica, o que no estudo do Direito será de importância fundamental.

1.3. Um breve olhar sobre Gadamer

Para deflagrar-se uma abordagem a respeito do pensamento de Gadamer, que, é bom salientar, ficará restrita ao escopo de sua pertinência com a necessária busca pela resposta correta em Direito, é importante aduzir à ruptura que, a partir dele, se estabelece na vinculação da hermenêutica com a metodologia.[35] [36]

É, igualmente, necessário perceber o caráter antirrelativista que confere à hermenêutica, daí por que o Direito tem-no como forte aliado no combate à discricionariedade.[37]

---

[35] Donde a sua importância no campo jurídico parece mostrar-se inequívoca. Com efeito: "para as ciências humanas em geral, e no Direito em particular, como adiante será discutido, as revolucionárias perspectivas filosóficas de Gadamer desmistificam a tradicional concepção de verdade associada à noção de método, obrigando neceesariamente estas ciências trazerem ao centro de sua discussão a questão da compreensão e da filosofia" (MORCILO LIXA, 2008, p. 61).

[36] Isto é: "não podemos representar com a hermenêutica nenhum método definido que caracterizaria, por exemplo, um grupo de ciências ante as ciências naturais. Hermenêutica descreve muito mais o âmbito conjunto do entendimento inter-humano" (GADAMER, 2007, p. 99). Isso parte da constatação de que "a auto-reflexão lógica das ciências do espírito, que acompanha o seu efetivo desenvolvimento no século XIX, está completamente dominada pelo modelo das ciências da natureza (...) mesmo na ciência moral estaria em questão reconhecer uniformidade, regularidade e legalidade, que tornariam previsíveis os fenômenos e processos individuais" (GADAMER, op. cit., p. 37).

[37] É necessário referir que Heidegger, ao tratar de que *o pertencimento da verdade ao ser-aí não implica que a verdade seja algo subjetivo*, alude a que, se negamos que há uma verdade em si e dizemos que ela pertence essencialmente ao ser-aí, ao sujeito, então a verdade é sempre apenas relativa ao ser-aí respectivamente fático e, a partir dessa negação da objetividade da verdade, emerge, então, o assim chamado relativismo. Porém: "todo relativismo é ceticismo, e todo ceticismo traz consigo a morte de todo conhecimento e, como também se diz, da existência do homem em geral" (HEIDEGGER, 2008, p. 119). De modo que o filósofo diz que a argumentação acerca do caráter subjetivo e relativo da verdade não pode – por mais convincente que se possa apresentar – esconder que sua base é totalmente frágil, visto que se funda na ideia de que "sujeito é um eu inicialmente encapsulado em si e cindido de todos os outros entes, um eu que se comporta de maneira bastante auto-efervescente no interior de sua cápsula. Denominamos essa concepção do mero sujeito a *má subjetividade*; má porque ela não toca absolutamente a essência do sujeito" (op.cit., p. 120).

Antes, a hermenêutica se tinha vinculado ao método, subordinando-se, quase sempre, à análise filológica e à fixação de cânones interpretativos, aos quais se atribuía uma pretensa neutralidade axiológica.

Em Gadamer, porém, compreender exige um horizonte, e alcançar um horizonte requer esforço pessoal, para impedir uma assimilação precipitada por uma expectativa de sentido. Ou seja:

> Uma tarefa que nos é colocada constantemente é a de impedir uma assimilação precipitada do passado com as próprias expectativas de sentido. Só então poderemos ouvir a voz da tradição tal como ela pode fazer-se ouvir em seu sentido próprio e diverso (Gadamer, 2004, p. 404).

Isto porque, antes que possamos dispor de métodos ou técnicas tendentes à interpretação de textos, já nos encontramos em certa situação que está imbricada com o resultado de qualquer exegese que possamos fazer, o que decorre de nossa historicidade (Silva Filho, 2003, p. 56).[38]

Assim:

> A compreensão, enquanto processo de auto-compreensão, insere o sujeito no objeto, não tomando o sujeito como aquele que apenas tem acesso ao objeto através de um método. Desaparecendo a dicotomia sujeito-objeto, não há que admitir-se o método como algo definido pelo sujeito que constrói o objeto (Morcilo Lixa, 2008, p. 68).

A sequência aqui alvitrada, isto é, de após um breve percurso a respeito de certas ideias de Heidegger, suscitar-se algo do pensamento de Gadamer, tem em conta que este, sabidamente, partiu de categorias elaboradas por aquele, inclusive para reconhecer que a tomada de consciência histórica, a limitação e a condicionalidade de nosso poder-saber se mostram como a ameaça mortal do relativismo (Gadamer, 2007, p. 36).

Por isso tem razão Gregório (2006, p. 50), ao assinalar a conexão do pensamento gadameriano à concepção de Heidegger, acerca do compreender visto ontologicamente como o modo mesmo de ser-no-mundo, isto é, no sentido de que "il nostro stare al mondo è già sempre di tipo interpretativo",[39] pela razão de que a nossa "esperienza esistenziale si attua già sempre come un progetto di comprensione che, ben prima di essere

---

[38] Para Gadamer (2007, p. 40), reafirme-se, o "processo de entendimento mútuo não pode ser considerado como um procedimento metódico que fixa um indivíduo contra o outro, mas consuma-se como a dialética de pergunta e resposta, uma dialética que se acha aberta segundo os dois lados e que transcorre entre os dois parceiros de diálogo. Esse é um processo que nunca se inicia do zero e que nunca termina com uma soma total plena. Mesmo o texto, e, antes de tudo, aquele texto que é uma obra, isto é, uma obra de arte linguística que se encontra diante de nós destacada de seu 'criador', é como alguém que responde incansavelmente a um esforço jamais esgotável de compreensão interpretativa e é como um indivíduo questionador que se contrapõe a um outro sempre pronto a responder".

[39] Isto é: "o nosso estar no mundo é já sempre de tipo interpretativo".

un processo intellettuale, teoretico, cognitivo, è innanzitutto un atteggiamento di tipo pratico"[40] (Gregorio, 2006, p. 51).

Frisa, ainda, Gadamer (2007, p. 36) que esse tornou-se o pensamento diretriz de *Ser e Tempo*: iluminar a estrutura hermenêutica do ser-aí, isto é, não dar simplesmente prosseguimento à hermenêutica do espírito, mas empreender uma hermenêutica da faticidade.[41]

É muito claro que não se está a tratar, então, de hermenêutica num suposto sentido teórico-instrumental, que pretenda estabelecer regras para a compreensão.

Ao revés, Gadamer pretende mostrar que a constituição de sentido não é obra de uma subjetividade isolada e separada da história, mas só é explicável, como veremos mais adiante, a partir de nossa pertença à tradição.

Conforme Oliveira, que aqui já vale a pena citar:

> Onde quer que compreendamos algo, nós o fazemos a partir do horizonte de uma tradição de sentido, que nos marca e precisamente torna essa compreensão possível. Ela é a instância a partir de onde toda e qualquer compreensão atual é determinada, possibilitada.[42]

Pois compreender é um existencial, repitamos outra vez; no sentido de que:

> Il nostro stare al mondo è già sempre di tipo interpretativo, la nostra esperienza esistenziale si attua già sempre come un progetto di comprensione che, ben prima di essere un processo intellettuale, teoretico, cognitivo, è innanzitutto un atteggiamento di tipo pratico (Gregorio, 2006, p. 51).[43]

Nem por isso deixará de existir uma tensão evidente entre o texto e os preconceitos que trazemos conosco e, justamente, a tarefa hermenêutica consiste em não dissimular essa tensão em uma assimilação ingênua, mas em desenvolvê-la conscientemente (Gadamer, 2004, p. 405).

---

[40] Em livre tradução: "experiência existencial atua já sempre como um projeto de compreensão que, bem antes de ser um processo intelectual, teórico, cognitivo, é antes de tudo um movimento de tipo prático".

[41] Refere Gregório (2006, p. 32): "azzardando un paragone forse discutibile, è come se Gadamer rappresentasse, heideggerianamente, il momento dell'*interpretazione*, che sviluppa, articola, chiarisce il momento iniziale della *comprensione* (fornito da Heidegger)". Ou seja: "Arriscando uma comparação talvez discutível, é como se Gadamer representasse, heideggerianamente, o momento da *interpretação*, que desenvolve, articula, esclarece o momento inicial da *compreensão* (fornecido por Heidegger)".

[42] De onde se extrai uma "preocupação fundamental do pensamento de Gadamer: a superação da filosofia da subjetividade. O que importa, acima de tudo, é vincular o sujeito que compreende à história, explicitar a precedência e a influência da história em todo conhecimento humano, em última análise, no ser do sujeito" (OLIVEIRA, op. cit., p. 229).

[43] Em livre tradução: "o nosso estar no mundo é já sempre de tipo interpretativo, a nossa experiência existencial atua já sempre como um projeto de compreensão que, bem antes de ser um processo intelectual, teórico, cognitivo, é antes de tudo um movimento de tipo prático".

Por isso que o comportamento hermenêutico está obrigado a projetar um horizonte que se distinga do presente. Isso implica a suspensão da validez dos pré-juízos, provocando-os (Ramires, 2010, p. 96).

E, como afirma Gadamer (2004, p. 405):

> Se o positivismo estético e histórico, herdeiro da hermenêutica romântica, ocultou essa tarefa, precisamos reafirmar que o problema central da hermenêutica se estriba precisamente nisso. É o problema da aplicação, presente em toda compreensão.

Problema da aplicação, há de ser retomada a asserção. Porque se constata, em nível ontológico, a indissociabilidade entre compreensão e interpretação, isto é, a interpretação é o desenvolvimento das possibilidades demarcadas na compreensão prévia.

Nas palavras de Gadamer (2004, p. 406):

> A interpretação não é um ato posterior e ocasionalmente complementar à compreensão. Antes, compreender é sempre interpretar, e, por conseguinte, a interpretação é a forma explícita da compreensão.

Quer dizer, assenta-se não haver uma divisão temporal entre compreensão e aplicação, ou seja, não se trata de primeiro compreender um texto para depois aplicá-lo às situações concretas. A compreensão, quando ocorre, já traz em si a aplicação.[44]

Ora, a compreensão do sentido não é um processo puramente receptivo, sendo sempre também e antes de tudo uma autocompreensão do sujeito interpretante.

Só quando o intérprete aborda o texto com uma pré-compreensão poderá começar a falar do texto; só quando ele – com toda a tradição de que é portador – entra no horizonte de compreensão, poderá fundamentar argumentativamente o que ele tinha previamente antecipado como resultado provisório. É o círculo hermenêutico (Kaufmann, 2004, p. 69-70).[45]

Como vimos, a descrição heideggeriana desse círculo mostra que a compreensão se encontra constantemente determinada pela pré-compreensão. Gadamer assume essa consideração, para dizer que quando se realiza a compreensão, o círculo do todo e das partes não se dissolve; alcança ao contrário sua realização mais autêntica.

---

[44] Como é sabido, a tradição hermenêutica separava os momentos da compreensão (*subtilitas intelligendi*) e da interpretação (*subtilitas explicandi*), porque considerava essa última um recurso a que se deveria buscar em casos de obscuridade ou não entendimento.

[45] Aduz Oliveira (2006, p. 239) daí depreender-se o caráter circular de toda compreensão, no sentido de que "ela sempre se realiza a partir de uma pré-compreensão, que é procedente de nosso próprio mundo de experiência e de compreensão, mas essa pré-compreensão pode enriquecer-se por meio da captação de conteúdos novos".

Em suas palavras, portanto, o círculo não é de natureza formal. Não é objetivo nem subjetivo; descreve, porém, a compreensão como o "jogo no qual se dá o intercâmbio entre o movimento da tradição e o movimento do intérprete" (Gadamer, 2004, p. 388).

Como assinala Silva Filho (2006, p. 101), essa indissociabilidade entre interpretação e aplicação dá-se como uma decorrência da fusão de horizontes, onde o intérprete, situado em seus pressupostos, dando-se conta deles, propicia o aparecimento da novidade que o objeto a ser interpretado descortina.[46]

Esta novidade virá como uma resposta para a pergunta que o intérprete faz, daí por que quanto mais visível esta estiver, melhor será entendida aquela.

Deste modo, e a observação é relevante:

(...) diante do objeto a ser conhecido, como por exemplo, a norma jurídica, o sujeito realiza as perguntas ou, melhor ainda, reconstrói as perguntas que a norma busca responder, a partir de uma série de referências com mobilidade histórica, como o problema concreto que busca dar solução, o desenvolvimento jurisprudencial e doutrinário acerca dos conceitos e normas jurídicos envolvidos e a tradição cultural que influencia a ambos, podendo aí ser inserido o âmbito da norma (Silva Filho, 2006, p. 101).

Estabelecer, pois, uma distinção entre a função cognitiva, qual a interpretação, e uma função normativa, de aplicação, resulta numa falsa contraposição, visto que, se assim o fosse, a compreensão seria o estabelecimento de um saber dominador.

A tese defendida por Gadamer, expõe Morcilo Lixa (2008, p. 176), é a de que interpretação e aplicação se incluem, na medida em que a compreensão é a superação de uma distância temporal que separa o texto e o intérprete, pois quem compreende, interroga, e liberta o texto de um sentido passado, como um amálgama em que não existe o lapso temporal.

Trata-se de reconhecer a distância de tempo como uma possibilidade positiva e produtiva[47] do compreender.

Pois, conforme diz Gadamer (2004, p. 393), essa distância temporal não é um abismo devorador, mas está preenchida pela continuidade da herança histórica e da tradição.

---

[46] É de se notar que a antecipação de sentido, que guia a nossa compreensão de um texto, não é um ato de subjetividade, já que se determina a partir da comunhão que nos une com a tradição (GADAMER, 2004, p. 388).

[47] O sentido de um texto sempre supera o seu autor, pois é sempre determinado, também, pela situação histórica do intérprete. Por isso a compreensão nunca é um comportamento meramente reprodutivo, mas também e sempre produtivo (GADAMER, 2004, p. 392).

Destarte, trata-se de "considerare la distanza temporale che separa l'interprete dal texto non come un spazio vuoto da superare, ma come l'ininterroto fluire della tradizione".[48] (Bianco, 2004, p. 108)

Portanto, é necessário ressaltar que a hermenêutica adquire contornos mais relevantes, tanto mais se esteja a tratar do Direito e da solução a problemas concretos, diante dos (ainda) mal resolvidos problemas que nascem da aplicação das normas, formuladas em sua generalidade, e não raramente em uma situação histórico-social diversa daquela em que deva ser aplicada.

De sorte que o interpretar, como explicitação do compreendido, no Direito dar-se-á sempre à vista da concretude do problema a ser solucionado juridicamente. É, pois, um problema que alude à aplicação.[49]

Quando alude à hermenêutica como filosofia prática, com efeito, diz Bianco (2004, p. 147) que "il compito dell'ermeneutica (...) è quello di porre la conoscenza teorica al servizio della prassi".[50] É de se notar aqui, pois, que a importância da *applicatio* para o Direito se faz bastante relevante, não apenas pela razão evidente de que o operador está sempre às voltas com um determinado problema a ser solucionado, mas também, como aponta Silva Filho (2006, p. 101) em virtude do fato de que "norma e caso estão ambos imersos no mundo da vida".

Por isso que:

> Não se pode isolar o caso do Direito e de certa maneira considerá-lo em si independente do Direito. O Direito não pode ser analisado sem que seja posto em relação com o caso. E é por isso que Gadamer dirá, mostrando que hermenêutica é sempre aplicação, que interpretar não é nunca uma subsunçãodo individual sob os conceitos do geral (Streck, 2000, p. 126).

Convém sublinhar esse aspecto, se a aplicação não quer dizer aplicação posterior de algo comum dado, compreendido primeiro em si mesmo,

---

[48] Isto é: "considerar a distância temporal que separa o intérprete do texto não como um espaço vazio a ser superado, mas como o ininterrupto fluir da tradição".

[49] Conforme expõe Streck (2000, p. 126-7): "mediante conceitos estandartizados, o pensamento dogmático pretende colocar à disposição da comunidade jurídica definições a priori, 'aptas' a servirem de 'acoplagem' da premissa menor à premissa maior. É como se existisse um fato 'cru', que receberia uma 'roupagem' jurídico-conceitual (previamente elaborada, com pretensão de universalização (...) O Direito é parte ou momento do próprio caso. Não se pode isolar o caso do Direito e de certa maneira considerá-lo em si independente do Direito. O Direito não pode ser analisado sem que seja posto em relação com o caso. E é por isso que Gadamer dirá, mostrando que hermenêutica é sempre aplicação, que interpretar não é nunca uma subsunção do individual sob os conceitos do geral. No uso das palavras, não se torna disponível o que está dado à contemplação, como caso especial de uma generalidade, mas está presente naquilo mesmo que é dito, tal como a ideia do belo está presente naquilo que é belo, conclui".

[50] Em livre tradução: "o papel da hermenêutica é o de colocar o conhecimento teórico a serviço da prática".

para ulterior referência a dada situação concreta, mas é antes a verdadeira compreensão do próprio comum que cada texto dado representa para nós, ou, parafraseando Gadamer, se a compreensão é uma forma de efeito, e se sabe a si mesma como tal efeito, então o decotamento ou cisão entre o mundo normativo e o mundo fático, em que se baseia o modelo positivista,[51] não mais se pode sustentar, como será visto depois.[52]

Não se diga que se está a defender uma abdicação da dogmática, que, em Direito, desempenha o importante papel de ensejar uma necessária *entificação*. Apenas não é sustentável a ideia de uma dogmática jurídica total, sob a qual se alcançassem decisões por um simples ato de subsunção.[53] Igualmente, e muito antes ao contrário, não se deixa de reconhecer a importância das leis. Neste ponto, citemos Silva Filho (2006, p. 63):

> É comum associar-se às conclusões de Gadamer, graças à verve positivista que infesta o pensamento jurídico contemporâneo, uma situação de insegurança jurídica, na medida em que se renega a uma predeterminação total dos conteúdos das sentenças na lei. Porém, como o próprio autor assinala, o seu entendimento acerca da dinâmica hermenêutica no Direito só tem razão de ser a partir da superioridade da lei, de uma situação que possa ser associada ao Estado de Direito.

Tanto que mesmo Gadamer assentará que a tarefa da interpretação consiste em *concretizar a lei*.

> Ou seja, segundo expõe, a complementação produtiva do direito que se dá aí está reservada ao juiz, mas este se encontra sujeito à lei como qualquer outro membro da comunidade jurídica (Gadamer, 2004, p. 432).[54]

---

[51] Com efeito, o "Direito não é, em verdade, descoberto a partir de uma dedução ou demonstração de caráter matemático que, partindo da premissa maior da norma jurídica a relaciona com o fato enquanto premissa menor. Ocorre, ao invés, que antes de se ter o delineamento dessas premissas, tem-se um processo de esclarecimento recíproco" (SILVA FILHO, 2006, p. 89). Igualmente Lamego (1990, p. 169): "o empreendimento da hermenêutica filosófica conduz à rejeição de um modelo de racionalidade apodítico-demonstrativa, por via da subversão da ideia de evidência cognitiva (como *fundamentum absolutum inconcussum veritatis*) e procede à articulação de um modelo de circularidade, que se atém à irredutibilidade da condição humana de estar no mundo".

[52] Reitera Streck (2010, p. 165): "hermenêutica é aplicação. Não há respostas, a priori, que exsurjam de procedimentos (métodos ou fórmulas de resolução de conflitos). Em outras palavras, definitivamente, não percebemos primeiro o texto para depois acoplar-lhe o sentido (a norma). Ou seja, na medida em que o ato de interpretar – que é sempre compreensivo – é unitário, o texto não está – e não nos aparece – desnudo, à nossa disposição. A applicatio evita a arbitrariedade na atribuição de sentido, porque é decorrente da antecipação (de sentido) que é própria da hermenêutica de cariz filosófico".

[53] Neste aspecto, Gadamer reconhece que entre a hermenêutica jurídica e a dogmática jurídica existe uma relação essencial, na qual, entretanto, a hermenêutica detém a primazia. Mas adverte que a ideia de uma "dogmática jurídica perfeita, sob a qual se pudesse baixar qualquer sentença como um simples ato de subsunção, não tem sustentação" (GADAMER, 2004, p. 433).

[54] É que a ideia de uma ordem judicial "implica que a sentença do juiz não surja de arbitrariedades imprevisíveis, mas de uma ponderação justa do conjunto" (GADAMER, 2004, p. 433).

Portanto, a *applicatio* há de ensejar uma visão da norma jurídica que não a considera pronta, acabada e autônoma na projeção do texto normativo. Este, inequivocamente, realiza um papel importante, mas não prescinde da sempre necessária atualização diante do problema concreto (Silva Filho, 2006, p. 106).

É importante a seguinte passagem de Maman (2003, p. 102):

> Trata-se de cuidar da hermenêutica não como método, mas como capacidade. A raiz do problema está no modo de ser do homem. Aquele que interpreta é o ser-aí, o ente existente no mundo, vivendo uma situação concreta, que lhe impõe a compreensão: o encontro da verdade ou da justiça. A realidade desta situação concreta é que lhe pede a aplicação daquilo que ele compreendeu a partir do texto. O compreender importa aplicar ao caso concreto aquilo que genericamente é dado: o intérprete tem que compreender o geral, de acordo com o sentido e o conteúdo do texto, e segundo sua situação existencial.

Ao analisar o pensamento de Gadamer, num outro sentido, Alvarez Gómez (1985, p. 66) salienta que ele se opõe decididamente a que a linguagem se interprete como mero instrumento. Em suas palavras: "para Gadamer el lenguaje no es un mero medio de transmisión al servicio de la razón o de un determinado sentido, sino que es él mismo la razón y el sentido" (op. loc. cit.).

Parafraseando Gadamer, a linguagem não é um dos dotes de que se encontra apetrechado o homem, tal como está no mundo, mas nela se baseia e representa o fato de que os homens simplesmente têm mundo.

Assim, a existência humana no mundo, dirá Morcilo Lixa (2008, p. 85), é construída pela linguagem. E segue: "o pertencer à linguagem não é para Gadamer uma forma de aprisionamento, mas de expansão, de abertura de horizonte" (op., loc. cit.).[55]

O que equivaleria dizer que é somente com a linguagem que o mundo desponta, que o mundo desponta para nós, na diferencialidade e diferenciação ilimitada de sua automostração (Gadamer, 2007, p. 37).[56]

---

[55] Dentro da concepção idealista da hermenêutica tradicional, a questão da linguagem era tratada pelo prisma instrumentalista, admitindo-se uma relação entre o significado e o significante, de modo que seria possível ao intérprete determinar um sentido imanente e próprio dasd expressões linguísticas do Direito. É de se notar que "a concepção instrumentalista da linguagem jurídica, desprezando o aspecto ontológico da linguagem, toma como verdadeiro o sentido herdado pela tradição, povoado por crenças, metáforas e estereótipos, que vão de maneira autônoma e anônima, governando os atos decisórios, apostando na certeza do método" (MORCILO LIXA, 2008, p. 183).

[56] Ou ainda, seguindo-se Gadamer (2007, p. 38): "linguagem é compartilhamento, participação, uma possibilidade de ter parte em..., na qual um sujeito não se encontra contraposto a um mundo de objetos".

Ocorre que os sentidos somente são atribuíveis a partir da faticidade em que está inserido o intérprete, respeitando-se os conteúdos de base do texto.[57]

Consoante Oliveira (2006, p. 233):

> Toda compreensão é interpretação, e toda interpretação se desenvolve no seio da linguagem, que quer deixar o objeto vir à palavra e, ao mesmo tempo, é a linguagem própria ao intérprete. Assim, o problema hermenêutico se revela como um caso especial da relação entre pensamento e linguagem. Toda compreensão se faz no seio da linguagem, e isso nada mais é do que a concretização da consciência da influência da história. Há, assim, uma relação essencial para Gadamer entre compreensão e linguagem.

Vê-se da alusão que, em nenhum momento, impõe-se a desconsideração do texto, que há de dizer algo.

Há de dizer algo, não obstante estabeleça-se precedentemente à sua aplicação; de maneira que essa jamais poderá reduzir-se à limitada visão de que consiste metodicamente na apreensão de seu sentido, visto que, assim, abdicar-se-ia da faticidade, daquilo que é presença, no momento mesmo da aplicação.

Como aponta Guatini (1988, p. 36), não se pode pretender heterogênea a relação entre o que denomina de disposição e norma, no sentido de que a partir de métodos desenvolvidos artificialmente se chegue da primeira ao sentido da segunda.

Diz o autor:

> Sarebbe errato pensare che la disposizione, in quanto frammento di lingua, sia un oggetto empirico, percebile ai sensi, e che invece la norma, in quanto "significato", sia un enigmatico costrutto mentale (...) i significati non hanno una "esistenza" indiependente dalle parole con cui sono espressi.[58]

Em outros termos:

> L'analisi gadameriana trova dunque il suo punto d'arrivo nell'idea che la comprensione sia sempre integrazione, sintesi tra il mondo linguístico dell'interprete e quello dell'opera da interpretare (Bianco, 2004, p. 119).[59]

---

[57] A ideia que a interpretação é algo histórico e fático também foi adotada por Grau: "ser uma prudência o direito, isso também explica sua facticidade e historicidade, razão pela qual sua operacionalização reclama o manejo de noções, e não somente de conceitos" (2005, p. 37). Em outros termos: "o ser humano desde sempre falou dentro de uma história determinada (...) o ser humano sempre aparece dentro de uma determinada cultura, dentro de uma determinada história, aparece dentro de um determinado contexto" (STEIN, 2004, p. 18).

[58] Quer dizer: "seria errado pensar que a disposição, enquanto fragmento da língua, seja um objeto empírico, perceptível aos sentidos, e que ao revés a norma, enquanto significado, seja uma enigmática construção mental (...) os significados não têm uma existência independente das palavras com as quais se expressam".

[59] Em tradução livre: "a análise gadameriana encontra então o seu ponto de chegada na ideia de que a compreensão seja sempre integração, síntese entre o mundo linguístico do intérprete e aquele da

Ou seja, pode-se daí inferir que a decisão judicial deverá ser dada como a solução de um caso concreto, isto é, com a sua faticidade própria e a partir mesmo da relação entre esse fato e o direito.[60]

É preciso, neste ponto, fazer referência a Gadamer (2004, p. 397), que, aludindo ao princípio da história efe(i)tual, aponta que:

> Quando procuramos compreender um fenômeno histórico a partir da distância histórica que determina nossa situação hermenêutica como um todo, encontramo-nos sempre sob os efeitos dessa história efeitual. Ela determina de antemão o que se nos mostra questionável e se constitui em objeto de investigação. E, cada vez que tomamos o fenômeno imediato como toda a verdade, esquecemos praticamente a metade do que realmente é, ou melhor, esquecemos toda a verdade deste fenômeno.

Com efeito, não é a história que pertence a nós, e, sim, nós que pertencemos a ela.

A história nos abarca; por isso que não se trata de *historicismo*, que sequestra a temporalidade. Trata-se, então, de um dar sentido às coisas, a partir de sua faticidade imersa na história.

É dizer, o passado não há de ser concebido como um amontoado de fatos que se possam tornar objeto da consciência. É antes um fluxo em que nos movemos e participamos em todo ato de compreensão. Desta forma, a tradição não se coloca contra nós ou se revela antagônica, porquanto é nela mesma em que nos situamos e existimos.

Por tal razão que, quando fala da linguagem como experiência de mundo, dirá Gadamer (2004, p. 571) que a linguagem não é somente um dentre muitos dotes atribuídos ao homem que está no mundo, mas serve de base absoluta para que os homens tenham mundo, nela se representa *mundo*.

Para o homem, o mundo está aí como mundo numa forma como não está para qualquer outro ser vivo que esteja no mundo. Mas esse estar-aí do mundo é constituído pela linguagem.

Conforme Menezes Cordeiro (2008, p. LIV):

> A hermenêutica adopta, a esta luz, o papel de motor do processo jurídico: ela é pressuposta, sempre, por qualquer discussão. A linguagem assume, assim, um papel constituinte

---

obra a ser interpretada".

[60] Trata-se aqui de importante rompimento com o paradigma positivista, segundo o qual a lei abarcaria a solução da totalidade dos casos, consoante o dogma da completude, visto que o Direito codificado se pretende portador de uma racionalidade dedutiva, porque as soluções particulares se obteriam a partir de regras gerais, supondo-se, portanto, uma concepção de temporalidade em que a lei anteciparia os fatos futuros, sobre os quais haveria de recair. A concepção, pois, é centrada na norma e, como assenta Castanheira Neves: "no normativismo o Direito é concebido na autonomia objectiva de um sistema de normas, subsistente numa auto-racional normatividade, abstractamente determinável e prévia à sua realização concreta" (Castanheira Neves, 2002, p. 24).

mais profundo. A apreensão hermenêutica da realidade – para o caso, da realidade jurídica – só é possível porque o sujeito cognoscente conhece de antemão a linguagem em jogo e o alcance da instrumentação nela usada. Há, pois, todo um conjunto de pré-estruturas do saber, a que se poderá chamar o pré-entendimento das matérias.[61]

Passa-se, pois, de uma mera reprodução do Direito para um espaço de criação em que a filosofia da consciência perde espaços para a hermenêutica.

O que equivale a dizer que a relação entre o intérprete e o texto não é concebível nos termos de uma relação abstrata entre sujeito e objeto; é, antes de tudo, determinada pela situação histórica do intérprete mesmo, que, destarte, não é simplesmente um sujeito cognoscente, mas um ser historicamente caracterizado e situado.

Na lição de Gregório (2006, p. 37), ademais, ao mesmo tempo:

> L'oggetto non è un'entità indipendente e metodicamente isolabile nella sua obiettività, ma è sempre e soltanto determinato a partire dalle aspettative di senso dell'interprete, che sorgono solo nell'ambito della sua precisa situazione storica.[62]

Nas palavras de Streck (2004, p. 178), dá-se a passagem de (e/ou o rompimento com) um modelo de interpretação do direito de cunho objetivista, reprodutivo, que trabalha com a possibilidade da busca de conceitos ensimesmados das palavras da lei, feitas por um sujeito cognoscente mergulhado nos confins do paradigma epistemológico da filosofia da consciência, começa a ser feita a partir dos aportes da semiótica, em sua matriz pragmática e da hermenêutica filosófica com a hermenêutica antirreprodutiva de Gadamer, pela qual se passa da percepção à compreensão.

Conforme Stein (1996, p. 71), não há situação hermenêutica se não existe uma consciência histórica efe(i)tual:

> Quer dizer uma consciência de que nós somos determinados pelos fatos históricos. Esses fatos históricos, por um lado, são um peso que limita a nossa compreensão, mas, de outro lado, explicitados, analisados e interpretados, passam a ser a própria alavanca do desenvolvimento da compreensão.

---

[61] Menezes Cordeiro (op. cit., p. LVI) ainda prossegue, para enfatizar que "deve ainda ter-se presente que, na própria lição gadameriana, o relevo do pré-entendimento permite explicar o peso da tradição, cujo papel, sempre relevante, não era antes assumido. E no Direito, entende-se, a essa luz, o relevo da experiência profissional do intérprete aplicador, no domínio, por exemplo, da aplicação jurisprudencial".

[62] Em tradução livre: "o objeto não é uma entidade independente e metodicamente isolável na sua objetividade, mas é sempre e apenas determinado a partir das expectativas de sentido do intérprete, que surgem somente no âmbito de sua precisa situação histórica".

O elemento da faticidade também se refere à faticidade enquanto ela é a soma de todos os elementos históricos, elementos culturais nos quais estamos enraizados na história humana (Stein, 1996, p. 70).

Na introdução de *El Problema de la Conciencia Histórica*, Moratalla (1993, p. 24) indica o consectário:

> Del principio hermenéutico de la "conciencia de la efectividad histórica" por el que es preciso actualizar la cadena de determinaciones históricas de un concepto, problema, idea o narración de acontecimiento con el fin de hacernos cargo de la realidad que con él se está encauzando.

Daí dizer-se que:

> Lo que una hermenéutica filosófica como la de Gadamer intenta esclarecer es precisamente la historicidad del conocimiento, la estructura y funciones de un sentido histórico que aparentemente ha desaparecido de la reflexión que se realiza desde la pluralidad de ambitos y dispersón de saberes (op. cit, p. 25).

Justamente essa historicidade do conhecimento, essa pertença à tradição, é que hão de conferir, ao fim e ao cabo, o caráter não relativista da interpretação, tão caro ao campo do Direito e tão mal entendido nos tempos atuais.

Como bem aponta Gregório (2006, p. 34), a refutação de Gadamer ao modelo objetivante das ciências naturais não comporta que "l' interpretazione siano consegnate a una totale e arbitraria anarchia relativística".[63]

A citação é necessária:

> Gadamer non afferma affatto la legitimità indiscriminata di *ogni* interpretazione. La questione della possibilita di un interpretazione, e quindi di una comprensione, "vera" – in senso ermeneutico e non più scientistico – dipende dal problema di fondare correttamente la comprensione nella precomprensione, esplicitando concretamente i presupposti impliciti nella concezione heideggeriana del circolo (Gregorio, 2006, p. 34).[64]

Fundar corretamente a compreensão numa pré-compreensão constitucional adequada será, para nós, a condição de possibilidade de retirar o Direito da anarquia relativista com a qual Gadamer nunca concordou.

Lançar as bases dessa pré-compreensão será o desafio da segunda parte deste trabalho, que não se furtará de pretender fazê-lo à conta das particularidades que têm revelado cada uma das facetas por que se apresenta o fenômeno jurídico.

---

[63] Em livre tradução: "a interpretação seja entregue a uma total e arbitrária anarquia relativista".

[64] Ou seja: "Gadamer não afirma a legitimidade indiscriminada de todas as interpretações. A questão da possibilidade de uma interpretação, e assim de uma compreensão, verdadeira – no sentido hermenêutico e não mais científico – depende do problema de fundar corretamente a compreensão na pré-compreensão, explicitando concretamente os pressupostos implícitos na concepção heideggeriana do círculo".

Mas antes é necessário um olhar atento sobre alguns aspectos da obra de Dworkin.

Jamais se disse que a trilha da resposta correta estaria permeada de facilidades; percorrê-la, entretanto, é fascinante não apenas pelo trajeto em si, onde ecoam as vozes desses grandes pensadores, mas também pelo destino, pelo ponto de chegada, que, buscássemos um nome para dar-lhe, dar-lhe-íamos democracia.

1.4. Dworkin e a resposta correta: construindo a *metáfora* num sistema de *civil law*

De que maneira poderíamos avançar agora? Em alguma medida, essa pergunta poderia ser formulada de outra maneira, tal qual o fez Dworkin (2002, p. 163), ao indagar até que ponto os juízes são, ou deveriam ser, influenciados por suas próprias convicções morais quando lhes cabe decidir sobre o significado da Constituição.

Porque sem a suspensão de pré-juízos inautênticos, sem uma inserção adequada no círculo hermenêutico, sem a consciência histórico-efe(i)tual, manter-nos-íamos no paradigma que, adiante, viremos a combater, que é a matriz positivista, calcada na cisão sujeito-objeto, donde a atividade interpretativa ora resvala no solipsismo decisionista, ora na crença do método, na vã tentativa de se alcançar o real sentido da lei, em olvido à temporalidade.

Respondendo à questão do avanço, há de se compreender o Direito como integridade.

A integridade no Direito tem várias dimensões, porque, em primeiro lugar, insiste que a decisão judicial deve ser uma questão de princípio, não de conciliação, estratégia ou acordo político; em segundo lugar, a integridade se afirma verticalmente, pois, como diz Dworkin (2002, p. 204), ao afirmar que uma determinada liberdade é fundamental, o juiz deve mostrar que sua afirmação "é compatível com princípios embutidos em precedentes do Supremo Tribunal e com as estruturas principais de nossa disposição constitucional"; por fim, a integridade se afirma horizontalmente, na medida em que um juiz que adota um princípio em um caso deve atribuir-lhe importância integral nos outros casos que decide ou endossa, mesmo em esferas do direito aparentemente não análogas.

Como se vê – e a asserção é exatamente de Dworkin: "o ponto central da integridade é o princípio" (2002, p. 205).

Antes, entretanto, de se chegar a uma mais detida reflexão sobre os princípios, cabe um introito, para espantar um mal de nossos dias, consistente no reforço à discricionariedade, já agora fulcrada principiologicamente: os princípios conduzem-nos ao plano de nossa história institucional, remetem-nos àquilo que se pode acoimar de uma *vontade constitucional*, expressa graficamente a partir de textos ou não, mas consagradores de uma moral ideal que forja a trajetória de um povo.

Dworkin dirá, neste sentido, que "somos governados não por uma lista *ad hoc* de regras detalhadas, mas sim por um ideal" (2002, p. 205).

A compreensão de Direito como integridade nega que as manifestações jurídicas sejam relatos factuais do convencionalismo, voltados para o passado, ou programas instrumentais do pragmatismo jurídico, voltados para o futuro.

Em tal enfoque, ressalta-se que:

As afirmações jurídicas são opiniões interpretativas que, por esse motivo, combinam elementos que se voltam tanto para o passado quanto para o futuro; interpretam a prática jurídica contemporânea como uma única política em processo de desenvolvimento (Dworkin, 2003, p. 271).

Jamais se tratará, destarte, de uma pretensão que se direcione ao encontro das razões que encetaram o parlamento à edição do texto normativo; porque a norma, que surge do texto e da faticidade, está situada numa outra dimensão temporal; a norma e o texto possuem entre si uma diferença ontológica que reside na temporalidade.

Por isso que Dworkin sustenta que aos juízes não lhes é dado responder às questões que lhe são submetidas *a partir do zero*.

Como se viessem a dar início a uma história do Direito que, entretanto, há muito tempo vem sendo contada.

Ao contrário, como assenta o americano:

Qualquer estratégia de argumentação constitucional com pretensões à integridade constitucional total deve buscar respostas que combinem bem com nossas práticas e tradições – que se apóie firmemente em nossa continuidade histórica, bem como no texto da Constituição – para que essas respostas possam, de maneira aceitável, ser consideradas como descrições de nossos compromissos como nação (Dworkin, 2010, p. 175).

Não se pretende, portanto, recuperar o passado, voltando-se os olhos aos ideais ou objetivos políticos que ensejaram o direito e suas normas. Pretende-se, sim, justificar o que foi feito, às vezes incluindo-se um capítulo na história geral, que a torne digna de ser contada no presente.

Por isso que, a partir da integridade, escapa-se das armadilhas forjadas pelo convencionalismo, segundo o qual o direito está essencialmente vinculado às estreitezas das convenções do passado, como as deliberações legislativas e as decisões jurídicas precedentes, e, também, do pragmatismo, segundo o qual se nega a possibilidade de que as decisões políticas pretéritas se possam incorporar ao conceito de direito.

Sagnotti (1998, p. 88) dirá que, ademais do já exposto, a integridade se liga à ideia de coerência do direito, no sentido de que se unificam em um princípio a disciplina de uma série de casos similares e, em suas palavras:

> Alla fine di questo compito ideale dovremo garantire la coerenza dei vari principi così costruiti, riunendo in un superiore unico principio tutto il materiale giuridico, o, che è il medesimo, elaborando uno schema coerente di tutti i principi nel quale comporre la totalità del materiale giuridico, precedenti, disposizioni legislative, ecc.[65]

E essa, digamos, coerência global está incluída no significado que Dworkin atribui à integridade.

De certa maneira, é disso que trata Gadamer (2004, p. 433), ao assentar que:

> A ideia de uma ordem judicial implica que a sentença do juiz não surja de arbitrariedades imprevisíveis, mas de uma ponderação justa do conjunto. A pessoa que se tenha aprofundado na plena concreção da situação estará em condições de realizar essa ponderação justa.

Nesta compreensão, todas as regras particulares e as deliberações legislativas em vigor hão de remontar a um único esquema de princípios coerentes, no que se mostra, a toda evidência, incompreensível certo entendimento doutrinário que busca conferir semelhança entre o alvitrado por Dworkin e Alexy, porquanto este estabelece as regras e os princípios como espécies do gênero norma, ao passo que naquele se tem que as regras possuem, ou devem possuir para legitimar-se, por detrás de si, os princípios. Estes, de sua vez, exprimem conceitos morais.

Revela Sagnotti, com efeito, que, segundo Dworkin: "gli articoli vaghi della costituizione non solo esprimono concetti, ma, più esattamente concetti *morali*"[66] (1998, p. 116, grifo original).

E explica:

> Le disposizioni costituzionali vaghe data tale loro strutturata sono evidentemente quelli che Dworkin chiama principi, benché principi che non sono costruiti dall'interprete ma che hanno trovato una certa espressione già in un documento istituzionale (Sagnotti, 1998, p. 116).[67]

---

[65] Em livre tradução: "ao fim dessa tarefa ideal devemos garantir a coerência dos vários princípios assim construídos, reconciliando – reconduzindo – em um superior único princípio todo material jurídico, ou, o que é o mesmo, elaborando um esquema coerente de todos os princípios no qual se unem a totalidade do material jurídico, precedentes, disposições legislativas, etc.".

[66] "os artigos vagos da constituição não apenas exprimem conceitos, mas, mais exatamente conceitos morais".

[67] Em livre tradução: "as disposições constitucionais vagas de tal modo estruturadas são evidentemente aquela que Dworkin denomina princípios, se bem que princípios não são construídos pelo intérprete uma vez que encontram já uma certa expressão em um documento ou histórico institucional".

De ver-se, por relevante, que então os argumentos de princípio não estão a ensejar uma maior amplitude à atividade interpretativa; os princípios não são construídos pelo intérprete, como parece estar a suceder, por exemplo, em nosso país, no concernente ao Direito Privado, com a corriqueira e, creia-se equivocada, percepção de que cláusulas gerais ampliam o poder decisório dos juízes.

Como se verá a seu tempo, neste campo, como noutros mais, os princípios não estão a alargar a discricionariedade, por tornarem mais aberta à atividade interpretativa; é do inverso que se cuida. Os princípios fecham a interpretação e são da discricionariedade, antagonistas.

Trata-se aqui de uma concitação a que os juízes empreendam uma adequada leitura moral da Constituição, leitura moral que lhes pede que encontrem a melhor concepção dos princípios e que se encaixe no conjunto da história da nação a que servem (Dworkin, 2006, p. 16).[68]

A admoestação que segue assinala às claras como é de um combate à discricionariedade que se trata: "os juízes não podem dizer que a Constituição expressa suas próprias convicções" (Dworkin, 2006, p. 15).

Ou seja, os juízes não podem pensar que os dispositivos constitucionais abstratos, de cunho moral, expressam uma moral particular qualquer, por mais que esse juízo lhes pareça correto, a menos que tal juízo seja coerente, em princípio, com o desenho estrutural da Constituição como um todo e também com a linha de interpretação constitucional predominantemente seguida por outros juízes do passado.[69]

---

[68] Aponta Oliveira (2008, p. 240) que os Estados Unidos possuem uma Constituição que pode ser chamada de sintética, "no interior da qual muitos dos princípios não estão efetivamente constitucionalizados, a ponto de Dworkin falar de uma 'leitura moral' da Constituição. Entre nós, contudo, a situação é outra. Simplesmente porque, com a Constituição de 1988, se deu a constitucionalização de toda uma principiologia que, podemos afirmar sem medo de errar, torna desnecessária qualquer tipo de 'leitura moral'. A própria Constituição é, em última análise, 'moralizante'". Embora em grande medida esteja correto o autor, parece que a circunstância de a nossa Constituição trazer, como de fato o traz, expressa *toda uma principiologia*, não torna *desnecessário qualquer tipo de leitura moral*, como diz. Quando se trata, por exemplo, da vedação de retrocesso, na consagração de direitos fundamentais, ou mesmo da proibição de insuficiência, em termos de Direito Penal, não há a coagulação destes princípios à forma de textos, e, nem por isso, se os pode afastar da pertença à principiologia a que Oliveira aponta. Ademais, a formulação ou a derivação dos princípios a partir de textos não os pode congelar em detrimento da temporalidade, ou, noutros termos, é a leitura moral que vai assegurar que a inserção do mundo prático no Direito, a partir dos princípios, olvide uma tendência originalista, tendente a querer resgatar a realidade de quando formulado o texto, e não aquela em que situado o intérprete e o caso. Em suma, pela leitura moral afasta-se o risco de uma redução hermenêutica dos princípios à opinião daqueles que os conformaram em textos.

[69] Neste sentido: "Il giudice non deve lasciar penetrare le proprie convinzioni all'interno della Costituzione. Non deve cioè attribuire un particolare significato morale alle disposizioni costituzionali" (SAGNOTTI, 1998, p. 118). E prossegue Sagnotti (op., loc. cit.): "nessuno sotiene che una lettura in chiave morale della Costituzione comporti che il texto costituzionale possa o deba essere modificato dai suoi interpreti e cioè dai giudici della Corte Suprema, fatto che costituirebbe per altro un'usurpazione della sovranità popolare dai parte dei giudici. Il dibattito intorno a una lettura morale delle norme costituzionali verte, infatti, piuttosto intorno al modo in cui le disposizioni costi-

Sagnotti (1998, p. 118-9) sintetiza:

> La *storia* di un popolo, documentata (recorded) nelle leggi e nei precedenti che lo governano, e la concezione del diritto nella sua *integrità*, intesa come quell'insieme di principi morali coerenti con la stessa storia, costituiscono dunque per Dworkin i due grandi limiti all'atività interpretativa dei giudici costituzionali.[70]

Sem esses limites, situados, como se destacou, na história – *institucional* – do povo e na compreensão do Direito como integridade, uma leitura das normas constitucionais retumbaria na expressão de convicções pessoais dos juízes, reescrevendo a própria Constituição e, em suma, desvirtuando-a.

Numa tentativa, quiçá vã, de conceituar, poder-se-ia, com Sagnotti (1998, p. 89), assentar que na compreensão do Direito como integridade concebe-se, então, o Direito, como uma totalidade coerente, constituída do conjunto de disposições contidas nos documentos legislativos e nos precedentes, reunidos sob um esquema de princípios de moralidade política, ou seja, de justiça, de equidade e de devido processo legal.

Mas a integridade é também uma fonte hermenêutica, porquanto prescreve, nas decisões judiciais, que os juízes devam decidir os seus casos singulares como a melhor expressão possível do Direito. Dir-se-ia que as decisões judiciais devem se harmonizar o mais possível com aquela totalidade coerente e estruturada segundo princípios.

Ou seja, a melhor decisão, como se queira *a resposta correta em Direito*, é aquela em que se compreende o direito como integridade a partir dela – o todo a partir da parte –, e que se insere, ou que se faz compreensível, em sua pertença ao todo do Direito – como parte do todo.

A semelhança com o que Gadamer propõe, neste ponto, é inequívoca. Sagnotti (1998, p. 90-1) a notou e, não obstante o apontamento da distância de culturas entre um e outro, aduziu, em passagem que, mesmo longa, requer citação integral:

> Gadamer (che a questo riguardo Dworkin non cita), per esempio, ha ben sottolineato la funzione ermeneutica della considerazione della totalità di cui il testo è parte e della neces-

---

tuzionali dovrebbero essere *interpretate*" (grifo original). Em livre tradução: "o juiz não deve deixar penetrar as próprias convicções no interior da Constituição. Não deve portanto atribuir um particular significado moral às disposições constitucionais (...) ninguém sustenta que uma leitura moral da Constituição comporta que o texto constitucional possa ou deva ser modificado pelos intérpretes e assim pelos juízes da Corte Suprema, fato que constituiria uma usurpação da soberania popular por parte dos juízes. O debate em torno de uma leitura moral das normas constitucionais se dá, de fato, ao redor do modo como as normas constitucionais devem ser interpretadas".

[70] Em livre tradução: "a história de um povo, documentada ou gravada, nas leis e nos precedentes que o governam, e a apreensão do direito em sua integridade, entendida como aquele conjunto de princípios morais coerentes com a mesma história, constituem então para Dworkin os dois grande limites à atividade interpretativa dos juízes constitucionais".

sária coerenza fra l'una e l'altro. In tal senso egli há ricordato la regola ermeneutica, proveniente dalla retórica antica, secundo cui si deve comprendere il tutto a partire dalle parti e le parti dal tutto, e ha aggiunto, con una concisione e una lucidità che a fatica si trovano in Dworkin: "il critério per stabilire la correttezza delle interpretazioni è l'accordarsi delle parti nel tutto", dove evidentemente accordo significa coerenza.[71][72]

É nesta perspectiva que se deve referir que, para Gadamer, a antecipação de sentido que visa o todo chega a uma compreensão explícita através do fato de que as partes que se determinam a partir do todo determinam, por sua vez, a esse todo.

De maneira que o movimento da compreensão vai constantemente do todo para a parte e desta para o todo.

Assim:

> O critério correspondente para a justeza da compreensão é sempre a concordância de cada particularidade com o todo. Se não houver tal concordância, significa que a compreensão malogrou (Gadamer, 2004, p. 386).

De maneira que na atividade interpretativa, de que uma pré-compreensão constitucional adequada não se pode afastar, há o juiz de verificar a capacidade de sua decisão harmonizar-se com a totalidade do Direito, como já apontado, considerado sob um esquema de princípios de moralidade política.

Essa harmonização, diga-se ainda, há de dar-se pela adequação da decisão ao esquema do Direito, e, também, por sua justificação, isto é, a decisão deve justificar-se nos e a partir dos princípios constitucionais.

Dir-se-á ser esse, em Dworkin, um critério hermenêutico, que opera na exigência de que em cada interpretação de um texto ou de um precedente se verifique a sua capacidade de harmonizar-se com a totalidade, com o contexto, com o esquema coerente de princípios que (con)forma o direito.

---

[71] Em livre tradução: "Gadamer (que a esse respeito não é citado por Dworkin), por exemplo, sublinhou bem a função hermenêutica da consideração da totalidade de que o texto é parte e da necessária coerência entre uma e outra. Neste sentido ele recordou a regra hermenêutica, proveniente da retórica antiga, segundo a qual se deve compreender o todo a partir das partes e as partes, do todo, e acrescentou, com uma concisão e uma lucidez que com esforço encontramos em Dworkin: 'o critério para estabelecermos a correção da interpretação é acordar as partes no todo', onde evidentemente acordo significa coerência".

[72] Igualmente Streck dá conta de relacionar os dois autores, no que fazem controlar a subjetividade no ato de decidir. Em suas palavras: "Dworkin e Gadamer, cada um ao seu modo, procuram controlar esse subjetivismo e essa subjetividade solipsista a partir da tradição, do não-relativismo, do círculo hermenêutico, da diferença ontológica, do respeito à integridade e da coerência do direito, de maneira que, fundamentalmente, ambas as teorias são antimetafísicas, porque rejeitam, peremptoriamente, os diversos dualismos que a tradição (metafísica) nos legou" (STRECK, 2010, p. 166).

Constrói-se, assim, a ideia da *corrente do direito*, ou encadeamento do Direito, com a metáfora da criação literária cooperada por vários autores que, por analogia, estender-se-á para a *constituição da decisão judicial*.

Cada juiz é como um romancista em cadeia e deve ler através do que outros juízes no passado escreveram, não apenas para descobrir o que disseram, mas para chegar a uma opinião sobre o que esses juízes coletivamente fizeram, no sentido de que cada um formou uma opinião sobre o romance coletivo até então escrito, quando lhes foi dado atuar.

Segundo Dworkin (2002, p. 238), ao decidir o novo caso, cada juiz deve considerar-se como parceiro de um complexo empreendimento em cadeia, do qual as inúmeras decisões pretéritas, estruturas, convenções e práticas são a história; é seu trabalho continuar essa história no futuro por meio do que ele faz agora.

Por isso, deve interpretar o que aconteceu antes, porque tem a responsabilidade de levar adiante a incumbência que tem em mãos, e não partir em alguma nova direção, como se lhe fosse dado principiar por um grau zero de sentido em que a tradição fosse desconsiderada.

Sintetiza Guest (2010, p. 52):

> Vários romancistas juntam-se com a proposta de escrever, cada um deles, um capítulo de um livro em coautoria. O primeiro capítulo é escrito por um, o segundo por outro e assim por diante. Está claro que haverá certas limitações de "ajuste" ao autor do segundo capítulo, e que essas limitações tenderão a aumentar para os autores subseqüentes, embora mudanças (convincentes) de direção possam facilitar um pouco as coisas.

De maneira que a decisão judicial representa algo como o capítulo final da obra comum de outros protagonistas do ato criativo literário, devendo, necessariamente, ter em conta o que eles já produziram, evitando-se a ruptura com o encadeamento da obra e produzindo um desfecho da história que seja o melhor possível.

Isto é, se bem que reconhecida – e a hermenêutica jamais sustentou o inverso – o exercício de uma atividade interpretativa pelo julgador, essa não se faz isenta de qualquer peia, de qualquer vínculo. Não pode o juiz *dizer qualquer coisa sobre coisa*...Noutros termos, o autor do romance deve responder à exigência de uma escritura que respeita o texto precedente e, ao mesmo tempo, deve desenvolvê-lo.

De modo que, segundo Bongiovanni (2000, p. 205):

> L'interpretazione è perciò una attività sia vincolata dai materiali precedenti, sia creativa in relazione al fatto che la autore successivo della catena narrativa deve sviluppare il testo precedente ponendolo nella sua "luce migliore", cioè sviluppando la teoria politica più adeguata in relazione sia ai principi che al caso. Ciò significa che l'interpretazione ha una

dimensione argomentativa che tiene insieme il riferimento ai principi della comunità e li adegua rispetto alle diversi dimensioni dei casi.[73]

O juiz, ademais, como participante do romance em cadeia, há de atuar não somente como um seu autor, mas também como crítico da produção precedente a que lhe caberá dar seguimento.[74]

As dificuldades que surgem, entretanto, na interação entre a adequação e a coerência do romance escrito e a justificação de seu andamento, são bastante complexas. Porém, não se deve cogitar de um reducionismo da atividade judicial a partir da metáfora do romance em cadeia; nele, como se viu, os juízes são, a um só tempo, autores e críticos; é-lhes dado, pois, introduzir acréscimos na tradição que interpretam (Dworkin, 2003, p. 275).

Quer dizer, suplantada a dimensão da adequação ou ajuste do novo capítulo que se está a estabelecer, pode haver maneiras variadas pelas quais o romance se possa desenvolver, cada uma delas, conforme Guest (2010, p. 54), ajustando-se igualmente bem às limitações aceitas como existentes nos capítulos precedentes. Nesses casos, prossegue:

> O participante do romance encadeado terá de fazer um tipo diferente de julgamento a respeito de como o romance deve se desenvolver. Este julgamento será sobre a substância do romance. Que desenvolvimento tornaria o romance *melhor* como romance, por exemplo? (Guest, 2010, p. 55).

---

[73] Em livre tradução: "a interpretação é portanto uma atividade seja vinculada aos materiais precedentes, seja criativa em relação ao fato que os autores sucessivos da cadeia narrativa devem desenvolver o texto precedente colocando-o em sua melhor luz, isto é desenvolvendo a teoria política mais adequada em relação seja aos princípios que o caso. Isso significa que a interpretação possui uma dimensão argumentativa que tem junto a referência aos princípios da comunidade aos quais as diversas dimensões do caso devem adequar-se".

[74] Quando se propõe a apresentar a teoria esboçada por um autor, até para não truncá-lo, o texto omite algumas críticas que, entretanto, sabe-se, foram feitas. Neste ponto específico, do romance em cadeia, são conhecidas as objeções de Stanley Fish, para o qual tanto o autor originário como os sucessivos teriam a mesma dimensão de liberdade e limites, na sua atividade: "are free and constrained in exactly same way", ou seja, ambos seriam intérpretes e criadores. Como não é o caso de aprofundar-se a controvérsia, fique-se com Sagnotti (1998, p. 101-2), que alude não ter razão a objeção de Fish, pois "l'autore originario di un qualunque testo è sì anch'egli vincolato nella sua attività creativa, ma non da regole che giungano a lui da una qualche teoria interpretativa, bensì da un âmbito diverso che è quello della pré-comprensione conoscitiva di fronte alla quale ogni soggetto è posto nello svolgimento di una qualunque sua attività". Sobre a segunda objeção de Fish, que afirma que qualquer interpretação comporta sempre uma modificação do texto originário, tem-se tratar-se de tese que resulta "pericolosa specialmente se calata nel mondo giuridico" (op., loc. cit.); é que, como diz Sagnotti, se de fato o juiz fosse completamente livre para modificar o Direito, quando o interpreta, os cidadãos não teriam mais certeza a respeito de suas condutas, ou seja, não teriam segurança" al comportamento corretto da tenere per non incorrere in alcun tipo di sanzione" (op. cit. loc. cit.). Guest (2010, p. 53-4) também se contrapõe à conhecida crítica de Stanley Fish, porquanto "se ele quer sustentar que não pode haver nenhuma objetividade fora de uma comunidade específica, então, como ele não tem nenhuma objetividade do tipo que exige dentro da comunidade, não está claro o que ele exige à guisa de objetividade".

A resposta à indagação proposta é, induvidosamente, interpretativa. E não é por tal razão que se poderá aventar que cada um dos seguimentos possíveis seja tão bom quanto o outro.

Por isso que é necessário entender que a integridade pede que os juízes admitam que o Direito esteja estruturado por um conjunto coerente de princípios sobre a justiça, a equidade e o devido processo, e pede-lhes, ainda, que os apliquem nos novos casos que se apresentem, de tal modo que a situação de cada pessoa seja justa e equitativa, segundo as mesmas normas.

Com efeito, os juízes se encontram em situação muito diversa daquela dos legisladores, quando esses elaboram as normas, quando menos em virtude da temporalidade.[75]

Neste sentido, os casos judiciais não serão decididos de forma discricionária. Pois, como explica Vieira (1999, p. 199), apesar de a regra muitas vezes não conter todos os elementos para a tomada de decisão, o Direito oferece outros critérios que também compelem o magistrado.

Assim:

> Não há uma liberdade total, onde o magistrado decide a partir de valores externos ao Direito, que, na maioria das vezes são os seus próprios, mas uma esfera carregada de *princípios (que pertencem ao sistema jurídico) que limitam e impõem determinado sentido às decisões judiciais.* É dentro dessa esfera que se deve decidir (Vieira, op. cit., p. 200, grifos meus).

Quando pretende avaliar a possibilidade da resposta correta em Direito, ademais, Dworkin, além da dimensão concernente à moralidade política – pela qual se supõe que, se duas justificativas oferecem uma adequação igualmente boa aos dados jurídicos, uma delas, não obstante, oferece uma justificativa melhor que a outra, se for superior enquanto teoria política ou moral –, ressalta a dimensão da adequação.

Segundo o autor:

> A dimensão da adequação supõe que uma teoria política é portanto uma justificativa melhor que outra se, grosso modo, alguém que a sustentasse pudesse, a serviço dela, aplicar mais daquilo que está estabelecido do que alguém que sustentasse outra (2001, p. 213).

Se o Direito é concebido como um sistema unicamente de regras, olvida-se, no nível das decisões judiciais, os argumentos de princípios, os quais fornecem critérios a serem observados pelos juízes, pela razão de

---

[75] O sistema jurídico a que alude Dworkin é composto por regras e princípios, e são estes que devem encetar uma *única resposta correta* aos casos por decidir. A argumentação jurídica se constitui num exercício articulado interpretativamente, assim sua teoria do direito tem como suporte a interpretação, que os juízes exercerão com o peso da responsabilidade política que lhes cabe, por isso que fundamentando as suas decisões.

que constituem uma exigência de justiça, equidade, ou de alguma outra dimensão da moralidade.

Por essa razão que, como se verá adiante, o espaço deixado ao magistrado não é tão amplo como pretendem os positivistas, defensores da discricionariedade judicial. Igualmente, ao contrário do que é sustentado corriqueiramente, não é o fato de os juízes se utilizarem de outros critérios, como os princípios, que redundará numa margem maior para a discricionariedade judicial; porquanto os princípios limitam a sua atividade e fecham a interpretação.

Se a asserção de que esse Juiz, que aceita a integridade e participa do encadeamento do Direito, coerente com o passado, mas avançando em vista da individualidade dos casos que decide, leva-o à obtenção da resposta correta em Direito – ou, dito de modo diverso, de uma resposta adequada à Constituição –, cabe indagar, também, se tal Juiz pode habitar num sistema jurídico como o nosso.

Com efeito, a questão da moralidade institucional, de que fala Dworkin, é observada quando a decisão judicial respeita a Constituição.

Como assinala Streck (2008, p. 355):

> (...) aqui reside a questão da moral, porque a Constituição agasalha em seu texto princípios que traduzem deontologicamente a promessa de uma vida boa, uma sociedade solidária, o resgate das promessas da modernidade, etc.

E isto não é apanágio apenas de um juiz da *common law*.

São inequívocas as distinções que se estabelecem entre os sistemas jurídicos da *civil law* e da *common law*.

A comparação evidencia diferentes compreensões de Direito e de juiz.

Segundo Garapon (1997, p. 156):

> Enquanto que, em França, o processo se aparenta a uma celebração da ordem, no sistema da common law, incide antes sobre as garantias do cidadão. Um celebra a unidade, o outro encena a divisão. Talvez por em França se presumir que o direito encarna um funcionamento ideal, enquanto que, nos países anglo-saxónicos, se assemelha mais a uma regra do jogo.

Radicam na influência do Direito Romano em cada um destes sistemas os corolários que os particularizam.

Para David (2000, p. 03), o principal acontecimento que marcou, em sua história, o direito francês é a importância que tiveram, na França, os estudos do direito romano.

Ao contrário, na Inglaterra, a partir do declínio do feudalismo, quando as jurisdições que aplicavam os costumes locais caíram em desuso, passou o Direito a ser aplicado pelas Cortes Reais, de maneira que "elas elaboraram um novo direito, a *common law*, para cuja formação o direito romano desempenhou um papel muito limitado" (David, 2000, p. 03).

Diversamente do que se dá no direito dos países continentais, o direito inglês e o norte-americano dão espaço para escolhas nas decisões judiciais, de forma que o direito escrito tem papel secundário e subalterno.

Na *common law*, portanto:

> Os juízes gozam de grande espaço de liberdade, que lhes permite interpretar a lei de tal maneira que ela tumultue a *mínima* o estado anterior do direito positivo. O juiz entende até mesmo que a regra fundamental do precedente se aplica plenamente às decisões dos tribunais – inferiores e superiores – que tiveram de passar por um dispositivo legal (Seroussi, 2006, p. 35).

Para Cappelletti, é na própria concepção de Direito que radica a principal diferença entre cada um dos sistemas.

Segundo ele (1999, p. 123):

> Nos países de *civil law* tende-se a identificar o direito com a lei, com a conseqüência de que, também em face da lacuna legislativa, entende-se, ou se pretende entender, que de qualquer modo o juiz não faz senão aplicar a lei, na medida em que a lacuna é suprida com argumento por analogia ou *a contrario* da própria lei, ou dos princípios desta extraídos. Nos países de *common law*, pelo contrário, o direito legislativo é visto em certo sentido como fonte excepcional do direito.

De outra banda, ainda que se possam verificar diferenças na conformação jurídica dos países que seguem como parâmetro a *civil law*, algumas relevantes, como a maneira pela qual atua o controle de constitucionalidade das leis, o certo é que, como explana David, mais importantes que as nuances e particularidades, são as semelhanças entre os variados direitos.

Em suas palavras (2002, p. 142):

> Semelhanças que, antes de tudo, dizem respeito ao importante papel atribuído à lei. A lei, em todos os países da família romano-germânica, parece abarcar a totalidade da ordem jurídica; os juristas e a própria lei reconhecem, em teoria, que a ordem legislativa pode comportar lacunas, mas, na prática, parece que essas lacunas são insignificantes.

Também há diferenças importantes entre os sistemas jurídicos dos países que seguem a trilha da *common Law*.[76][77]

---

[76] Embora Estados Unidos e Inglaterra se afeiçoem à *common law*, há, com efeito, significativas diferenças, cuja abordagem, aqui, é desnecessária. Basta dizer que nos Estados Unidos não há monarquia, que a Inglaterra não é um Estado federal e não adota uma Constituição escrita, para sinalizar que em cada um desses países a *common law* adquiriu nuances próprias, a par da origem comum.

[77] Sobre a natureza das decisões no sistema da *common law* há, também, correntes opostas, uma que concebe o direito como entidade, que existe antes e independentemente das decisões judiciais e ou-

Ainda que, de certa forma, nos Estados Unidos a adesão aos precedentes encontre maior flexibilidade do que na Inglaterra, nos dois países as similitudes mostram a importância das decisões judiciais, isto é, trata-se, na compreensão de Iturralde Sesma, de "un derecho formado por los jueces".[78]

Donde deriva uma relevante consequência, que é a maior autoridade do juiz do *common law*, em relação ao do *civil law*.

Ressalte-se, todavia, que de vários anos a esta parte ocorreu poderoso movimento de recíproca aproximação entre as duas grandes famílias jurídicas.[79]

Seja por força da necessidade de criação de mercados comuns, a ensejar comunicação entre as variadas ordens jurídicas, seja pelo fenômeno de ampliação da internacionalização do direito, consectário da globalização, que não é, portanto, apenas econômica, o certo é que, como aponta Cappelletti, potentes e múltiplas tendências convergentes estão ganhando ímpeto.

---

tra que concebe que o direito, em tal sistema, está constituído pelas normas criadas pelos juízes ao decidirem os casos concretos (SESMA, 1995, p. 28). Adepto da segunda vertente é Cardozo (1978, p. 134-5), para o qual: "a velha teoria Blackstoniana de regras preexistentes de direito, que os juízes encontravam, mas não criavam, quadrou com a teoria mais antiga, ou seja, a de um direito natural". Segundo o autor, que exerceu as funções de Juiz da Suprema Corte Americana na década de 30, o direito é um fenômeno social, que não pode se alhear às contribuições das outras ciências sociais. Adepto do pragmatismo jurídico, concebe a criação do direito, pelo juiz, quando decide os casos submetidos à sua jurisdição, ainda que com limitações. A beleza, quase poética, de seu texto impõe citá-lo, não obstante, no fundo, como parece claro, discorde-se de sua assertiva: "o juiz, mesmo quando livre, não o é totalmente. Ele não pode inovar a seu bel-prazer. Não é um cavalheiro-errante, vagando à vontade em busca do seu próprio ideal de beleza ou de bondade. Deve extrair a sua inspiração de princípios consagrados. Não deve ceder ao sentimento espasmódico, à benevolência indefinida e desgovernada. Deve exercer uma discrição informada pela tradição, metodizada pela analogia, disciplinada pelo sistema e subordinada à necessidade primordial de ordem na vida social. Em plena consciência, é ainda bastante extenso o campo de discrição que permanece.

[78] Segundo a autora, ambos sistemas, americano e inglês, se caracterizam por "un conjunto de principios y práticas no escritas cuya autoridad no deriva de una declaración de mandato singular y positivo a través de una explícita fuente de origen legislativo o ejecutivo; los tribunales inferiores están obligados a seguir las decisiones (precedentes) de los tribunales jerárquicamente superiores; es um derecheo preponderantemente prático, no teórico; es un derecho no escrito, en el sentido de que no está codificado; las reglas del derecho del common law (menos abstractas que las del civil law) son reglas que tratan de dar la solucción a un proceso, y no reglas generales para el futuro; los principios jurídicos, tal y como son desarrollados por los tribunales, se someten a una serie limitada de reglas emanadas de decisiones anteriores" (1995, p. 16/7).

[79] Não, todavia, a partir de uma incorreta percepção, por exemplo, de institutos como as súmulas vinculantes. Os precedentes, no(s) sistema(s) de *common law* não são abstratos e genéricos, pretensão que, no Brasil, conferiu-se a elas, incorrendo-se no equívoco da suposta subsunção, posterior, dos fatos. Neste sentido, aponta Ramires (2010, p. 62) que: "ao contrário do que se pensa, a publicação de súmulas pelos tribunais brasileiros não aproxima a prática jurídica nacional da tradição da *common law*, porque é uma parte vital daquele sistema que os tribunais não possam exarar regras gerais em abstrato, mas apenas em função dos fatos da disputa que são trazidos a exame".

Daí que, também passam a se aproximar os modelos de juiz encontráveis num e noutro sistema, razão por que:

> Nos últimos anos ou decênios, em crescente número de países de civil law, o fenômeno do aumento da criatividade jurisprudencial surgiu com aspecto substancialmente muito similar e contornos não menos dramáticos do que em países de common law. Longe de ser insuscetível de análise comparativa, este fenômeno é análogo, senão idêntico, nas duas grandes famílias jurídicas. (Cappelletti, 1999, p. 128).

Para Hércules,[80] pois, é-lhe dado transitar por ambos os sistemas.

A possibilidade de obtenção de respostas corretas em Direito, portanto, não se situa num paradigma inalcançável para um sistema com as características da *civil law*.

Pelo contrário, porquanto, pelo menos no caso brasileiro, a extensão do alcance de nossa Constituição, muito diversa, neste ponto, da americana, por exemplo, permite que o juiz encontre dentro do sistema mesmo, a partir das normas constitucionais, o arcabouço necessário para desincumbir-se de sua tarefa, às vezes hercúlea.

Vale dizer, em nosso país, dadas as características de nosso texto constitucional, que traz em seu bojo mesmo aquilo que, talvez nem sempre se faça grafado às expressas numa constituição tal qual a americana, tem-se necessária e factível a justificação e adequabilidade das decisões judiciais à Constituição.

De modo que se torna mais fácil entender as razões pelas quais uma resposta será correta, ou, como diz Streck (2008, p. 299), constitucionalmente adequada, depois do exame da coerência e integridade, e outra será incorreta, porque incompatível com a coerência e integridade do direito, que estará fundado na materialidade da Constituição.

Em síntese, e a passagem é importantíssima:

> A resposta correta (verdadeira no sentido hermenêutico-constitucional da palavra) será a resposta adequada à Constituição. O intérprete não se depara com um texto infraconstitucional "nu", "carente" do sentido da Constituição. A Constituição é (também) um existencial. Faz parte do modo-de-ser-no-mundo (autêntico ou inautêntico) do jurista-intérprete. Daí que é desnecessário dizer que uma "baixa compreensão" acerca do sentido da Constituição – naquilo que ela significa no âmbito do Estado Democrático de Direito – inexoravelmente acarretará uma "baixa aplicação" (Streck, 2008, p. 305).

---

[80] Hércules, alegoria de juiz aludida por Dworkin, capaz de aceitar o Direito como integridade, na mitologia é famoso por seus doze penosos trabalhos, entre os quais limpar os estábulos de Áugias, capturar Cérbero, o cão de guarda do mundo subterrâneo, matar a hidra de várias cabeças, esganar o leão de Neméia. Seu nascimento decorre de uma verdadeira comédia. Alcmena era casada com Anfitrião e por ela Júpiter se apaixonou. Como Anfitrião estava em batalhas, Júpiter apareceu a Alcmena como seu próprio marido e fecundou-a de Hércules, fazendo com que Anfitrião, quando voltasse da guerra, ouvisse de seus próprios amigos que já estava em casa (SCHWANITZ, 2007, p. 09; SEGANFREDO, 2003, p. 193/204).

É dessa baixa compreensão do sentido constitucional que se deve escapar; a rota de fuga, que fique claro, passa por superar o paradigma que concebia o direito como um modelo apenas de regras, em olvido aos princípios. A rota de fuga está em afastar-se o consectário positivista da discricionariedade judicial, porque subjazem às regras os princípios.

Em suma, o que não se afaz à ideia da resposta correta é um modelo calcado no ideal positivista, como adiante se verá.

1.5. Ainda a resposta correta: e de como o positivismo jurídico é incapaz de dá-la

Não deixa de ser estranha a necessidade de abordar-se o positivismo[81] jurídico, quando se almeja estabelecer a possibilidade, *rectius*: necessidade, de obtenção de uma resposta correta em Direito.

Porque, muito ao contrário, justamente da compreensão do ato de julgar, a partir do paradigma positivista, excluir-se-ia tal compreensão. É que, para começar, como assinala acertadamente Streck (2010, p. 159), o positivismo, compreendido em suas diversas facetas, não conseguiu aceitar a viragem interpretativa ocorrida na filosofia do Direito (invasão da filosofia pela linguagem) e suas consequências no plano da doutrina e da jurisprudência.

Quer dizer, aqui se trata de considerar o positivismo normativista,[82] no que admite ou, ver-se-á, imbui-se da discricionariedade e do protagonismo judicial. O velho positivismo exegético, portanto, em que se assentava o juiz como mero reprodutor (*boca*) da lei, aqui não está em questão. Tal qual Streck (2010, p. 160):

---

[81] Quando analisa a influência do positivismo sobre a sociologia, antropologia, economia e história, Domingues (2004, p. 168) deixa claro que "o positivismo não é uma banalidade e muitas das conquistas das ciências humanas devem ser creditadas a ele". E, introduzindo as suas importantes lições, refere que "a palavra 'positivismo' foi cunhada por Augusto Comte e sugere, mais do que o próprio Comte o afirma explicitamente, a necessidade de que todo juízo sobre um estado de coisas ou pronunciamento sobre o mundo seja sustentado pela experiência (daí o termo 'positivo', e por derivação a palavra 'positivismo', que designa a corrente de pensamento que assim caracteriza a atividade do espírito que se quer e se propõe científica, e não simplesmente teológica, metafísica ou ideológica)" (op., loc. cit.).

[82] O qual influenciou decisivamente o Direito no século XX, sobretudo a partir dos escritos de Kelsen, como adiante se verá. Diga-se que, a partir daí, deixa-se o campo do sintático, pelo qual a simples determinação rigorosa da conexão lógica dos signos que compunham os Códigos seria suficiente para resolver os problemas da interpretação do Direito, em favor do campo semântico. De modo que, com Streck (2010, p. 161), podemos dizer: "Kelsen já havia superado o positivismo exegético, mas abandonou o principal problema do direito. a interpretação concreta, no nível da 'aplicação'. E nisso reside a 'maldição' de sua tese. Não foi bem entendido, quando ainda hoje se pensa que, para ele, o juiz deve fazer uma interpretação 'pura da lei'...!".

Considero (...) superado o velho positivismo exegético. Ou seja, não é mais necessário dizer que o "juiz não é a boca da lei", etc., enfim, podemos ser poupados, nesta quadra da história, dessas "descobertas polvolares".

Dito de outro modo, e assim justificando a breve abordagem que se fará, a ainda manutenção das perspectivas positivistas,[83] num sistema como o nosso, contribuem a mais não poder para a consagração do *decisionismo* e da multiplicidade de decisões judiciais, propensas à configuração do já apontado estado de natureza hermenêutico.

Convém, pois, combater o mal pela raiz.

Nos clássicos apontamentos realizados por Bobbio, o positivismo jurídico, no sentido de se aceitar o que é estabelecido por convenção, derivou da contraposição ao direito natural, compreendido como aquilo que é por natureza. A dualidade entre ambos os sistemas é, com efeito, histórica.

Desde os gregos, em que a dicotomia se apresentava na asserção de que o direito natural era universal, valendo em toda parte (*pantachoú*), ao passo que o modelo positivo restringia-se às comunidades políticas em que posto, passando pelo direito romano, que dividia o *jus gentium* do *jus civile*, o primeiro imutável e universal, o segundo efêmero e particular, e até o medievo, que concebia o direito positivo *illud est quod ab hominibus institutum*, isto é, posto pelos homens, e o direito natural como oriundo não desses, mas da natureza ou em última análise de Deus, alcançando ainda o pensamento dos séculos XVII e XVIII, quando se acrescentou que o direito natural se fazia conhecido pela razão e o positivo a partir de uma

---

[83] É importante referir a crítica de Castanheira Neves (1976, p. 29-31), para quem há duas razões para explicar a atitude positivista, ambas de caráter ideológico: "de caráter ideológico, porque traduzem dois prejuízos que se fecham à crítica. O prejuízo do cientificismo positivista, por um lado; o prejuízo do estatismo legalista, por outro lado. O primeiro, enquanto afirma que um qualquer pensamento só obterá validade cultural, deixando de ser mera expressão de posições arbitrárias ou de emotividades subjectivas, se obedecer ao estatuto do 'científico' e que este se teria de identificar pelo conceito positivista (analítico e empirista) de ciência. Daí sempre a tendência de excluir do pensamento jurídico ou do jurista, enquanto 'ciência' ou 'cientista' do direito, juízos verdadeiramente normativos ('juízos de valor'), substituindo-os por juízos apenas analíticos (lógico-significativo-conceituais) – no positivismo jurídico sistemático-conceitual – ou empíricos (psicológicos ou sociológicos) – no positivismo jurídico sociológico e 'realista'. O que só será possível considerando o direito, voltamos a dizê-lo, externamente ou 'de fora', mas com a conseqüência inevitável, como vimos também já, de inadequação epistemológica. O segundo prejuízo é aquele que vê o direito como um simples *positum* político, acabadamente dado no imperativo estadual da lei, e perante o qual, por isso mesmo, o jurista havia de ter a atitude externa de formal e descomprometida obediência e, portanto de estrita objectividade cognitiva. E o positivismo jurídico tem-se efectivamente oferecido como o ponto de vista externo de referência ao direito, por força de conjugação destes dois prejuízos: o primeiro corrobora epistemologicamente o segundo, este sustém politicamente aquele. É certo que a estes dois prejuízos se pode acrescentar um outro fundamento, ideologicamente imune, já radicaria na essência mesma do direito. Referimo-nos à natureza dogmática – naquele sentido do 'dogmático' que se opõe ao científico, à liberdade da investigação científica ou, se quisermos, ao tipo de pensamento 'zetético' – que sempre corresponderia ao direito, dada a sua característica 'função social'".

declaração de vontade alheia, enfim, num passar de olhos pela história é fácil ver que modelos antagônicos de compreensão jurídica correram os tempos, desde sempre (Bobbio, 2006, p. 15-23).

Em texto traduzido recentemente, vê-se que, segundo Kelsen (2010, p. 25), em se tratando de direito natural alude-se a um sistema de normas que:

> Ao contrário daquelas do direito positivo – não são fixadas "artificialmente", por ato humano, mas dadas "naturalmente", porque elas resultam da natureza, de deus, da razão ou de um princípio objetivo semelhante. São normas que não valem como aquelas do direito positivo, porque elas são fixadas por uma autoridade humana determinada, mas porque elas, segundo o seu conteúdo interior, são boas, corretas ou justas. A diferença entre direito natural e direito positivo é, assim, uma diferença do fundamento de validez ou – o que é o mesmo – do princípio de validez que, no caso do direito natural, é um material, no caso do direito positivo, um formal.

A partir da formação do Estado Moderno, todavia, ainda que com as particularidades inerentes à forma como isso ocorreu em Inglaterra e França,[84] consagrou-se o monopólio da produção jurídica pelo Estado, no que o então alcunhado direito positivo passou a ser o único direito existente.

É curial que a ruptura do(s) absolutismo(s) e o advento de uma nova classe social haveria de encetar um refreamento do poder estatal, cuja expressão maior passa a derivar do parlamento. Daí ao fetichismo do produto da atividade parlamentar, ou seja, da lei, a distância se fez bastante curta.[85]

Sob o modelo positivista, vastamente influenciado pela tradição romano-canônica, passa-se a alvitrar o dogma da onipotência do legislador e da completude do ordenamento, que abarcaria em seu interior a totalidade da realidade, tanto que o artigo 4º do Código Civil Francês de 1804, como é cediço, estabelecia punição ao juiz que se recusasse a julgar um caso, assentando o silêncio, obscuridade, ou insuficiência da lei.

Disso derivou a suplantação da faticidade, porque o positivismo trabalha com dois *mundos* em separado, o das regras e o dos fatos, fixando

---

[84] A suplantação do absolutismo inglês, não obstante se tenha feito a partir do primeiro *corte de cabeça real* da história – Carlos I subiu ao cadafalso e teve sua cabeça cortada em 30 de janeiro de 1649 –, de que decorreu um *interregno* – curto lapso em que os ingleses vivenciaram uma república –, não afastou, no fim das contas, a monarquia ainda hoje prevalecente. Não é o que se deu em França, onde a execução de Luis XVI, em 21 de janeiro de 1793, a um só tempo extremou o processo revolucionário e extirpou do país a ideia de monarquia. Num caso ou noutro, porém, o poder deslocar-se-á, ao fim e ao cabo, ao parlamento.

[85] Mas não tão incisivamente na Inglaterra, que se fez pouco influenciável pelo Direito Romano, dada a sua tradição consuetudinária, de que decorreu o seu modelo de *common law*.

que a aplicação da lei dar-se-á a partir de raciocínios silogísticos, isto é, de subsunções.[86]

Isto significa que o domínio de uma postura positivista dá ensejo à separação entre fato e Direito, como assenta Knijinik (2001, p. 18). É de se conferir:

> Durante o largo tempo em que dominou o positivismo jurídico, fato e direito, no contexto da decisão jurídica, eram vistos a partir de um enfoque estático, imóvel. A ideia de subsunção, largamente dominante, apoiada no silogismo puro, como modelo não apenas descritivo, mas explicativo da aplicação do direito, pressupunha, efetivamente, a heterogeneidade e a independência dessas duas questões (...) Assim, numa estrutura tipicamente silogística, o Juiz deveria estabelecer a norma aplicável ao caso concreto e, numa operação separada e distinta, o fato controvertido, procedendo, em seguida, à subsunção do fato à norma.

Ademais, em tal compreensão, o estudo do direito prescinde da formulação de juízos de valor, uma vez que a validade das normas pertencentes ao ordenamento jurídico se fundamenta em critérios de ordem formal, apenas.[87][88]

Como se sabe, Kelsen defenderá que a sentença judicial, como base de seu escalonamento normativo, consistirá em um ato de vontade do juiz, que, respeitando os critérios formais para a sua produção, adequar-se-á ao sistema por ele estabelecido.

Noutras palavras, afigura-se ser a discricionariedade judicial inerente ao positivismo.

---

[86] No dogma da subsunção, aponta Silva Filho (2006, p. 125), o texto da norma é "identificado com a norma inteira e por trás dele busca-se um sentido fundante o qual se imagina sempre encontrável, finalizando, quando o mesmo emerge, a busca pelo Direito. Deste modo, o raciocínio linear e dedutivo do silogismo não permite a transcendência para além do texto da norma e seu pretenso sentido unívoco. O resultado é a eliminação da diferença ontológica, é considerar o ente que se manifesta como a completa revelação do ser".

[87] Tal pretensão, a que podemos nominar de preceito da observação objetiva e imparcial, igualmente se fez presente noutros setores das ciências humanas. Assim que "no âmbito da sociologia, por exemplo, Durkheim dirá que o estudioso de suas matérias deverá esforçar-se por *tomar os fatos sociais como coisas, tais quais, sem nenhuma ideia prévia ou valor preconcebido*. No domínio da história algo parecido é exigido por um número expressivo de historiadores. Como Ranke, que dizia que o historiador não deve julgar ou dar lições, mas relatar os fatos tais como eles ocorreram realmente. Como Seignobos, que frisava algo parecido, destacando dois preceitos. Primeiro: na abordagem das matérias históricas *o sujeito cognoscente deve anular seu próprio 'eu' para melhor mostrar o 'em si' da coisa (...)*" (DOMINGUES, 2004, p. 174)- grifos não originais). Parece dispensável retomar os apontamentos que, feitos anteriormente, a respeito da relação entre os seres e os objetos que lhe são dados a conhecer, prestar-se-iam a revelar como, em se partindo da hermernêutica, tem-se um paradigma bastante diverso do que o de matriz positivista.

[88] Com razão refere Morcilo Lixa (2008, p. 159) que o positivismo alvitrou a "clássica separação entre ciência e filosofia". Porém: "a hermenêutica crítica gadameriana é capaz de revelar que a reflexão filosófica é o pressuposto da atividade jurídica, mesmo que o jurista não esteja consciente disto" (op., loc. cit.).

A passagem adiante transcrita, emanada da pena de Kelsen (1991, p. 366), é eloquente:

> Em todos estes casos de indeterminação, intencional ou não, do escalão inferior, oferecem-se várias possibilidades à aplicação jurídica. O ato jurídico que efetiva ou executa a norma pode ser conformado de maneira a corresponder a uma ou outra das várias significações verbais da mesma norma, de maneira a corresponder à vontade do legislador.

E ainda:

> Sendo assim, a interpretação de uma lei não deve necessariamente conduzir a uma única solução como sendo a única correta, mas possivelmente a várias soluções que – na medida em que sejam aferidas pela lei a aplicar – têm igual valor, se bem que apenas uma delas se torne Direito positivo no ato do órgão aplicador do Direito – no ato do Tribunal, especialmente. (Kelsen, 1996, p. 366).[89]

Há várias críticas que se podem fazer a tal compreensão do Direito – críticas que redundam, em última análise, na incompatibilidade hermenêutica com a tese das múltiplas ou variadas respostas. Afinal, consoante Streck (2010, p. 165), a possibilidade de existência de mais de uma resposta coloca essa escolha no âmbito da discricionariedade judicial, o que é antitético ao Estado Democrático de Direito.

A começar de que se supor que o direito deve ser estudado como fato, e não como valor, retira-lhe qualquer perspectiva transformadora da realidade, uma vez que seu escopo reduz-se à regulação somente.

Não é isso, por exemplo, o que se estabelece numa Constituição compromissária, como a nossa.[90]

Os modelos de interpretação do direito forjados pelo positivismo, ademais, fornecem variados *álibis teóricos* a partir dos quais se têm escondido graus diversos de *decisionismo*.

Se toda interpretação legitima-se a partir do atendimento de critérios meramente formais, quase tudo se faz possível em termos de decisões judiciais.

Com efeito, parece inescondível que no modelo positivista se tem "a valorização do método numa tal escala que extrapola de longe a do conhecimento comum" (Domingues, 2004, p. 171).[91]

---

[89] Ainda em Kelsen (2010, p. 88) lê-se que: "a fixação de normas jurídicas individuais é a função específica dos tribunais. Ao esses decidirem um caso concreto em aplicação de uma norma jurídica geral é sua decisão uma norma jurídica individual: a individualização ou concretização da norma geral aplicada. Mas também quando eles – para isso autorizados – decidem segundo poder discricionário completamente livre, tem sua decisão o caráter de uma norma jurídica individual (...)".

[90] Este caráter compromissário de nossa Constituição será melhor visto mais adiante.

[91] De maneira que: "para ser levado a bom termo, tal programa fica a depender, quanto ao método, do estabelecimento de regras ou condutas que ajustem o particular e o fático, instalados pela observação, ao universal e ao abstrato, que nos levam à teoria ou vêm ao mundo com ela ou através dela"

Sem contar que a doutrina, sob tal modelo, passa a ser mera dogmática e, como o positivismo enceta a cisão do mundo das regras e do domínio prático, essa mesma doutrina, fulcrada no primeiro, estabelece modelos bastante afastados do que sucede amiúde na vida social, num abstracionismo evidente.

É que neste discurso a lei é vista como uma *lei em si*, abstraída de todas as condicionantes que a engendraram.

Ora, o Direito, neste prisma, não pode aprisionar o ente que lhe diz respeito ao modo de um objeto a ser dominado, medido e quantificado e que, uma vez delimitado, implica o permanente enquadramento de todo o acontecimento futuro dentro dos seus moldes, devendo, assim, o ente em sua manifestação ser inibido na revelação do seu ser em favor de uma projeção de um ser ou fundamento já transformado em objeto e de um procedimento metódico que o imortaliza (Silva Filho, 2006, p. 112).

Aliás, é mais do que isso, pois, segundo Larenz (2005, p. 93):

> A ciência do direito, segundo Kelsen, não tem a ver com a conduta efectiva do homem, mas só com o prescrito juridicamente. Não é, pois, um ciência de factos, como a sociologia, mas uma ciência de normas.

Ou seja, segundo constata o autor alemão: "a teoria pura do direito não se preocupa com o conteúdo, mas só com a estrutura lógica das normas jurídicas" (Larenz, 2005, p. 94).

Há inegável conexão entre a estrutura escalonada da ordem jurídica e a identificação da validade a partir de critérios meramente formais, com a teoria da interpretação jurídica – ou da aplicação do direito – de Kelsen, nos termos já apontados. Pois será a sentença judicial que dará ensejo à norma concreta, finalmente suscetível de ser executada.

Deste modo, e a passagem é bastante relevante, explica Larenz (2005, p. 105) que a sentença será:

> Um acto de produção do direito, tal como a lei, só que situado no escalão de individualização ou concretização da norma geral. Porém, assim como a lei surge por um acto de vontade, e não por um acto, digamos, de conhecimento, outro tanto se passa com a sentença do juiz.

Consequentemente, "fica sempre uma margem de discricionariedade para o órgão chamado a estabelecer a norma inferior" (Larenz, 2005, p. 105), de tal sorte que a norma superior tem sempre e só um caráter de quadro a preencher, através do ato judicial. Ou, noutras palavras:

(DOMINGUES, 2004, p. 172). Nem seria preciso dizer que, em tais condições, basta "um contrafato da experiência para liquidar com a inferência indutiva e a generalização que mediante ela se instaura" (DOMINGUES, op. cit., p. 184).

> Cabe a quem aplica a norma decidir-se, através de um acto voluntário, por uma dessas possibilidades, que depois, por acto do órgão aplicador, particularmente o tribunal, se torna em direito positivo. (Larenz, 2005, p. 106).

Sem nenhuma preocupação de ordem valorativa, portanto, neste modelo se aceita e se assume que, no fim de tudo, é a discricionariedade judicial a via de acesso à solução jurídica de um caso.

Este, o caso, parece importar pouco; como também parece não se ter atinado à circunstância de que o direito não se reduz a um modelo de regras, entre as quais, como último passo, inclui-se a sentença, para cuja formação se pode dispensar o mundo prático, porquanto somente se alude à validade enquanto um critério formal.

Na mesma linha, indica Engelman (2001, p. 57) que, ao mesmo tempo em que a regra geral especifica a forma de atuação do juiz e do tribunal, abre, por outro lado, lugar para a utilização de sua discrição. Em suas palavras (op., loc.cit.):

> Kelsen sublinha que o Direito a ser aplicado pode ser encontrado numa moldura, onde são localizadas várias possibilidades, sendo conforme ao Direito todo ato que se mantenha dentro deste quadro ou moldura em qualquer sentido possível.

A asserção estaria em si fundamentada em diversas passagens da obra de Kelsen, como, por exemplo, a seguinte:

> Normas jurídicas gerais nunca podem predeterminar completamente a fixação de normas jurídicas individuais pelos órgãos aplicadores do direito, que sempre tem de existir um poder discricionário, mais ou menos amplo, desses órgãos e, que, sobretudo, uma norma geral, expressa em idioma humano, quase sempre permite interpretações distintas (Kelsen, 2010, p. 93).

Ou seja, ter-se-ia como idônea a afirmação de que o juiz pode adotar a alternativa mais conveniente em sua avaliação, dentre as várias possibilitadas pela moldura da regra.

Em suma, não há a dimensão compreensiva dos princípios.

Isso bastaria para, na quadra atual, ver-se suplantado o paradigma.

Entretanto, há, naturalmente, derivações deste modelo básico ou padrão de positivismo, que convém examinar.

Algumas um tanto radicais, como a de Campbell. Para o professor australiano, faz-se a introdução de um *único elemento de valor* no positivismo, que consiste no benefício para a comunidade decorrente do cumprimento das leis.[92]

---

[92] Essa compreensão, pela qual se admite a introdução de um único elemento de valor, no positivismo, concernente ao *dever moral geral*, para com a obediência ao direito, se fez conhecer como *positivismo moral*. O qual, segundo Alexy (2010, p. 120): "é a forma mais forte do positivismo. Ele une o dever

Desde o início de sua exposição, é certo, ele já adverte que defenderá uma teoria que "trata de determinar que debe ser el Derecho, no respecto su contenido, sino respecto de su forma" (2002, p. 303).

Por isso que, em seu entendimento, as funções de criação e de aplicação de normas devem se manter separadas, já que a última deve ser conduzida da forma mais livre de valores que seja possível (Campbell, 2002, p. 319).

Quase se chega, em seu escrito, à defesa do que se poderia chamar de interpretação literal da lei.

É necessária a leitura (2002, p. 329):

> Los tribunales, desde el punto de vista positivista, deben mostrar respecto por las palabras que han sido debatidas y votadas de acuerdo con los procedimientos formales de legislación, sin tener que embarcarse en el ingrato proceso de pretender descubrir las ocultas intenciones y motivos legislativos que subyacen bajo las elecciones que hace el Derecho.

Ao fim e ao cabo, Campbell aludirá à sua desconfiança em relação às declarações de direitos, tendo em conta os seus sentidos "vagos e indeterminados", pelos quais: "desplazan todo el peso de la responsabilidad legislativa a las 'interpretaciones' de los tribunales" (op. cit., p. 329).

Mas é de indagar-se: onde está a faticidade, num tal modo de ver as coisas? Não se tratará, jamais, o ato de decidir, de uma mera reverência à atividade parlamentar pretérita, quando menos pela razão de que se olvidaria a temporalidade; criticar a abordagem do professor australiano, no que repele o estabelecimento de *declarações de direitos*, ao modo dos direitos fundamentais, parece tarefa despicienda, quando suposto o bom senso do leitor.

Aquilo que se viu até aqui, máxime no que tange à indicação de que se alhearia da compreensão de validade do direito qualquer elemento valorativo, viu-se minimizado a partir de uma atenuação imposta por aquilo que se denominou de positivismo *soft,* inclusivo ou em sua *versão leve.*

A cediça polêmica estabelecida entre Dworkin e Hart ensejou, no último, o que se convencionou ter como uma versão moderada do positivismo.

Com efeito, após as críticas formuladas por Dworkin, Hart escreveu um pós-escrito, em defesa de sua teoria, o qual foi publicado após a sua morte, ainda inacabado.

No texto, sustenta a ideia de que a regra de reconhecimento pode incorporar, como critério de validade jurídica, a conformidade com prin-

---

moral, de obedecer mesmo ao direito mais imoral, com a tese de que o direito pode ser tão imoral quanto possível, enquanto não perde sua eficácia social".

cípios morais ou com valores substantivos, moderando a asserção de que tais princípios ou valores alheavam-se do campo do Direito.

Quer dizer, embora não se afirme uma conexão necessária entre o Direito e a moral, a partir da regra de reconhecimento essa conexão passa a ser tida como possível. Ribeiro Moreira (2008, p. 239) dirá que: "o ponto de vista no positivismo inclusivo é interno e compreensivo, pois assume a possibilidade, mas não a necessidade, da moral".

Em Hart, ao lado das regras primárias, que estatuem o que os indivíduos devem ou não fazer, os sistemas jurídicos modernos necessitam incorporar regras de outra ordem, as regras secundárias, que definem a existência e o funcionamento das regras primárias.

Entre as regras secundárias é que se situa a chamada regra de reconhecimento, que forneceria os critérios de identificação das regras válidas num sistema jurídico, ou seja, possibilitaria a identificação das fontes de obrigações jurídicas; expressamente Hart sustenta que a regra de reconhecimento pode incorporar, como critérios de validade jurídica, a conformidade com princípios morais ou com valores substantivos, por isso que a sua versão de positivismo há de ser tida como moderada.

Em suma:

> La norma fondante del positivismo giuridico di Hart è quella che Hart stesso chiama "regola di ricinoscimento". Essa ha lo scopo di rendere valide le norme che compogono un ordinamento giuridico (Sagnotti, 1998, P. 30).[93]

Como assentado por Streck (2009, p. 07), porém, a regra de reconhecimento está para Hart assim como a norma hipotética fundamental está para Kelsen:

> Em ambos os casos funcionam como resposta para o problema do fundamento último do sistema jurídico. Todavia, a regra de reconhecimento tem um caráter mais sociológico do que a norma hipotética fundamental kelseniana.

Igualmente MacCormick (2010, p. 152) exporá que:

> A alegação de que a regra de reconhecimento cumpre um papel radicalmente diferente daquele desempenhado pela *Grundnorm* ou norma fundamental de Kelsen é, até certo ponto, duvidosa, pois ambos os conceitos se referem àquilo que torna obrigatório tratar normas constitucionais como fundamentos válidos para a tomada de decisões. (...) a ideia de que há algo por trás da constituição formal é, significativamente, um ponto em comum entre

---

[93] Em livre tradução: "a norma fundante do positivismo jurídico de Hart é aquela que o próprio Hart chama de regra de reconhecimento. Essa tem o escopo de tornar válidas as normas que compõem um ordenamento jurídico".

as duas teorias, e talvez Hart tenha exagerado um pouco ao insistir sobre o quanto havia transcendido as idéias de Kelsen.[94]

Assim, o conceito de Direito, para Hart, coincide com o de um sistema jurídico composto por regras válidas, porque emanadas em conformidade a uma regra de reconhecimento, isto é, dotadas de um *pedigree*.

Ocorre que o positivismo à moda de Hart situa o *standard* da regra de reconhecimento, com o perdão da redundância, num padrão de *regra* ainda, ao passo que Dworkin apontará:

> I vari tipi di standard nel seguente modo: per "política" si intende quel tipo di standard che indica un obbiettivo da raggiungere spesso, ma non necessariamente, un miglioramento; per "principio" si intende, invece, uno standard, che deve essere osservato non perché provochi o mantenga una situazione (econômica, política o sociale) desiderata, ma in quanto è un'esigenza di giustizia, o di correttezza o di qualche altra dimensione della morale (Sagnotti, 1998, p. 32).[95]

De maneira que os princípios, em Dworkin, serão os portadores das razões, morais ou políticas, que fornecem ao juiz uma diretiva a respeito de suas decisões.

Essa a distinção crucial entre regras e princípios, na perspectiva de Dworkin, dado que os princípios, ao contrário das regras, não indicam as consequências jurídicas que se seguem à realização das condições que estão previstas, mas exercem um peso na decisão judicial, que não se dá a partir de uma relação *all or nothing*.

Em Dworkin, portanto, os princípios constituem uma grande parte do Direito e não são suscetíveis a um teste, tal qual o alusivo à regra de reconhecimento de que fala Hart.[96]

E assim:

---

[94] É de ser sublinhado que se trata de uma aproximação, que parece evidente, entre a regra de reconhecimento de Hart e a norma hipotética fundamental de Kelsen; não de um apontamento de equivalência, visto que, como se sabe, há um certo caráter jurídico-social na regra de reconhecimento hartiana, que, ademais de ser fonte de validade para as demais regras, uma vez que é a regra última do sistema jurídico, também é a enunciação de um fato social consistente na aceitação prática "del critério supremo y de critérios subordinados como parâmetros de identificación de las normas de dicho sistema" (RODRÍGUEZ, 1997, p. 28).

[95] Em livre tradução: "os vários tipos de standard do seguinte modo: por política se entende aquele tipo de standard que indica um objetivo a ser alcançado frequentemente, mas não necessariamente, um melhoramento; por princípio se entende, ao revés, um standard que deve ser observado não porque provoque ou mantenha uma situação (econômica, política ou social) desejada, mas enquanto é uma exigência de justiça, de correção ou de qualquer outra dimensão da moral".

[96] A esse respeito, López Calera aponta a importância dos argumentos de Dworkin, no que revela um ataque à concepção do Direito como modelo de regras, tal qual proposto por Hart, com a sugestão de um *modelo de direitos*, no qual se leva os direitos a sério e se dá mais importância aos direitos que às leis, a partir da recuperação da ideia de princípios reveladores da moralidade política.

(...) dal momento che i principi sembrano avere un ruolo negli argomenti concernenti l'obligo giuridico che la teoria della regola di riconoscimento nega loro, quet'ultima teoria è, secondo Dworkin, da riggetare. (Sagnotti, 1998, p. 33).[97]

Na versão suave do positivismo, portanto, passa-se a reconhecer a possibilidade de se inserir no ordenamento jurídico critérios valorativos, a partir da chamada regra de reconhecimento. Isto é, para o positivismo inclusivo, a identificação do que é Direito não depende, necessariamente, de critérios ou argumentos morais, embora se possa, circunstancialmente, fazê-lo.

Assenta, com efeito, Hart, (2009, p. 323) a sua aceitação de que a regra de reconhecimento "pode incorporar, como critérios de validade jurídica, a obediência a princípios morais ou valores substantivos".

Isto significa que o positivismo jurídico inclusivo é a sustentação de que o positivismo permite ou admite testes substantivos ou morais de legalidade; isso não corresponde, todavia, à visão de que o positivismo requer tais testes. De modo que, contingentemente, apenas, segundo essa versão do positivismo, a moral pode encontrar lugar entre as fontes do direito.

Ocorre que, mesmo em sua versão moderada, o positivismo jurídico compreende o Direito como um sistema de regras,[98] que seriam capazes de abarcar a totalidade da realidade, mesmo quando o juízo de subsunção não se fizesse diretamente, pois, já aí, a solução do caso estaria entregue à discricionariedade do juiz.

Há evidente exclusão da faticidade e, mormente nos denominados *casos difíceis*, ou não diretamente acoplados à regra abstrata, ampliar-se-ia a margem de atuação judicial. Não deixa de ser curioso que quando mais necessária se afigurasse a orientação, o paradigma emudeça, delegando à discricionariedade judicial a solução.[99]

Com efeito, diz Sagnotti (1998, p. 37) que:

---

[97] Em livre tradução: "a partir de quando os princípios passam a ter um papel nos argumentos concernentes à obrigação jurídica e que a teoria da regra de reconhecimento os nega, essa última teoria é, segundo Dworkin, de rejeitar-se".

[98] É preciso insistir nisso: "o conceito de Direito do positivismo jurídico aparece como um modelo de regras" (ENGELMAN, 2001, p. 82), que, como decorrência, redundará em decisões judiciais calcadas ora no padrão subsuntivo, quando a previsão da regra faz-se molde dos contornos do fato, ora na discricionariedade do juiz, naquelas situações aparentemente não enquadradas no modelo prévio.

[99] Ademais, a pretensa neutralidade do modelo de regras *hartiano* falha, permitindo que a transitoriedade do exercício do poder, nalguns casos poder de estabelecer regras, suplante a institucionalidade histórica de que derivam os princípios. Noutras palavras: "a concepção de Hart não é neutra na argumentação. Ela toma partido. Na verdade, em toda controvérsia jurídica difícil, ela toma partido em favor daqueles que insistem que os direitos jurídicos das partes devem ser totalmente estabelecidos mediante a consulta às fontes tradicionais do direito" (DWORKIN, 2010, p. 233).

> I positivisti giuridichi (e, in particolare, secondo Hart), un giudice che decide secondo discrezionalità non è vincolato a degli standard, ma è, piuttosto, egli stesso a costruire uno standard.[100]

Mas o Direito, repita-se, não é somente formado de regras. O contexto prático das relações humanas não aparece no campo de análise positivista, no que se tem uma espécie de *asfixia da realidade* (Streck, 2009, p. 07).

De forma que, ao contrário de devolver à discricionariedade dos juízes a solução de parcela considerável dos casos jurídicos, sustentará Dworkin a importância dos princípios, os quais devem ser idôneos a fornecer uma justificação coerente da decisão perante os precedentes e também com o esquema político geral que melhor se adapta à ordem jurídica de que se trata.

Como diz Sagnotti (1998, p. 41):

> Una volta individuato uno schema di principi coerenti, (...) il giudice può risolvere anche un hard case, essendo in grado a questo punto di individuare anche i diritti da tale schema di principi.[101]

Com o advento do constitucionalismo, frise-se, não há mais como se conceber o Direito como um sistema de regras. A Constituição é o elo conteudístico que liga a política e a moral ao Direito e, ademais, o Direito aqui deixa de ser mero regulador, para propender à transformação da realidade, em vista dos compromissos estabelecidos pela Constituição.

Os princípios, no que introduzem o mundo prático no direito, não abrem a interpretação; ao contrário, os princípios desnudam a capa de sentido imposta pela regra e direcionam a atuação do juiz à obtenção da resposta correta. Neste sentido, insista-se que os princípios "passam a representar a efetiva possibilidade de resgate do mundo prático (faticidade) até então negado pelo positivismo" (Streck, 2008, p. 287).

É por essa razão que os princípios ensejam uma nova teoria da norma, no sentido de que "atrás de cada regra há, agora, um princípio, que não a deixa se desvencilhar do mundo prático" (Streck, 2008, p. 288).

Isto de se dar um novo enfoque aos princípios, suplantando-se o modelo de regras positivista – calcado na multiplicidade de respostas judiciais e na premissa de discricioinariedade, e que nos tem levado a va-

---

[100] Em livre tradução: "os positivistas jurídicos (e, em particular, segundo Hart) um juiz que decide segundo a discricionariedade aos Standards, mas é, antes, ele mesmo que vai construir um *standard*".

[101] "uma vez individualizado um esquema de princípios coerentes, (...) o juiz pode resolver também um hard case, tendo o encargo, a este ponto, de individuar também os direitos de tal esquema de princípios".

riados graus de decisionismo –, há de ser compreendido num sentido hermenêutico, consoante visto no início.

Isto é, passa-se da subsunção para a compreensão, rompendo-se, deste modo, com o esquema sujeito-objeto, em direção à intersubjetividade. A hermenêutica é antirrelativista.

A asserção é importante, para que não se substitua a discricionariedade positivista por uma nova, calcada agora em princípios, a partir de um entendimento errôneo sobre o papel que cumprem no ato de elaboração de uma resposta judicial.

Como diz Streck (2008, p. 298):

> É a incindibilidade entre interpretar e aplicar que irá representar a ruptura com o paradigma representacional-metodológico. E é o círculo hermenêutico (hermeneustiche Zirkel) que vai se constituir em condição de ruptura do esquema (metafísico) sujeito-objeto, nele introduzindo o mundo prático (faticidade), que serve para cimentar essa travessia, até então ficcionada na e pela epistemologia.

E é a discricionariedade, no fim das contas, o resultado a que conduz a elaborada teoria de Hart.[102]

Talvez porque, como reconheceu o inglês, seja um defeito de seu *O Conceito de Direito* que a questão dos princípios seja abordada só de passagem (2009, p. 335);[103] talvez, ainda, porque sustente que em certos casos, terá o juiz que "exercer sua discricionariedade e criar o direito" (2009, p. 351), em vez de aplicar o direito estabelecido já existente, na errônea suposição, decorrente da redução do Direito a um modelo de regras, de que a partir dos princípios não se possa alcançar a solução do caso.

Noutros termos, o olvido aos princípios dá ensejo a que, em grande parte dos casos, os juízes assentem:

> Ter o poder discricionário de modificar o direito (ou, o que vem a dar no mesmo, de preencher alguma lacuna que descobrissem nele) mediante o exercício de um novo poder legis-

---

[102] Segundo Rodríguez (1997, p. 33), de modo breve se poderia afirmar que, para Hart: "toda expresión lingüística tiene un núcleo duro de significado y un área de penumbra. El núcleo de significado de una expresión está conformado por los casos de fácil interpretación (...) la zona de penumbra de las expresiones lingüísticas está conformada por los casos difíciles de interpretación, en los que es controvertible si se aplica la expresión de textura abierta a los hechos examinados (...) Hart sostiene que debido a que la vaguedad es una característica inherente al lenguaje jurídico y a que en la decisión de los casos difíciles existe más de una interpretación razonable, cuando estos casos llegan a los estrados judiciales los jueces tienen discrecionalidad para escoger la interpretación que consideren más apropiada".

[103] Também MacCormick apontou que o defeito principal na obra de Hart é a minimização do papel essencial desempenhado por outros *standards* em ação no Direito (2010, p. 180). Em seu *Argumentação Jurídica e Teoria do Direito*, aliás, MacCormick já reconhecia que Dworkin "está indubitavelmente correto ao afirmar que argumentos a partir de princípios jurídicos desempenham um papel de profunda importância na argumentação jurídica – e é uma falha de *Concept Of Law*, de Hart que esse assunto seja abordado somente de passagem" (2006, p. 302).

lativo que contradiz o mais elementar entendimento das exigências da legalidade (Dworkin, 2010, p. 255).

No modelo proposto por Hart, portanto, apesar da afirmação de que os poderes do juiz são *intersticiais*, no sentido de que a criação do direito, para regulamentar casos parcialmente afastados das regras jurídicas, serão diferentes daqueles de um poder legislativo, pois este atuaria isento de limitações (2009, p. 352), pode-se conceber uma viciosidade circular, tanto pelo afastamento da compreensão principiológica na atuação dos juízes, quanto pela ausência de condicionamento da atividade parlamentar, a cujo controle não se pode desincumbir o Poder Judiciário.

Nem seria preciso dizer que essa tal atividade criadora, pelos juízes, frustra as expectativas justificadas,[104] daqueles que, ao agirem, deposita-

---

[104] Sem nenhuma pretensão de aprofundar a análise deste tema e não obstante as diversas restrições que poderíamos aludir à matriz sistêmica, quando se trata do conceito de expectativas, muitos de seus autores apresentam imensa contribuição. As expectativas, nesta linha, têm a função de orientar de modo relativamente estável a comunicação e o pensamento, frente à complexidade e contingência do mundo. Segundo Corsi (1996, p. 81): "la comunicación no se realiza simplemente con base a la expectativa que cada uno de los participantes tiene de la selectividad del otro: es necesario que cada uno pueda esperar lo que el otro espera de él. Sólo la expectativa de las expectativas del otro permite a Ego y a Alter insertar en la propria orientación lo que orienta la selectividad del outro". Ou seja, através das expectativas, em específico das expectativas normativas, é possível ordenar as situações de *dupla contingência*. As expectativas são formadas sempre quanto a comportamentos e expectativas, servindo como critérios de seleção de sentido para que haja um entendimento entre os indivíduos numa dada sociedade. No processo comunicativo a contingência é duplicada em razão das possibilidades projetadas sobre as expectativas de terceiros. Tem-se, assim, a dupla contingência, ou seja, a expectativa sobre a expectativa de terceiros (LUHMANN, 1983, p. 47). Quando se trata do desapontamento de uma expectativa normativa, se deve buscar a aplicação da norma por parte do Estado. Neste sentido, para Arnaud (2004, p. 16), o sistema estabiliza as expectativas e não o comportamento, logo os sistemas sociais só podem estabilizar comunicações, criar sobre elas expectativas do que pode ou não ser esperado, de tal forma que entre as comunicações apareça uma determinada ordem. Isto significa que no sistema jurídico, as normas criam uma proteção quanto à frustração de expectativas, protegendo quem espera um comportamento conforme as normas. Conforme leciona Schwartz (2005, p. 76) para que haja uma suportabilidade a respeito da incerteza advinda da dupla contingência, a sociedade contemporânea adquire uma estrutura de expectativas de expectativas. É, pois, necessário que se possa ter expectativas não só sobre o comportamento, mas também sobre as próprias expectativas do outro. E é na intersecção entre a minha expectativa e a expectativa que tenho sobre a expectativa de outrem que reside a função da norma jurídica. O problema reside quando a expectativa não é satisfeita. Essa não satisfação ameaça anular o efeito redutor da expectativa estabilizada. O desapontamento está ligado ao que não é certo. Quando a expectativa não consegue se modificar ou ser substituída por uma nova segurança, ela necessita ser reconstruída em nível funcional generalizado (TRINDADE, 2008, p. 49). No mesmo sentido a asserção de Martínez Garcia (2002, p. 53), no sentido de que "el derecho tiene como función asegurar la expectativa, en vistas a decepciones previsibles. Para esto, el derecho tiene que contar con mecanismos que permitan hacer más probable el cumplimiento de la expectativa, tales como la sanción – y la capacidad de sancionar – al comportamiento disidente". Precisamente ao tratar da função do Direito, Luhmann (2002, p. 82) assinala: "la función del derecho tiene que ver con expectativas". E as normas jurídicas, por sua vez: "constituyen un entramado de expectativas simbólicamente generalizadas". Assim, o Direito permite saber que expectativas têm respaldo e quais não. Mas se a criação do Direito for posterior, pelo juiz, como apregoado no modelo consagrador da discricionariedade, não há estabilização possível das expectativas, que, frustradas, conspurcam a confiança no próprio sistema do Direito, para usarmos uma linguagem própria da matriz em que se basearam essas reflexões

ram sua confiança de que as consequências de seus atos seriam determinadas pelo estado conhecido do Direito estabelecido.

Contrariamente, uma teoria da decisão judicial calcada em princípios explica e justifica o papel dos juízes no Estado Democrático de Direito, visto que as "sentenças não seriam mais retroativas, julgando e atribuindo um novo direito a uma situação pretérita, conforme um julgamento discricionário" (Cademartori, 2010, p. 224), porque os princípios que as fundamentam já fazem parte do Direito.

Também Rodríguez (1997, p. 36) refere que:

> Aunque los princípios funcionan de manera diferente a las reglas – v.gr. dictan resultados menos precisos que éstas –, son igualmente obligatorios, en tanto deben ser tenidos en cuenta por cualquier juez o intérprete en los casos en que son pertinentes. Por esta razón, según Dworkin, el segundo pilar positivista es falso: los jueces, en los casos difíciles, no tienen discrecionalidad para crear derecho; por el contrario, deben aplicar los princípios vigentes en el sistema jurídico (...) aunque no existan reglas aplicables al caso concreto, siempre existirán princípios que lo sean y, en consecuencia, una de las partes en un litigio tendá derecho a que el juez reconozca en su sentencia que esos princípios le dan la razón.

Há, entretanto, mais do que isso a ser ressaltado.

Em sua análise sobre a obra de Hart, MacCormick (2010, p. 170) sintetiza o argumento do inglês:

> Considerando que os sistemas jurídicos são sistemas de regras (segundo Hart), e que as regras são estruturadas e enunciáveis em linguagem geral, segue-se que, muito diferentemente de outros fundamentos de incerteza nas regras, há um limite quanto ao nível de definição na orientação que podem fornecer. Para todas as regras (exceto as muito mal elaboradas), há alguns casos claros, e para algumas regras há muitos casos claros. (...) No entanto, da mesma forma, para todas ou quase todas as regras, há casos difíceis

E o professor de Edimburgo apresenta o consectário, que residirá na circunstância de que, na decisão desses *casos problemáticos*, os juízes não somente verificam e aplicam as leis; eles as criam (2010, p. 171).

É que a teoria de Hart sustenta que, embora os juízes sejam de fato obrigados a aplicar as regras jurídicas referentes a todo caso em que são claramente aplicáveis, eles possuem necessariamente uma discricionariedade mais ampla sobre o que fazer nas situações em que as regras não são claras.

Melhor dizendo, Hart afirma que o Direito é composto essencialmente por regras.

Assim, a partir de sua análise, em que estão cindidas essas mesmas regras, e os fatos que lhes cabe regular, grande parte da atividade jurídica consistirá na mera subsunção dos fatos às regras, ou na direta e incontroversa aplicação, observância e imposição das regras (MacCormick, 2010, p. 43).

Porém, dirá que as regras não podem resolver tudo, de forma que em casos problemáticos, em que a subsunção não se manifestar clara, há "e deve haver um espectro considerável de discricionariedade para os juízes e outras autoridades" (MacCormick, 2010, p. 43).

É o que se extrai de outra obra do escocês:[105]

(...) de acordo com a tese de Hart, as normas – *rectius: regras* – têm um cerne de certeza e um entorno vago e de trama rala; de tal modo que, em casos que se situem fora do cerne de certeza, para os quais as normas – *rectius: regras* – não forneçam nenhuma orientação inequívoca, os juízes devem ter arbítrio – *rectius: discricionariedade* – no "sentido forte", já que somente de uma forma quase legislativa poderão escolher a decisão que lhes parecer melhor com base nos fundamentos que considerarem apropriados a essas escolhas (2006, p. 300).

De igual maneira, assenta Engelman (2001, p. 71):

(...) a zona de penumbra, na perspectiva de Hart, é fundamentada na chamada textura aberta do direito, produzida a partir da indeterminação dos padrões de comunicação escolhidos, ou seja, as palavras. Assim como estas não possuem um núcleo exclusivo de entendimento, o direito, ao utilizá-las, acaba sofrendo da mesma dificuldade.

E, sendo assim, dá-se que a discricionariedade do juiz acaba por reconhecer-lhe o poder de elaborar a norma de conduta, quando "julgar tratar-se de uma situação localizada na zona de textura aberta do direito a ser aplicado" (Engelman, 2001, p. 71).

A questão está, portanto, em que a determinação sobre quais seriam os casos em que a determinação das regras é clara ou não também resultará entregue à discricionariedade judicial, no que se confirma que essa cisão, caso e regra, a partir da incompreensão da diferença ontológica que há entre eles – diferença, não cisão – é uma das razões por que, no positivismo, a discricionariedade judicial é uma consequência necessária.

Daí à multiplicidade de respostas não há nem um passo.

MacCormick dirá que:

(...) a juíza deve ir além da lei e (sem sacrifício da imparcialidade) consultar o seu próprio senso de correção moral e política, equidade e conveniência social para chegar à decisão que lhe parece ser a melhor a respeito do problema em questão. Ao menos para as partes do caso, a juíza cria, em certa medida, a lei que aplica. E, se a regra de reconhecimento

---

[105] Não há, aqui, o escopo de analisar os critérios que MacCormick indicará como tendentes a moldar o exercício dessa discricionariedade, a exemplo dos argumentos consequencialistas, justificações de segunda ordem e requisito da coesão. É que não está em causa o pensamento do professor de Edimburgo, e sim a sua importante e autorizada análise acerca da obra de Hart.

estabelece precedente como fonte de direito, ela, com sua decisão, também cria leis para o futuro (2010, p. 171, grifos não originais).

Numa democracia, assumir que os juízes haverão de consultar o seu senso de *correção moral e política*, para chegar a decisões que lhes pareçam ser a *melhor*, quando menos há de produzir questionamento.

Deslocar o problema da atribuição de sentido para a consciência é apostar, em plena era do predomínio da linguagem, no individualismo do sujeito que constrói o seu próprio objeto de conhecimento (Streck, 2010, p. 20).

Pensar assim, sigamos com Streck, é acreditar que o conhecimento deve estar fundado em estados de experiência interiores e pessoais, não se conseguindo estabelecer uma relação direta entre esses estados e o conhecimento objetivo de algo para além deles (op., loc. cit.).

Noutras palavras, sob o manto da *discricionariedade judicial*, esconde-se uma perspectiva que aposta no juiz, como protagonista do Direito, em detrimento dos princípios.

A subordinação dos magistrados deixa de dar-se a partir da Constituição, e passa a ser encarada como subordinação à sua própria consciência. A par dos voluntarismos – que, para o bem ou para o mal, serão sempre voluntarismos – e da multiplicidade de respostas, forjamos uma espécie de *holding*, que, como constata Streck (2010, p. 26), torna recorrente a asserção de que o juiz não se subordina a nada, a não ser ao *tribunal de sua razão*.[106]

Além disso, torna-se problemática, em Hart, a assunção de que parte – ou grande parte – das regras possui uma *zona de penumbra*, pela qual se fará presente a discricionariedade judicial.

É que, segundo o mesmo autor (2009, p. 321), em última análise é objetivo maior do Direito servir de guia para as condutas humanas e oferecer critério para a crítica dessas mesmas condutas; ora, se há *zonas de penumbra*, que no campo de uma decisão judicial, validariam a discricionariedade, também as haverá para os indivíduos, que, não obstante queiram atuar segundo as regras, nem sempre conseguiriam fazê-lo, porque essas revelar-se-iam obscuras.

É de indagar-se se a tais sujeitos dar-se-ia também a discricionariedade, ou se essa está reduzida ao âmbito judicial! De todo modo, insis-

---

[106] Ao fim, ter-se-á que, em pleno constitucionalismo, o resultado do processo dependerá do que a consciência individual do julgador indicar. Dito de outra forma, como aponta Vieira, na quadra atual, concluir-se que uma boa parte da atividade interpretativa e da implementação dos direitos fundamentais ocorre numa região de penumbra e, portanto, depende da discricionariedade judicial, revela uma perspectiva que "não é muito animadora e certamente se contrapõe ao ideal do constitucionalismo democrático" (2010, p. 05).

ta-se, mesmo na perspectiva daqueles que pretendem atuar segundo as regras, ter-se-iam, invariavelmente, possíveis apontamentos ulteriores de equívoco e descumprimento, quando, por exemplo, a discricionariedade de quem agiu, digamos, direcionar-se num sentido divergente da discricionariedade de quem potencialmente julgou o que se afirmou um olvido da regra, obscura, repita-se, feito por quem a desejava cumprir.

Por isso que, quando Dworkin diz que o juiz há de decidir a partir de *argumentos de princípio*, concebe-os não como entes dados previamente, de forma a serem alcançados por um esforço intelectual individual dos julgadores.

Pelo contrário, o manejo dos princípios aponta, efetivamente, para os limites que se há de impor ao ato de aplicação judicial, em ordem a afastar dessa mesma aplicação as convicções políticas, morais e pessoais de quem decide, por isso que os princípios se vão afirmando e modificando ao longo do tempo e dependem de interpretações da prática jurídica como um todo.

Trata-se, em última análise, de uma defesa da democracia, porquanto não há sentido em que, num regime democrático, decidam-se casos discricionariamente. Para tanto, como se assentou, carece-se da superação do *esquema sujeito-objeto*, que conduz inexoravelmente ao *solipsismo* dos juízes, bem como se há de afastar a conjectura infundada de que o Direito reside na mera subsunção de fatos a regras – como se somente delas o Direito se compusesse –, com potenciais *zonas de penumbra* devolvidas à discricionariedade criativa judicial.

O Direito – e uma teoria da decisão judicial –, deve preocupar-se com a *applicatio*; deve levar em conta a faticidade, a tradição, os princípios e a Constituição. Deve direcionar-se à resposta; à resposta correta e constitucionalmente adequada.

Que, definitivamente, não estará onde o positivismo estiver.

2. Resposta(s) correta(s) em direito(s): contributos constitucionais às múltiplas faces do direito e a adequação constitucional das decisões judiciais

Estamos tão habituados ao discurso que nos atribui a condição de meros *operadores* do Direito que pensar sobre a nossa condição ou sobre a condição do Direito na atualidade pode, para muitos, soar enfadonho.

Fixamo-nos na dogmática mais simplista, buscamos *respostas* aos *cases* com as facilidades do mundo virtual e nos esquecemos, algumas vezes, da grandeza e magnitude que é a experiência do Direito na vida dos indivíduos e da comunidade.

Esquecemo-nos, em síntese, de observar o fenômeno jurídico de maneira mais ampla, de questioná-lo e de situarmo-nos numa história que não nos pertence, se bem que pertençamos a ela.

Esse, quem sabe, foi o escopo a que se destinou a primeira parte deste trabalho, ou seja, o de produzir *filosofia no Direito*, se é que a asserção também queira evitar uma pretensão exacerbada e, portanto, vã.

O escopo, agora, subsiste, mas sob outra roupagem. A maravilhosa trajetória por que andou e anda o Direito e sua história houve por fixar-lhe faces próprias, com características peculiares, que, de alguma maneira, é preciso investigar.

Pois de nada valeria uma abstração em tal nível genérica que não ecoasse nas múltiplas faces em que o Direito se desdobrou com o correr dos tempos.

Em cada uma delas há de se impor a necessidade de uma atuação judicial que propenda à produção de respostas corretas; em cada uma delas há de se impor ênfase a decisões judiciais constitucionalmente adequadas; e, por isso mesmo, em cada uma delas há o intérprete e o julgador de atuar sob o influxo de pré-compreensões autênticas, que o insiram, de maneira virtuosa, e não vulgar, na circularidade hermenêutica em que, nem sempre, percebe que se situa.

2.1. Bases para decisões penais constitucionalmente adequadas

São diversos os modelos por que se podem apresentar as constituições, de modo que fixar-se uma teoria geral, neste ponto, mostra-se sempre bastante problemático; é preciso, pois, no caso brasileiro, perceber que o nosso texto jurídico-político maior destina-se a uma sociedade específica, com características próprias, para as quais a Constituição, além de estabelecer normas de regulação, revela fins e objetivos a serem perseguidos e, assim, propende a transformações.

As decisões judiciais devem-lhe obediência e devem situar-se no paradigma a partir do qual ao Estado incumbe *deveres de proteção* aos direitos fundamentais, proteção essa que, em certos casos, não dispensa a atuação penal.

A partir da metáfora da resposta correta, pela qual se há de evitar o(s) *decisionismo(s)* e, em última análise, buscar-se hermeneuticamente soluções judiciais adequadas à Constituição, pretende-se expor que a quadra atual requer a superação do modelo iluminista – que entrevia no Estado o *inimigo a ser contido* –, porquanto pela via dogmática dos bens jurídicos expressam-se direitos constitucionais que exigem a tutela penal.

Se bem que à primeira vista tais lineamentos constitucionais se destinem ao legislador, haverá o juiz de, no julgamento de casos concretos – cada qual com a sua *faticidade* –, *julgar* também a legislação que haverá de aplicar. Porque toda decisão judicial implica um ato de jurisdição constitucional, que, infelizmente, é olvidado por significativa parcela de juízes e tribunais, ainda aferrada a um modelo de regras e, portanto, alheados do conteúdo principiológico da Carta.

De certo modo, a doutrina já se ocupou de tratar o Direito Penal a partir da Constituição, na perspectiva da vedação do excesso. Razão pela qual, aqui, objetiva-se assentar que essa atuação, legislativa num primeiro momento, mas, sobretudo judicial, quando do julgamento de casos, não pode descurar de que a Constituição também veda a atuação estatal deficiente, quando impõe normas de criminalização e intui que a proteção dos direitos fundamentais se faz, muitas vezes, penalmente. A ausência dessa noção, ditada por uma concepção que apõe ao Direito Penal apenas a pecha de excessivo, tem-no afastado do ideal da *integridade*.

Adequar-se uma decisão criminal à Constituição, pois, é vislumbrá-la por essa perspectiva; noutras palavras, poder-se-ia dizer que essa é a pré-compreensão constitucional autêntica, sem a qual não se poderá cogitar da *resposta correta*.

2.1.1. A dimensão objetiva dos direitos fundamentais

A proteção de direitos fundamentais pelo Estado é decorrência inequívoca da ordem constitucional. Confunde-se a própria razão de sua existência com a necessidade de salvaguardar aos indivíduos as posições jurídicas sem as quais, na antiga dicção de Silva, a pessoa humana "não se realiza, não convive e, às vezes, nem mesmo sobrevive" (1997, p. 177).

Essa é a ideia que há de ser levada em conta quando se fala em direitos fundamentais. São aqueles sem os quais o indivíduo não se realiza como pessoa humana.[107]

A primeira geração de direitos dominou o século XIX e é composta pelos direitos de liberdade, que correspondem aos direitos civis e políticos. Tendo como titular o indivíduo, os direitos de primeira geração são oponíveis primacialmente ao Estado, traduzindo-se em faculdades ou atributos da pessoa humana, ostentando uma subjetividade que é seu traço marcante. No que toca à segunda dimensão dos direitos fundamentais, ter-se-ia a imposição de realização, pelo Estado, de prestações, tendentes à sua efetivação. Essas, contudo, não estão situadas apenas no plano fático, mas, muitas vezes, concentradas na realização de atividades situadas na órbita do jurídico, no plano normativo.[108]

Correntemente, sustenta-se que os direitos fundamentais de primeira dimensão impõem ao Estado o dever de se abster, ou seja, não afetar a órbita jurídica do particular. Conforme Canotilho (2002, p. 397), são os direitos de liberdade, cujo destinatário é o Estado e que têm como objeto a obrigação de sua abstenção relativamente à esfera jurídico-subjetiva por eles definida e protegida.

---

[107] A questão terminológica, aqui, sobre saber se é mais adequado falar-se em gerações ou dimensões, tão discutida na doutrina, importa pouco. Em julgamento realizado no Mandado de Segurança nº 22.164/SP, em síntese precisa expôs o ministro Celso de Mello que, enquanto os direitos de primeira geração (civis e políticos) – que compreendem as liberdades clássicas, negativas ou formais – realçam o princípio da liberdade, os direitos de segunda geração (direitos econômicos, sociais e culturais) identificam-se com as liberdades positivas, reais ou concretas – e acentuam o princípio da igualdade; já os direitos de terceira geração, que materializam poderes de titularidade coletiva atribuídos genericamente a todas formações sociais, consagram o princípio da solidariedade e constituem um momento importante no processo de desenvolvimento, reconhecimento e expansão dos direitos humanos.

[108] A classificação, todavia, dos direitos fundamentais em gerações ou dimensões – se bem que adotada pela maioria dos doutrinadores – vem sendo alvo de algumas críticas, ainda iniciais, mas ponderadas. Nesse sentido afirma Lima (2005, p. 04) que "o ideal é considerar que todos os direitos fundamentais podem ser analisados e compreendidos em múltiplas dimensões, ou seja, na dimensão individual-liberal (primeira dimensão), na dimensão social (segunda dimensão), na dimensão de solidariedade (terceira dimensão) e na dimensão democrática (quarta dimensão). Não há qualquer hierarquia entre essas dimensões. Na verdade, elas fazem parte de uma mesma realidade dinâmica. Essa é a única forma de salvar a teoria das dimensões dos direitos fundamentais". A tese, porém, fundada na indivisibilidade dos direitos fundamentais, ainda não logrou quebrantar os argumentos que majoritariamente se adotam sobre o tema.

Desse modo, a satisfação dos direitos fundamentais de primeira dimensão – ou geração –, numa primeira análise, ocorre em vista da abstenção do Estado, que, assim, não intervindo, manteria hígida essa órbita concernente aos indivíduos.

Num primeiro enfoque, portanto, no que toca a essa perspectiva dos direitos fundamentais, não se estaria a exigir do ente estatal alguma atividade, mas, sim, que não ingresse na esfera pertinente ao direito fundamental do particular.

A seu turno, resumidamente, os direitos econômicos, sociais e culturais, que compõem a denominada segunda dimensão de direitos fundamentais, consistiriam em "direitos a prestações ou actividades do Estado" (Canotilho, 2002, p. 401), que, já aqui, há de atuar no sentido de realizar ou tornar efetivo o direito fundamental consagrado, seja no plano fático, seja no plano normativo, ou seja, na segunda dimensão – ou geração – a satisfação dos direitos fundamentais já não mais sucederia com meras abstenções estatais.

Ao contrário, como, em tal caso, impõem-se prestações estatais, de ordem fática ou normativa, a discussão que se trava é sobre até que ponto se pode exigir, judicialmente, a adoção de atitudes pelo poder público, que desgraçadamente descura dos imperativos constitucionais de consagração desses direitos.

Ocorre que, mesmo os *direitos fundamentais de primeira dimensão* não têm sua importância revelada apenas por consagrarem, no nível constitucional, a imposição de abstenções ao Estado, que, destarte, não os poderia violar. A ideia, enfim, de que apenas a inércia estatal bastaria, por exemplo, para fazer hígidos *direitos de liberdade* está superada.

Com efeito, esses direitos fundamentais passaram a se apresentar no âmbito constitucional, como consignou Pérez Luño (1995, p. 20), como um conjunto de valores objetivos básicos, a impor fins diretivos da ação positiva dos poderes públicos, não consistindo apenas em garantias negativas de interesses individuais.

Quer dizer que os direitos fundamentais:

(...) (mesmo os clássicos direitos de liberdade) devem ter sua eficácia valorada não só sob um ângulo individualista, isto é, com base no ponto de vista da pessoa individual e sua posição perante o Estado, mas também sob o ponto de vista da sociedade, da comunidade na sua totalidade, já que se cuidam de valores e fins que esta deve respeitar e concretizar (Sarlet, 2005, p. 123).

Na lição de Mendes (2002, p. 04):

O Estado se obriga não apenas a observar os direitos de qualquer indivíduo em face das investidas do Poder Público (direito fundamental enquanto direito de proteção ou de defesa), mas também a garantir os direitos fundamentais contra agressão propiciada por terceiros.

Assim, axiologicamente, vê-se que os direitos fundamentais, em sua *dimensão objetiva*, incorporam e expressam determinados valores objetivos fundamentais da comunidade.

É certo que tal consciência a respeito do papel a ser desempenhado pelo Estado, também no concernente aos direitos de primeira dimensão, dependeu do desenvolvimento da teoria acerca dos direitos sociais, indicando, assim, que, mesmo no que concerne aos denominados direitos de liberdade, o papel estatal era o de:

Proteger a instituição, uma realidade social muito mais rica e aberta à participação criativa e à valoração da personalidade que o quadro tradicional da solidão individualista, onde se formara o culto liberal do homem abstrato e insulado, sem a densidade dos valores existenciais, aqueles que unicamente o social propicia em sua plenitude. (Bonavides, 2004, p. 565).

Nesse contexto, o Estado evolui da posição de adversário – ou de provável causador de ofensas aos direitos de primeira dimensão, que, assim, deve ser contido – para uma função de guardião dos direitos fundamentais.

Mesmo os direitos fundamentais de primeira dimensão estão a exigir, para a salvaguarda de sua eficácia, certa atuação estatal.[109]

Com efeito, por dois prismas se há de encarar a assertiva: de uma parte, haverá o Estado de promover – no sentido de auxiliar o indivíduo – a concretização desses direitos fundamentais; de outra, deve atuar como instância de controle de eventuais violações que outros particulares pretendam impor aos direitos fundamentais de terceiros.

A respeito dessa segunda vertente, esclarece Sarlet (2005, p. 128) que ao Estado incumbe zelar, inclusive preventivamente, pela proteção dos direitos fundamentais dos indivíduos não somente contra os poderes públicos, mas também contra agressões oriundas de particulares e até mesmo de outros Estados.

Disso se infere que o reducionismo da concepção até então vigente, sobre serem tais direitos satisfeitos com a mera abstenção de violá-los pelo Estado, não mais se sustenta.

Como apontado, portanto, deixa-se de encarar o Estado como possível inimigo, causador de ofensas aos direitos de primeira dimensão, pois

---

[109] No mesmo sentido é o alvitre de Schäfer Streck, para a qual: "o Direito Penal e os penalistas, em sua parcela considerável, deixaram de lado a relevante circunstância de que o estado pode ser protetor dos direitos fundamentais" (2009, p. 92).

passa a ser também responsável pela satisfação desses direitos, não apenas se abstendo de condutas que os afrontem, mas também atuando no sentido de defendê-los perante a atuação de outros particulares e criando meios para a sua mais plena efetivação.

Dentre as múltiplas consequências advindas dessa perspectiva, de que os direitos fundamentais, máxime os de primeira dimensão, não se reduzem à imposição de não intervenção aos poderes públicos, está o surgimento de *deveres de proteção*, atribuíveis ao Estado, do qual passa a ser exigível a tutela dos direitos fundamentais reconhecidos constitucionalmente.

Nesse sentido, reafirma Sarlet (2001, p. 149) que incumbe ao Estado zelar pela proteção desses direitos fundamentais dos indivíduos não somente contra os poderes públicos, mas também contra agressões provindas de particulares e de outros Estados.

Noutro texto enfatiza o autor citado:

> As normas de direitos fundamentais implicam uma atuação positiva do Estado, notadamente, obrigando-o a intervir (preventiva ou repressivamente) inclusive quando se tratar de agressão oriunda de outros particulares, dever este que, para além de expressamente previsto em alguns preceitos constitucionais contendo normas jusfundamentais, pode ser reconduzido ao princípio do Estado de Direito, na medida em que o Estado é detentor do monopólio, tanto da aplicação da força, quanto no âmbito da solução de litígios entre particulares, que (salvo em hipóteses excepcionais, como da legítima defesa), não podem valer-se da força para impedir e, especialmente, corrigir agressões oriundas de outros particulares (Sarlet, 2005, p. 129).

Em tal ordem de ideias, explana Mendes (2002, p. 06) que "pode-se ter aqui um autêntico dever constitucional de legislar, que obriga o legislador a expedir atos normativos 'conformadores' e concretizadores de alguns direitos".

Constata-se, assim, que não apenas a existência de lei, mas também sua falta poderá ser afrontosa aos direitos fundamentais.

É que, com efeito, em alguns casos a edição de diploma normativo se faz imperiosa em vista de determinações constitucionais. A atuação legislativa, portanto, no campo penal, mostra-se contornada pelo que estabelecido constitucionalmente, o que parece curial.

Sucede, porém, e esse é aspecto que deve ser ressaltado, que os resquícios de uma compreensão ainda iluminista,[110] em termos de Direito

---

[110] A título de exemplo apenas, a declarada opção pelo – *ainda* – paradigma iluminista, de Ferrajoli, revelada no prefácio de Direito e Razão (2002, p. 08), por Norberto Bobbio: "é importante, para a plena compreensão do conjunto, que não se perca de vista a idéia inspiradora da obra: a idéia iluminista e liberal – iluminista em filosofia e liberal em política". A asserção tem sua relevância, porquanto o paradigma iluminista – que, naturalmente, a seu tempo foi de enorme importância à superação do modelo absolutista vigente –, redundou, no campo jurídico, no positivismo; tanto que Bobbio, em seu clássico sobre o tema, indica que (2006, p. 38): "as codificações, que representam o máximo triunfo

Penal, fez com que parcela considerável de nossa doutrina se destinasse à crítica – algumas vezes merecida, é verdade – de excesso na atuação estatal, pela via do Direito Penal, e só.

Olvidou-se que, nos tempos que correm, tal compreensão já se faz ultrapassada, e que, para além de não excessiva, *a atuação penal do Estado não há de ser insuficiente*.

A resposta judicial de um caso criminal somente se fará correta se a pressupuser a avaliação da lei incidente sob tal perspectiva, ou, noutras palavras, em tais decisões sucederá, sempre, um ato jurisdicional de controle de constitucionalidade da lei penal a ser aplicada, mesmo que nem sempre isto se realize de maneira expressa ou declarada.

Detalhando, a constatação de que certas condutas e certos comportamentos possam representar lesão ou ameaça de lesão a direitos alheios, a depender, evidentemente, de qual direito se cuide e da intensidade da lesão verificada, legitima erija o legislador cláusula de proibição, a partir da qual não mais de possa atuar dessa ou daquela maneira.[111]

Os direitos fundamentais, em suma, carecem de proteção estatal e o Direito Penal surge como um, dentre outros, mecanismos de tutela, impondo ao legislador a necessidade de serem editadas normas de índole penal para o seu resguardo.

Nesse sentido, tratando do papel a que se destina o Estado nessa conjuntura, assenta Cunha (1995, p. 287):

> Este dever de actuação, não é um dever que se cumpra apenas através da organização do poder, da criação de serviços, de oferecimento de condições de exercício das liberdades, da concretização de políticas de melhoria do ensino, do ambiente ou da saúde (embora passe por tudo isto), mas é um dever que implica também a protecção dos bens e valores constitucionais face a ataques de entidades privadas e pessoas singulares. *Tal dever de protecção face a agressões impõe-se ao legislador para que este crie sistemas preventivos e sancionatórios (na medida em que a sanção seja necessária para a prevenção) dessas agressões. Um dos sistemas preventivos de que o Estado dispõe, o sistema preventivo mais forte, é o sistema penal* (grifo meu).

---

celebrado por este dogma, não são um produto do absolutismo, mas do iluminismo e da concepção liberal do Estado". Insista-se: a crítica não é ao paradigma em si, mas a sua manutenção, em tempos nos quais o papel a ser desempenhado pelo estado não se reduz mais àquele lhe destinado pela concepção liberal e, mais ainda, em que o papel do Poder Judiciário vê-se tingido pelas tintas de uma constituição que fixa objetivos e compromissos, numa perspectiva transformadora, sobre os quais se hão de assentar as decisões – *rectius*: respostas – judiciais, nos casos concretos.

[111] Para Schäfer Streck: "a proibição de proteção deficiente permite ao jurista, então, verificar se um ato (ação ou omissão) do Estado viola um direito fundamental (de modo que se uma lei viesse a descriminalizar o crime de estupro, ela não seria constitucionalmente válida, uma vez que feriria frontalmente o princípio da dignidade da pessoa humana), pois todos os atos estatais têm um dever de atuação ativa em prol dos direitos constitucionalmente resguardados" (2009, p. 101).

É sob essa perspectiva que se prosseguirá, mormente no que ela tem de significativa na alteração da forma de atuarem os juízes criminais, se, ao decidirem os casos que lhes são submetidos, pretenderem fazê-lo em ordem a adequarem-se à Constituição.

2.1.2. A vocação constitucional do Direito Penal e o fundamento constitucional dos bens jurídicos penalmente tutelados

A exigência de atuação estatal, para fins de concretização, salvaguarda e promoção dos direitos fundamentais, dá-se tanto do ponto de vista fático, é dizer, com realização de atividades concretas, no plano físico e real, como por intermédio de atuação normativa, no plano legislativo, isto é, com a edição de normas que venham a tutelar e proteger esses direitos.

Esse dever de proteção estatal se expressa por diversos meios, determinando a adoção de medidas positivas diversas, como, por exemplo, por meio de proibições, autorizações, medidas legislativas de natureza penal (Sarlet, 2001, p. 149).

Pode-se, em tal perspectiva, consoante a lição de Mendes (2002, p. 11), estabelecer a seguinte classificação do dever de proteção: dever de proibição, consistente no dever de se proibir dada conduta; dever de segurança, que impõe ao Estado o dever de proteger o indivíduo contra ataque de terceiros mediante adoção de diversas medidas; dever de evitar riscos, que impõe adoção de medidas de proteção e prevenção, especialmente em relação ao desenvolvimento técnico ou tecnológico.

É de ser observado que na Constituição Federal de 1988, com efeito, há determinações expressas tendentes à tipificação de condutas, como se depreende dos incisos XLII, XLIII e XLIV, do artigo 5º, dispositivo que, justamente, é conhecido, com razão, como a fonte maior – não a única –, dos direitos fundamentais de nossa Carta.

A existência desses mandados constitucionais de criminalização traz duas questões que não se podem olvidar. Antes, porém, de abordá-las, impõe-se aprofundar um pouco cada uma dessas ordens constitucionais.

Segundo o artigo 5º, XLII, da Constituição Federal, a "prática do racismo constitui crime inafiançável e imprescritível, sujeito à pena de reclusão, nos termos da lei".[112] Não surpreende que dispositivo consti-

---

[112] Como dá conta Ambrosi (2006, p. 38), que aponta documentos internacionais como fonte de incriminações a manifestações racistas, no contexto europeu, em "15 giugno 2006 il Parlamento europeu ha sollecitato il Consiglio dell'Unione ad approvare la Deciosione-quadro sulla lotta contro il razzismo e la xenofobia, proposta dalla Commissione il 29 novembre 2001". Traduzo: "em 15 de junho de 2006 o parlamento europeu solicitou ao Conselho da União a aprovação da decisão quadro contra o racismo e a xenofobia, proposta pela Comissão em 29 de novembro de 2001". Segundo aponta, tal de-

tucional de tal jaez venha prescrito justamente no artigo vocacionado a estabelecer os direitos e liberdades individuais.

É que, como diz Feldens (2005, p. 81):

> O Direito Penal não mais pode ser visto sob uma obsoleta compreensão que nele identifica um braço armado do Estado, cujo único efeito consiste na redução do espaço de liberdade individual dos cidadãos. Há muito agrega-se-lhe outra função, a qual se vem, ao longo do texto, procurando sustentar. A proteção normativa ao bem jurídico visa ao pleno desfrute – ou a um maior ou a um mais intenso desfrute – do direito fundamental ameaçado pela lesão que se lhe faça lesiva.

Tal norma constitucional qualifica-se, segundo a doutrina tradicional, como de eficácia limitada, ou seja, dependente de atuação do legislador ordinário, tendente, inclusive, a prestar homenagem a um dos objetivos da República Federativa do Brasil, estabelecido no artigo 3º, IV, da Carta constitucional.

Assim que a lei 7716/89, atendendo ao comando constitucional, estabeleceu os crimes e as penas atinentes à repugnante conduta do racismo.

De tal modo, o legislador não poderia revogar a proteção penal já existente, atitude essa que "denotaria uma clara ilicitude constitucional em face do específico mandado constitucional de criminalização" (Feldens, 2005, p. 82).

O inciso XLIII do artigo 5º da Constituição Federal estabelece que serão considerados, pela lei, inafiançáveis e insuscetíveis de graça ou anistia a prática de tortura, o tráfico ilícito de entorpecentes, o terrorismo e os definidos pela lei como crimes hediondos.[113]

Não se cogitou, ainda, no nível da legislação ordinária, da tipificação do terrorismo. Tem-se, aqui, clara omissão do legislador infraconstitucional, a qual, de resto, sucedeu durante largo interregno quanto ao crime

---

cisão "potrebbe avere affetti notevolissimi anche per il nostro sistema: essa obbligherebbe gli Stati a punire tra l'altro fatto di diffondere o distribuire pubblicamente scritti, immagini o altri supporti che contengano espressioni di razzismo o xenofobia". Isto é: "poderia produzir afetações notáveis também para o nosso sistema essa obrigatoriedade aos estados de punir fatos de difusão ou distribuição de escritos públicos, imagens ou outros suportes que contenham expressões de racismo ou xenofobia". Em França, a partir dos anos noventa, pela denominada *Loi Gayssot*, em alusão ao deputado Jean Claude Gayssot, passou-se a reprimir *tout propos raciste, antisémite ou xénophobe*, alcançando até cinco anos de reclusão a pena para aquele que praticar o negacionismo, ou seja, refutar a prática de crimes contra a humanidade, tais quais os que sucederam à época do nazismo. Desde 1994, por mudança empreendida no artigo 130 do Código Penal Alemão (*Strafgesetzbuch*), passou-se a punir, com pena de até cinco anos de prisão, as manifestações públicas que aprovem, neguem ou minimizem os fatos ocorridos durante o governo nacional-socialista.

[113] A Lei 8.072/90, todavia, para além das vedações fixadas pela Carta no caso de prática de tais crimes, criou-lhes a vedação à progressão de regime, tema que gerou conhecido e acirrado debate, no que toca à sua constitucionalidade. Em decisão de 23 de fevereiro de 2006, nos autos do *Habeas Corpus* n. 82.959, por seis votos a cinco entendeu a Suprema Corte ser inconstitucional a vedação.

de tortura, que passou a ser tipificado em nosso ordenamento apenas a partir de 1997, com a Lei nº 9.455.

Os mandados de criminalização contidos na Constituição Federal revelam imposições inequívocas ao legislador, obrigação de atuação, demonstrando que, a depender da relevância do bem que se tenha em mira, a utilização do sistema criminal é irrenunciável.

Nesse sentido, também o artigo 225, § 3º, da Constituição Federal de 1988 estabelece que as condutas e atividades consideradas lesivas ao meio ambiente sujeitarão os infratores, pessoas físicas ou jurídicas, a sanções penais e administrativas.[114]

A Lei 9.605/98 deu cumprimento ao dispositivo constitucional, descrevendo as condutas lesivas à fauna e à flora, bem assim ao meio ambiente em sua inteireza, tendentes a repercutir na esfera criminal. É certo que o fez com alguma dose de excesso, trazendo à órbita do Direito Penal uma pluralidade de matérias que, provavelmente, resolver-se-iam satisfatoriamente na seara administrativa – com efeito, há em tal legislação tipos penais inusitados, para dizer o menos. Ainda assim, porém, não há como deixar de reconhecer o avanço consistente na sistematização da proteção penal a bem jurídico de tão elevado valor, mormente porque relativo à humanidade como um todo, escapando a uma análise meramente individual.

O artigo 227, § 4º, da Carta da República, fixa que a lei punirá *severamente* o abuso, a violência e a exploração sexual de crianças e adolescentes. A relevância atribuída pelo constituinte ao tema, de inequívoca repercussão na vida da criança e do adolescente, levou a que, a par do estabelecimento de comando de incriminação, tendente a reprimir o abuso e a violência sexual, se determinasse que a punição se desse de modo *severo*.

O Estatuto da Criança e do Adolescente prescreveu diversas infrações penais alusivas a tais vítimas, as quais, todavia, também podem sofrer ações previstas no Código Penal, mormente as de ordem sexual, no que se tem um sistema complexo de tipos penais destinados a tal campo de tutela.

De grande eloquência, ademais, para revelar a que ponto a ordem constitucional cria a obrigação de tutela de direitos fundamentais, situan-

---

[114] Para Milaré (2001, p. 118), no conceito jurídico mais corrente em termos de meio ambiente, surgem duas perspectivas: uma estrita e outra ampla. Numa visão estrita, o meio ambiente nada mais é do que a expressão do patrimônio natural e as relações entre os seres vivos. Tal noção, é evidente, despreza tudo aquilo que não diga respeito aos recursos naturais. Numa visão ampla, que ultrapassa os limites estreitos fixados pela ecologia tradicional, o meio ambiente abrange toda a natureza original (natural) e artificial, bem como os bens culturais correlatos. Em outras palavras, nem todos os ecossistemas são apenas naturais, havendo quem se refira a ecossistemas naturais e ecossistemas sociais.

do, entre os mecanismos para tal, o Direito Penal, é o inciso XLI do artigo 5º da Constituição Federal. Nele, às expressas, tem-se a determinação de que "a lei punirá qualquer discriminação atentatória dos direitos e liberdades fundamentais".[115]

Ora, se é a própria Constituição Federal que fixa o comando, destinado ao legislador ordinário, de elaboração de lei que puna a discriminação – afronta – aos direitos e liberdades fundamentais, tem-se que a ausência de atuar legislativo, neste ponto, dá ensejo à situação de inconstitucionalidade.

Com efeito, sabe-se que o fenômeno da inconstitucionalidade sucede tanto em virtude de comportamento ativo do legislador, ao editar norma que discrepe da ordem constitucional, como, igualmente, em razão da omissão legislativa, que sucede quando, não obstante a imposição da Carta, persista o legislador em situação de inércia.

Dessa eventual inação legislativa surge o problema da inconstitucionalidade por omissão, que, na expressão de Sarlet (2001, p. 329):

> No âmbito da vinculação do legislador aos direitos fundamentais, há que atentar, ainda, para o problema da inconstitucionalidade por omissão, decorrente de uma inércia (total ou parcial) do legislador em face de uma imposição mais ou menos concreta (finalidade ou programa) contido nas normas de direitos fundamentais.

Ou ainda, como explica Mendes (2001, p. 11):

> Os direitos fundamentais não contêm apenas uma proibição de intervenção, expressando também um postulado de proteção. Haveria, assim, para utilizar uma expressão de Canaris, não apenas uma proibição do excesso, mas também uma proibição de omissão.

É a essa vedação de omissão que aqui se denomina proibição de insuficiência.

A compreensão de que os bens jurídicos penais encontram sua base de fundamentação nos direitos fundamentais, expressos constitucionalmente, traz como consectário a observação de que, no sistema de proteção de tais direitos, insere-se o ordenamento penal. De tal modo, não pode o Estado omitir-se, nesse seu dever de tutela, ou seja, surge uma necessidade de atuação estatal, da qual não pode renunciar.

Assim, portanto, rompe-se com a ideia tradicional, já esboçada, de que o Estado, em tal campo, apenas se revelaria como o *inimigo a ser contido*. Não!

---

[115] Como explanam Dolcini e Marinucci (1994, p. 172),"a *ratio* inspiradora que une todas as normas que, nas várias constituições, impõem, expressamente, que se incrimine este ou aquele facto, reside em uma dupla ordem de considerações: a importância atribuída ao bem ou aos bens contra os quais se dirige o fato a incriminar e a necessidade do recurso à pena, considerada como único instrumento capaz de assegurar ao bem uma tutela eficaz".

Na quadra atual, diante de uma Constituição que pretende assegurar direitos coletivos, e que, quanto aos individuais, está a exigir muito mais do que meras abstenções estatais, há de se requerer uma nova forma de atuação estatal, a qual inclui, inequivocamente, o Direito Penal.

É certo que numa visão inicial se pode conceber que as diretrizes constitucionais possuem o legislador como destinatário primeiro.

Mas também a atuação judicial, evidentemente, há de estar adstrita àquilo que prescrito pela Constituição, quando menos a partir do exercício, já revelado, do controle de constitucionalidade, presente em toda decisão judicial. Porque a aplicação da lei – penal – ao caso concreto faz-se, apenas, quando essa adequar-se à Constituição.

Sem dúvidas que, em termos políticos, essa compreensão revela às claras como o paradigma liberal se faz superado pela constatação de que há diversos setores da vida social em que a atuação estatal é inarredável.

Se a Constituição define obrigações essenciais do legislador, perante a sociedade, ter-se-á, como aponta a portuguesa Palma (2006, p. 107) que "esta função de protecção activa da sociedade configura um Estado não meramente liberal, no sentido clássico, mas promotor de bens, direitos e valores",[116] inclusive a partir de sua atuação penal.

É sabido que o conceito de bem jurídico penal é tema que, mesmo entre os autores clássicos, não alcançou uniformidade.

A análise, entretanto, justifica-se, porque é possível afirmar que a proibição de proteção deficiente tem uma relação direta com a teoria do bem jurídico: "ambas são conceitos que restringem a atuação do legislador, requerendo-lhe uma ação positiva e protetora" (Schäfer Streck, 2009, p. 106).

E prossegue a autora:

> Em suma, a idéia de proibição deficiente invocará sempre, e inevitavelmente, o conceito de bem jurídico, pois será na necessidade do dever de proteção constitucional que o legislador ficará obrigado a atuar de uma forma positiva (op. loc. cit.).

A fundamentação diversa, com efeito, dos bens jurídicos e, também, o ponto de partida tomado pela doutrina, a fim de que se chegasse à sua

---

[116] Em sua obra Direito Constitucional Penal, a autora portuguesa, a par de estruturar todo um curso a respeito dessa disciplina – tristemente negligenciada em nossas universidades – indica, ainda, um dos pontos de controvérsia doutrinária, ao assentar que: "existe hoje, claramente, uma tensão entre uma perspectiva que claramente retira da Constituição um modo de argumentação sobre a validade das incriminações e a dignidade dos bens jurídicos tutelados e uma perspectiva mais estreita que apela à necessidade de uma relação directa dos bens, direitos e valores fundamentais com o Direito Penal. Esta última perspectiva é corolário de uma concepção mais interventiva do Direito Penal na garantia dos direitos fundamentais, por imposição da Constituição" (PALMA, 2006, p. 116 – grifo meu).

definição, sempre variaram, tornando o conceito bastante divergente e, muitas vezes, pouco esclarecedor.

Liszt, por exemplo, sustentou que "bem jurídico é, pois, o interesse juridicamente protegido" (2003, p. 139), indicando, ainda, que é a vida, não o Direito, que produz o interesse, embora apenas a "proteção jurídica converta o interesse em bem jurídico" (2003, p. 139).

Carrara (2002, p. 69), por sua vez, refere que:

> Objeto do delito não pode ser senão um *direito* a que a *lei* tenha expressamente outorgado a sua tutela, por meio de uma proibição e uma sanção. Assim, a lei protetora e o direito protegido se combinam para formar a *ideia* que vem a constituir o objeto de ente jurídico chamado malefício, infração, crime, delito, não porque ofende o homem ou a coisa, mas porque viola a lei. (grifos do autor).

Há de se ponderar que as concepções materiais e formais do conceito de delito trazem, em si, importância acentuada a respeito das ordens de fundamentação do Direito Penal.

Não se poderia, em tal enfoque, consentir que o legislador, ainda que de modo formalmente adequado, ou seja, por intermédio de processo legislativo consentâneo aos ditames constitucionais, tornasse crime qualquer conduta que se revelasse existente no plano fático, sem que dessa mesma conduta se extraísse algum grau de ofensividade ou lesividade.[117]

Explana Maurach que, em virtude mesmo da gravidade da sua incidência, o Estado "sólo puede utilizar al derecho penal como un medio extremo destinado a proteger los valores comunitarios más elementares e importantes". (1994, p. 212).

Por isso, de forma aguda, indica Copetti (2002, p. 90) que:

> Diante de uma nova ordem social constante na Constituição Federal, para a consecução de um direito penal de fundamentação antropológica, necessário se faz reassentar a teoria do bem jurídico penal dentro de padrões e limites constitucionais, com a máxima atenção aos direitos individuais e sociais positivados.

A admoestação se faz importante, para que não se pense que a estreita vinculação entre o Direito Penal e a Constituição pretenda encetar uma ampliação no campo das condutas puníveis.

---

[117] Não se quer dizer, todavia, que não possa o legislador antecipar a tutela penal a momento anterior àquele da violação do bem jurídico, evitando, assim, sua submissão à lesão ou dano. Nem aqui, contudo, pode-se olvidar que "sem um comportamento externo perturbador não se pode fazer um sujeito responder pelo que lhe é interno, uma vez que o interno abrange todo o âmbito privado, e não somente os pensamentos" (JAKOBS, 2003, p. 131); ou seja, se bem que nalguns casos se justifique a tipificação dos denominados "crimes de perigo", tal processo há de fundar-se em algo exteriorizado pelo agente, em suma numa conduta, que ultrapassa o mero âmbito da cogitação ao qual não se pode voltar o Direito Penal.

Ao contrário disso, estabelece-se que:

> Il diritto penale potrebe munire legittimamente di tutela solo i beni costituzionalmente rilevanti, mentre per tutti gli altri il legislatore dovrebbe invece utilizzare strumenti di tutela extrapenale, amministrativa o civile, ecc. (Palazzo, 2008, p. 70).[118]

Portanto, a justificação da eleição de um bem como merecedor de tutela penal deve advir de parâmetros externos, evitando-se que a atenção a aspectos de ordem meramente formal possa fazê-lo.

Isso, de um lado, revelará campos nos quais não se afigurará legítima a ocorrência de proteção penal, a qual, então, se presente, mostrar-se-á excessiva e, assim, descompassada com a ordem constitucional – registre-se que a análise pormenorizada deste tema escapa aos escopos deste texto; porém, criará órbita da qual não se pode furtar a incidência penal, mormente nos pontos de contato entre essa e os direitos fundamentais.

Para Copetti (2000, p. 102):

> Face à existência de uma série de bens valorados em nível constitucional, cabe ao direito penal assegurar esses bens, seja pela criminalização de determinadas condutas, seja pela consideração da irrelevância de outras, por não atingirem qualquer bem jurídico, ou porque sua criminalização importará na violação de outros bens jurídicos contemplados constitucionalmente.[119]

Eis o ponto a ser ressaltado, com o escopo de se evitar que os bens jurídicos se vejam reduzidos à categoria de ordem meramente formal, permitindo que os Estados os utilizem para tutelar aquilo que bem entenderem, inclusive dentro de concepções de ordem ideológica as mais variadas.[120]

Deve-se definir como acertado o processo de constitucionalização, segundo o qual, na lição de Luisi (2005, p. 4):

---

[118] Em livre tradução: "o direito penal poderia munir de tutela somente os bens constitucionalmente relevantes, enquanto para todos os outros o legislador deveria, ao invés, utilizar instrumentos de tutela extrapenal, administrativa ou civil, etc.".

[119] O alvitre não está de acordo com a lição de Baratta (1994, p. 17), que aduz ser "fácil verificar o vício das argumentações que pretendem que se derive do reconhecimento de valores e interesses na Constituição a obrigação do legislador de prover-lhes uma tutela penal". Sucede que, em nosso sistema, a Constituição expressamente revela essas obrigações de tutela penal, no tangente a certos bens e direitos, indicando, de modo implícito, que assim se deve proceder quanto a outros; parece não ter percebido o autor que o reconhecimento da necessidade da tutela penal não implica um aumento de sua incidência, mas, ao contrário, reduz-lhe o campo de atuação, tornando-o, apenas, indispensável naquilo lhe atribuído pela ordem constitucional.

[120] É eloquente, por exemplo, que o Código Penal cubano inaugure a sua parte especial com a previsão dos delitos contra a segurança do Estado – demonstração topográfica do valor atribuído pela legislação –, dispondo em seu artigo 91 que "el que, en interés de un Estado extranjero, ejecute un hecho con el objeto de que sufra detrimento la independencia del Estado cubano o la integridad de su território, incurre en sanción de privación de libertad de diez a veinte años o muerte"

É nas constituições que o Direito Penal deve encontrar os bens que lhe cabe proteger com suas sanções. E o penalista deve assim orientar-se, uma vez que nas constituições já estão feitas as valorações criadoras dos bens jurídicos, cabendo ao penalista, em função da relevância social desses bens, tê-los obrigatoriamente presentes, inclusive a eles se limitando, no processo de formação da tipologia criminal.

No mesmo texto, realça o autor:

O buscar nas constituições os bens a tutelar e a sujeição da criminalização aos limites impostos pelas constituições têm um sentido bem profundo. Constituem uma garantia de que é possível, e far-se-á um Direito Penal respeitoso da dignidade humana. (Luisi, 2005, p. 6).

Segundo as lições de Palazzo (2008, p. 70-1), diversos outros méritos se podem apontar quando fixado o paradigma constitucional para a eleição de bens jurídicos, pela legislação ordinária. Antes de tudo, porque se:

Lo strumento punitivo penale è quello "estremo" che ha a disposizione l'ordinamento, ad esso il legislatore potrebbe ricorrere per la tutela solo dei beni giuridici di rilevavanza "estrema", come sono per l'appunto quelli che hanno trovato eco positiva nella Costituzione.[121]

Ademais, retira-se do legislador o papel de protagonista, no concernente à decisão sobre a quais interesses vão corresponder à tutela penal e, assim, consequentemente, afasta-se a possibilidade de maiorias parlamentares eventuais erigirem, quiçá por critérios políticos, à condição de delitos certos fatos que se contraponham às pretensões dos mandatários da vez.

Tem-se, pois, dois pontos de vista como corolário: o primeiro, já referido, concernente à impossibilidade de, por intermédio do Direito Penal, pretender-se dar guarida a bens ou valores de pouca significação jurídica; o segundo, a delimitar um campo em que a atuação do Estado, por via do Direito Penal, far-se-á necessária, dado que em tal campo se farão presentes direitos eminentes, os quais, sem a atuação estatal protetiva, ver-se-ão sujeitos a violações inequívocas.[122]

O segundo enfoque, saliente-se, mostrou-se alvo de poucos estudos doutrinários. Em verdade, como resultado de se abordar o tema concernente aos pontos de contato entre a Constituição, e notadamente os direi-

---

[121] Em livre tradução: "o instrumento punitivo penal é aquele extremo que tem à disposição o ordenamento jurídico, ao qual o legislador poderia recorrer para a tutela somente dos bens jurídicos de relevância extrema, como são precisamente aqueles que encontrem eco positivo na Constituição".

[122] Noutro texto, afirma Coppetti que: "sob o aspecto normativo criminalizador o modelo penal aproximou-se muito do paradigma axiológico constitucional, pois regulou a tutela penal de uma série de valores positivados constitucionalmente que anteriormente não possuíam ta proteção". *O direito penal e os influxos legislativos pós constituição de 1988*: um modelo normativo eclético consolidado ou em fase de transição? Disponível em: http://www.ihj.org.br/_novo/professores/Professores_11.pdf . Acesso em: 5 de março de 2010.

tos fundamentais, e os bens jurídicos penais, tem-se alcançado a tese da limitação da incidência penal apenas, a qual, consequentemente, não se faria legitimada ao ultrapassar tal campo.

Poucos são os estudos que, avançando na análise, reconhecem a segunda face decorrente do argumento, que é a da necessidade da tutela penal, em virtude da importância de certos direitos.

Prado, por exemplo, reflete que "o legislador deve sempre ter em conta as diretrizes contidas na Constituição e os valores nela consagrados, para definir os bens jurídicos, em razão do *caráter limitativo* da tutela penal" (2003, p. 92, grifo meu).

Noutra passagem já consignara:

> As teorias constitucionais do bem jurídico – grandemente acolhidas pela doutrina italiana – procuram formular critérios capazes de se impor de modo necessário ao legislador ordinário, limitando-o no momento de criar o ilícito penal (op., loc. cit.).

Ou seja, embora reconheça que se encontram "na norma constitucional, as linhas substanciais prioritárias para a incriminação ou não de conduta" (2003, p. 92), o autor o faz emprestando maior relevo à limitação que daí decorre à atuação penal estatal. Sucede que:

> A Constituição Federal, além de impor limites ao legislador ordinário na escolha dos bens jurídicos penais, impõe ao legislador penal a obrigação de incriminar a ofensa de determinados bens jurídicos ou determina a exclusão de benefícios ou até mesmo a espécie de pena a ser aplicada a certos crimes (Smanio, 2004, p. 06).

A concepção citada, entretanto, não se revelou isenta de críticas. Pelarin (2002, p. 119), por exemplo, abordou as diversas teorias a partir das quais se conferia fundamentação aos bens jurídicos e concebeu que:

> O instrumento regulador da conceituação, aquele que melhor atende às expectativas assinaladas só pode ser a Constituição, pois é ela que contém as decisões mais importantes da ordem jurídica, tanto no aspecto organizatório do Estado quanto no âmbito de valores fundamentais da sociedade, impondo-se com particular legitimidade, já que resume as opções políticas essenciais da sociedade.

Na mesma trilha, acentua Lopes (1999, p. 394):

> É dever registrar que os mais consagrados autores de Direito Penal da atualidade, como visto, vão buscar na Constituição os fundamentos de validade e limites de intervenção do Direito Penal, na medida em que é esta que exprime o tipo de Estado e seus fins e, conseqüentemente, limita também os fins da tutela penal.

Para ambos, todavia, a fundamentação constitucional do Direito Penal traz como corolário relevante apenas os limites de intervenção desse campo jurídico, ou seja, não se reconhecem na Carta, com a pretensão de salvaguarda e proteção desses bens jurídicos, determinações de tutela penal em certos casos.

Tanto é assim que, nas palavras de Pelarin (2002, p. 163):

> É incompatível com o princípio da proteção da dignidade humana a vigência de norma criminalizante explícita, mesmo constitucional, que toma o ser humano como meio para a consecução de fins políticos do próprio Estado, ainda que de conteúdos promocionais.

A objeção, todavia, não se sustenta.

É que nossa Constituição Federal traz, às expressas, dispositivos que fixam e determinam um atuar do Estado no campo penal, tendentes, pois, a ensejar que o legislador ordinário formule tipos que atendam à determinação constitucional. Trata-se, assim, de uma nova compreensão do papel do Estado, que não há de ser visto somente como potencial agressor do direito das pessoas, senão como ente necessário para protegê-los e promovê-los.

Com efeito, de há muito se teve como superado o alvitre liberal de que o Estado, no que tange aos direitos fundamentais, mostrar-se-ia o adversário a ser contido, o inimigo a quem se deve repelir.

No mais das vezes, hodiernamente, tem-se, ao contrário, que a satisfação desses direitos está a depender de uma atuação conjunta, parceira, direcionada ao mesmo escopo, de Estado e particular.

Assim, no que concerne aos direitos de primeira dimensão, por exemplo, para além da abstenção do Estado, que não os deve violar, impõe-se a criação de mecanismos de resguardo e proteção frente a agressões que podem ser emanadas de terceiros, consoante já se explanou.

Nesse sentido, segundo Canotilho (2002, p. 407):

> Muitos direitos impõem um dever ao Estado (poderes públicos) no sentido de este proteger perante terceiros os titulares de direitos fundamentais. Neste sentido o Estado tem o dever de proteger o direito à vida perante eventuais agressões de outros indivíduos (é a idéia traduzida pela doutrina alemã na forma Schutzpflicht). O mesmo acontece com numerosos direitos como o direito de inviolabilidade de domicílio, o direito de proteção de dados informáticos, o direito de associação. Em todos estes casos, da garantia constitucional de um direito resulta o dever do Estado adoptar medidas positivas destinadas a proteger o exercício dos direitos fundamentais perante actividades perturbadoras ou lesivas dos mesmos praticadas por terceiros. Daí falar-se da função de protecção perante terceiros..

Tanto é assim que, mesmo Lopes, noutra obra, embora reafirme que "a Constituição atua, concretamente, como um redutor do Direito Penal" (1997, p. 115), não olvida que, numa outra perspectiva:

> O Direito Penal funda-se na Constituição, no sentido de que as normas que o constituem, ou são elas próprias normas formalmente constitucionais, ou são autorizadas ou delegadas por outras normas constitucionais. A Constituição não contém normas penais completas,

isto é, não prevê condutas nem as censura através de penas, mas contém disposições de Direito Penal que determinam em parte o conteúdo de normas penais. (1997, p. 115).

Avançando nessa análise, então, ter-se-á que o bem jurídico se mostra exatamente como o ponto de contato entre a dogmática e a política criminal, ou seja, nas palavras de Carvalho, o ponto de contato entre "teoria do delito e realidade social" (1992, p. 35).

Desse modo, reconhecendo a dupla face decorrente da imbricação entre o Direito Penal e o sistema constitucional, assinala Carvalho que daí decorrerão dois fenômenos:

> Despenalização com referência a infrações, abrigadas nas leis penais, mas que não ofendem, significativamente, os novos interesses tutelados pela Constituição, perdendo a sua razão de ser, a sua relevância social. Penalização de fatos, até então indiferentes ao legislador, mas que não poderão continuar sendo por ofenderem, significativamente, interesses tutelados constitucionalmente. Aqui, pode-se observar, ainda, a existência de fatos que já eram apenados mas cuja apenação deverá ser melhor graduada, diante de seu significado de maior relevo para a Constituição. (1992, p. 38).

E referenda esse alvitre ao concluir:

> A eleição de bens jurídicos dignos de proteção pela lei penal deve guardar relação com os bens jurídicos existentes na Constituição, haja vista ser dele deduzível o conceito de direito, a idéia de justiça que deverá informar todo o ordenamento jurídico, conformando toda a legislação infraconstitucional. Vigente a Constituição de 1988, necessária se faz a revisão do Direito Penal anterior, com vistas a uma compatibilização deste com a Lei Maior. *Disto deverá resultar um processo de descriminalização e suavização de penas e outro, simultâneo, de criminalização, à luz, sempre, dos interesses mais significativos visados pela Lei Maior* (Carvalho, 1992, p. 162 – grifo meu).

Não se deve confundir, contudo, a conotação de instrumento de tutela de direitos fundamentais concedida ao Direito Penal com eventual promoção de fins governamentais, de resto efêmeros e cambiantes, ou seja, não se há de conceber em favor do Direito Penal a sua atuação "como meio propulsor de colocar e alcançar as finalidades de governo respectivas" (Dias, 1999, p. 72).

Objetivos constitucionais de Estado, evidentemente, não se confundem com razões de governo, sempre permeadas por interesses efêmeros.

Quer dizer, ao Direito Penal "não deve caber uma *função promocional* que o transforme, de direito de proteção de direitos fundamentais, individuais e coletivos, em *instrumento de governo da sociedade*" (Dias, p. 73 – grifos do autor).[123]

---

[123] As dificuldades de um escopo tendente à promoção de direitos que, passando pelo jurídico, olvide a política e as opções de governo, foram notadas por Bercovici (2004, p. 5-24).

O escopo há de ser o de proteção ou de tutela, segundo o alvitre de que:

> A garantia dos direitos fundamentais enquanto direitos de defesa contra intervenção indevida do Estado e contra medidas legais restritivas dos direitos de liberdade não se afigura suficiente para assegurar o pleno exercício da liberdade. Observe-se que não apenas a existência de lei, mas também a sua falta, pode revelar-se afrontosa aos direitos fundamentais. (Mendes, 1999, p. 44).

Portanto, onde essa tutela faltar, ou mostrar-se deficiente ao fim lhe destinado pela Carta, cogitar-se-á de situação de inconstitucionalidade.

2.1.3. A Proibição de insuficiência[124]

De tudo quanto foi exposto, percebe-se que a ordem constitucional, no escopo de ampliar o nível de proteção de certos direitos fundamentais, consagra-os, penalmente, como bens jurídicos, de modo a dedicar-lhes à violação eventualmente imposta, quase sempre, a mais grave das sanções, que é a privação da liberdade. Observá-la é um imperativo para o legislador, mas também para o Juiz, em cuja decisão há de prestar reverência à Constituição, nesta perspectiva.

Assim, a noção de proporcionalidade – que, atualmente, pode-se dizer que se constituiu numa espécie de álibi teórico a permitir a expressão

---

[124] Poder-se-ia, sem qualquer receio, aludir à proibição de insuficiência como um *princípio*. Não, entretanto, na perspectiva de Alexy, que, distinguindo-os das regras, assim refere: "el punto decisivo para la distinción entre reglas y principios es que los principios son normas que ordenan que algo sea realizado en la mayor medida posible, dentro de las posibilidades jurídicas e reales existentes. Por lo tanto, los principios son mandados de optimización, que están caracterizados por el hecho de que pueden ser cumplidos en diferente grado y que la medida de su cumplimiento no sólo depende de las posibilidades reales sino también de las jurídicas. (...) En cambio, las reglas son normas que sólo pueden ser cumplidas o no. Si una regla es valida, entonces de hacerse exactamente lo que ella exige, ni más ni menos. Por lo tanto, las reglas contienen determinaciones en el ambito de lo fáctica e juridicamente posible" (1985, p. 86-7). Também não se pretende estabelecer, enfaticamente, uma crítica – necessária – à compreensão de Canotilho, a tal respeito, quando assenta: "os princípios são normas jurídicas impositivas de uma optimização, compatíveis com vários graus de concretização, consoante os condicionalismos fáticos e jurídicos; as regras são normas que prescrevem imperativamente uma exigência (impõem, permitem ou proíbem) que é ou não é cumprida (nos termos de Dworkin: applicable in all-or-nothing fashion)" (2002, p. 856). A par de não ser essa a correta perspectiva de Dworkin, a ensejar a constatação de uma equivocada *mixagem* de conceitos pelo autor português, vê-se, com Oliveira, que: "Alexy deixa claro que o elemento discricionário no ato de julgar é inevitável. Isso fica evidente em seu conceito de princípios como mandados de otimização. Ou seja, os princípios funcionam como cláusulas de abertura para o julgador, no momento da decisão" (2008, p. 62). De maneira que, situando a proibição de insuficiência como um princípio, isso se faz a partir do sustentado por Dworkin. Explica Oliveira: "em Dworkin, os princípios são a via de acesso para determinação da resposta correta" (op. cit., p. 91). Porque, ao contrário de abrirem campos à interpretação, fecham-no, no que afastados os decisionismos. O situarmos a proibição de insuficiência na categoria de princípios, entretanto, não afasta a admoestação de Streck, que tem toda a razão quando afirma: "não é possível nomear qualquer coisa como princípio; não é possível inventar um princípio a cada momento, como se no direito não existisse uma história institucional a impulsionar a formação e identificação dos princípios" (2009, p. 537).

do decisionismo –, refina-se, adensa-se, sem cair numa espécie de figura retórica por meio da qual toda e qualquer decisão judicial encontra justificativa.[125]

Por isso que, na dicção de Sarlet, não se esgotará a proporcionalidade na categoria de proibição de excesso, já que abrange "um dever de proteção por parte do Estado, inclusive quanto a agressões de direitos fundamentais provenientes de terceiros" (2005, p. 107).

Em tal contexto, ainda, parece inequívoca a assertiva do mesmo autor (2005, p. 133) no sentido de que tanto a proibição de excesso como a proibição de insuficiência vinculam os órgãos estatais, guardando ampla relação com a liberdade de conformação do legislador penal.

Como diz Freitas (1997, p. 56): "o Estado não deve agir com demasia, tampouco de modo insuficiente na consecução de seus objetivos. Exageros para mais ou para menos configuram irretorquíveis violações ao princípio".

É certo que um redimensionamento da hierarquia dos bens jurídicos se impõe no nível do direito positivo, porquanto não mais parece admissível, por exemplo, que a pena cominada a um homicídio culposo seja inferior à do furto, entre outros casos deveras patológicos que aparecem em nosso Código Penal.[126]

A tutela empreendida pelo legislador penal faz parecer que o patrimônio – e a propriedade – é o centro em torno do qual gravitam todos os interesses e revela que se relegou ao olvido, ou se minimizou, a proteção dos assim denominados "bens de natureza difusa" ou "transindividual", aos quais, atualmente, se vem ampliando o nível de proteção.

Outrossim, não se pode deixar de concordar que certas infrações devem ser descriminalizadas, mormente aquelas que não afetam bens

---

[125] Com efeito, autores Michael (2010, p. 190) adensam, fugindo do generalismo, a ideia de proporcionalidade, indicando que, nela, embutem-se três estruturas de argumentação: "a proibição de excesso como barreira perante intervenções em liberdades, a proibição de insuficiência como elemento condutor de deveres de proteção jurídico-fundamentais e a barreira do princípio da igualdade".

[126] Tema que não será sequer tangenciado, mas que, não obstante, se há de assinalar, é o concernente aos fundamentos de hierarquização dos bens jurídicos no Código Penal. Como se sabe,"o direito é ideológico na medida em que oculta o sentido das relações estruturais estabelecidas entre os sujeitos, com a finalidade de reproduzir os mecanismos de hegemonia social" (BARROSO, 2004, p. 279; WARAT, 1984, p. 17). Assim, num certo sentido, a ampliação ou redução dos níveis de tutela penal a certos bens jurídicos não deixa de refletir os interesses, ainda que limitados num dado tempo histórico, das classes dominantes. No mesmo sentido o alvitre de Baratta, segundo o qual o Direito Penal tende a privilegiar os interesses das classes dominantes e a imunizar do processo de criminalização comportamentos socialmente danosos típicos dos indivíduos a elas pertencentes e ligados funcionalmente à existência da acumulação capitalista (2002, p. 165). Talvez por isso que certas infrações tributárias e os crimes de sonegação fiscal gozem de causas extintivas de punibilidade que, por exemplo, não se preveem para o delito de furto, ainda que este repercuta no patrimônio individual e aquelas em detrimento da coletividade...

jurídicos que se afigurem como expressão inequívoca de direitos fundamentais.

Dentre essas, podem ser enumeradas, aleatoriamente, o porte de substância entorpecente para uso próprio, as contravenções penais – em sua totalidade – e os crimes contra a honra – esses porque a seara cível dá conta, sem dúvida, de, por meio de reparação pecuniária, resguardar os interesses do ofendido e, de certo modo, sancionar o ofensor.

No concernente, entretanto, a bens jurídicos que se revelem como consectários dos direitos fundamentais, como a vida, liberdade, propriedade e, ainda, aqueles de ordem transindividual, a exemplo do meio ambiente e da ordem econômica, não se pode afastar a necessidade da tutela penal. Sua ausência ou rebaixamento a níveis irrisórios traria inequívoca pecha de inconstitucionalidade. Com efeito:

> Não há liberdade (absoluta) de conformação legislativa nem mesmo em matéria penal, ainda que a lei venha a descriminalizar condutas consideradas ofensivas a bens fundamentais. Nesse sentido, se de um lado há a proibição de excesso (*übermassverbot*), de outro há a proibição de proteção deficiente (*untermassverbot*). Ou seja, *o direito penal não pode ser tratado como se existisse apenas uma espécie de garantismo negativo, a partir da garantia da proibição de excesso*. A partir do papel assumido pelo Estado e pelo Direito no Estado Democrático de Direito, o direito penal deve ser (sempre) examinado também a partir de um *garantismo positivo*, isto é, devemos nos indagar acerca do dever de proteção de determinados bens fundamentais, através do direito penal. Isto significa dizer que, quando o legislador não realiza essa proteção via direito penal, é cabível a utilização da cláusula de "proibição de proteção deficiente". (Streck, 2004, p. 4).

Com esse enfoque, a teoria do bem jurídico, da qual se extraem os tipos penais, passa a depender da materialidade da Constituição, razão por que, para Streck:

> As baterias do Direito Penal no Estado Democrático de Direito devem ser direcionadas preferencialmente para o combate dos crimes que impedem a concretização dos direitos fundamentais-sociais e que colocam em xeque os objetivos da República. (2004, p. 5).

Esse o ponto: a legislação penal e, sobretudo, as decisões penais, devem observar os ditames constitucionais, também nesta perspectiva, que se pode chamar de garantismo positivo, o qual aponta para a preocupação do sistema jurídico com o fato de o Estado não proteger suficientemente dado direito fundamental.[127]

---

[127] A possibilidade de, nos crimes de sonegação fiscal, mediante o adimplemento do débito, a qualquer tempo, extinguir-se a punibilidade, é exemplo eloquente de proteção deficiente; o mesmo sucede no que toca à suposta eliminação de laudo criminológico e pareceres técnicos, quando da busca de benefícios na execução penal, como a progressão de regime e o livramento condicional. Pela inconstitucionalidade, no ponto, da Lei 10.792/03, manifestou-se Streck, no Parecer em Agravo em Execução 70008229775. No mesmo sentido: cf. FACCINI NETO, Orlando. Corolários da Lei 10.792/03 no panorama da execução penal. Revista da Ajuris, n. 97, p. 255-265, 2005. Com relação à inconstitucio-

O valor que se atribui aos direitos fundamentais e o nível de importância que ostentam, para a realização mesma de uma existência apta a revelar-se plena, justificam a proteção penal e, mais que isso, em nosso discurso constitucional, impõem a proteção penal.

Portanto, como explicita Streck (2004, p. 08), há uma via de mão dupla na proteção dos direitos fundamentais:

> De um lado o Estado deve protegê-los contra os excessos praticados pelo "Leviatã" (como alguns penalistas liberais-iluministas preferem ainda chamar o Estado nesta quadra da história); mas, de outro, o Estado deve também protegê-los contra as omissões (proteção deficiente), *o que significa dizer que há casos em que o Estado não pode abrir mão da proteção através do direito penal para a proteção do direito fundamental.* (grifos do autor).

Nesse sentido, vê-se que os bens jurídicos não são criados pela legislação penal. Decorrem, com efeito, sobretudo da Constituição, representando a sua tutela no nível penal mecanismo de reforço destinado ao cumprimento de seus escopos, mormente à vista das lesões de maior gravidade que se lhes pode impor.

Desse modo, para Zaffaroni (2002, p. 486):

> La legislación penal no crea bienes jurídicos, sino que éstos son creados por la Constitución, el derecho internacional y el resto de la legislación (...) La ley penal solo eventualmente individualiza alguna acción que le afecta de cierto modo particular (...) El derecho penal recibe el bien jurídico ya tutelado y la norma que se deduce del tipo no hace más que anunciar un castigo para ciertas formas particulares y aisladas de lesión al mismo, incluso cuando lo hace por expreso mandato constitucional o internacional. Estos mandatos ordenan la criminalización primaria de algunas acciones que los afectan, pero aunque no lo hiciesen, no por ello dejarían de ser bienes jurídicos.

O critério de eleição dos bens jurídicos a serem tutelados pela via penal, destarte, não pode se revelar arbitrário, na medida em que o legislador estará vinculado, sob pena de produzir leis inválidas, a direcionar o Direito Penal ao combate de crimes que impedem a realização dos objetivos constitucionais do Estado e aqueles que protegem direitos fundamentais.

A deliberação legislativa, a este respeito, está vinculada aos ditames constitucionais e, portanto, é suscetível de controle judicial, quando os desatenda.

---

nalidade da causa de redução de pena estabelecida pelo § 4º, do artigo 33 da Lei 11.343/06, alusiva ao tráfico de drogas, também Streck, em parecer elaborado nos autos da apelação 70.031.542.939, em 19.08.2009. Enfim, há outros exemplos que se poderia citar, mas surpreende como as decisões judiciais, em geral, olvidam a análise constitucional das leis penais que se afiguram incidentes num caso concreto. Essa ausência de filtragem constitucional das leis penais, decorrente de uma compreensão positivista, de que o direito é um modelo de regras, sem atenção ao dirigismo constitucional inequívoco, é entrave inegável à produção de respostas corretas em Direito Penal. Insista-se nisto: o julgamento de um caso não prescinde, não olvida, a jurisdição constitucional, no sentido de que a análise judicial deve comprometer-se com o que a Constituição estabelece.

Na lição de Streck (2005, p. 184), deve, também, voltar-se o Direito Penal à proteção dos bens jurídicos inerentes ao exercício da autoridade do Estado (tipo desobediência e desacato) e à dignidade da pessoa humana, sem olvidar aqueles de índole transindividual, revelados em delitos praticados contra o meio ambiente, as relações de consumo, crimes tributários etc.

O sistema penal, assim, está condicionado por preceitos constitucionais que o colocam, como instância mais radical de controle, no limite possível entre evitar sua banalização, ou seja, a sua utilização como mecanismo de tutela de bens de pouca valia ou em vista de agressões de pouca expressão, e evitar sua omissão – porque há situações em que o acionamento do Direito Penal se mostrará imprescindível, sob pena de resultar carente de tutela dado direito fundamental.

Nessa análise, é imperioso distinguir que a vigência corresponde a aspectos apenas formais das normas; a validade, de sua vez, diz com os seus significados e conteúdos materiais.

De modo que, quando a norma não atender às condições substanciais, não será válida, ainda que esteja vigente, isto é, pertença ao ordenamento jurídico examinado (Ferrajoli, 2002, p. 290).

Observa Maia (2004, p. 3) que "a validade traz em si também elementos de conteúdo, materiais, como fundamento da norma. Esses elementos seriam os direitos fundamentais".

Na mesma direção vai a assertiva de Carvalho, segundo o qual:

> Os conceitos de vigência e validade são assimétricos e independentes. Vigência trata, essencialmente, da forma dos atos normativos, sendo que a validade diz respeito ao significado e à compatibilidade das normas com os valores materiais (direitos fundamentais) expostos nas Constituições democráticas. (2001, p. 20).

Daí se infere o enriquecimento da atividade judicial, porquanto, além de apurar se dado fato posto a julgamento se enquadra em determinada norma, deverá, ademais, verificar se essa norma é dotada de validade, no sentido acima mencionado.

Somente a partir de tal perspectiva é que se pode empreender, no campo penal, à busca da *resposta correta*.

Por isso que, ao fim e ao cabo, toda decisão judicial implica, em última análise, num ato de jurisdição constitucional.

Em suma, além de ser vedado ao legislador proceder na ampliação dos espaços de proibição a níveis que se revelem írritos, na perspectiva de assegurar direitos fundamentais, é-lhe, também, proibido dedicar proteção insuficiente, ou nenhuma, a esses mesmos direitos.

Como diz Streck (2004, p. 10):

Não se ignora que a proteção de bens jurídicos não se realiza somente através do direito penal. O direito penal não deve intervir quando há outros meios para proteger os bens em questão. Contudo, não deve ser esquecido e nem subestimado o valor simbólico que representa o direito penal, enquanto interdito, enquanto limite que separa a civilização da barbárie.

Palazzo (1989, p. 103) denominou de *cláusulas expressas de criminalização* a essas manifestações contidas nas Constituições, por intermédio das quais se impõe ao legislador ordinário a tipificação de condutas.

Em seu entendimento, de tal enfoque passa-se a:

> Oferecer a imagem de um Estado empenhado e ativo (inclusive penalmente) na persecução de maior número de metas propiciadoras de transformação social e da tutela de interesses de dimensões ultraindividual e coletivas, exaltando, continuadamente, o papel instrumental do direito penal com respeito à política criminal, ainda quando sob os auspícios, por assim dizer, da Constituição.[128]

Noutra obra, acentua Palazzo (2008, p. 72) que, nalguns casos:[129]

> La Costituzione si spinge ad indicare espressamente l'obbligo per il legislatore di tutelare penalmente determinati beni giuridici: cosi, ad esempio, nella nostra Costituzione l'art. 13.4 stabilisce che "È punita ogni violenza fisica e morale sulle persone comunque sottoposte a restrizioni di liberta (...).[130]

---

[128] Segundo Streck, há um grupo de juristas que assume uma espécie de Direito Penal comunitarista, propugnando por uma atuação mais forte do direito penal no terreno da repressão de condutas que lesam bens jurídicos de feição transindividual. Diz o autor: "para estes – e aqui me incluo – o direito penal seria (também) um importante instrumento de transformação da sociedade, espécie de 'braço armado da Constituição'". C.f. A Dupla face do princípio da proporcionalidade e o cabimento de mandado de segurança em matéria criminal. Disponível em: http://www.ihj.org.br/novo/professores/Professores_ 16.pdf. Acesso em: 11 de dezembro de 2009.

[129] Parece importante a constatação de que, no plano do Direito Internacional, há diversos documentos pelos quais são criadas obrigações, em nível penal, para os Estados. O tema é bastante sugestivo, aliás, todavia escapa aos limites deste trabalho. Fica, porém, a referência de Palazzo (2008, p. 73) a respeito, pois afirma o autor que deve "essere rilevato come oggi obblighi di penalizzazione tendano a manifestarsi sempre più numeropsi nel diritto internazionale. Basti ricordare, tra i tanti documenti internazionali, la Convenzione di New York del 9 dicembre 1948 sulla prevenzione e repressione del delitto di genocídio; la Convenzione di New York del 7 marzo 1966 sulla repressione della discriminazione razziale; la Convenzione delle Nazioni Unite di Vienna del 20 dicembre 1988 sulla lotta al traffico degli stupefacenti, ecc. *La violazione degli obblighi di incriminazione da parte di uno Stato che abbia aderito allá convenzione che impone la previsione di determinate fattispecie criminose, dà luogo ad una sua responsabilità internazionale* (grifo meu). Ou seja: "ser relevado como hoje obrigações de criminalização tendem a manifestarem-se sempre mais numerosas no direito internacional. Basta recordar, entre tantos documentos internacionais, a Convenção de Nova Iorque de 09 de dezembro de 1948 sobre a prevenção e repressão do delito de genocídio; a Convenção de Nova Iorque de 07 de março de 1966 sobre a repressão da discriminação racial; a Convenção das Nações Unidas de Viena, de 20 de dezembro de 1988, sobre a luta contra o tráfico de drogas, etc. *A violação das obrigações de incriminação por parte de um Estado que tenha aderido às convenções que impõem as previsões de determinados tipos penais, dá lugar à sua responsabilização internacional*".

[130] Em livre tradução: "a Constituição se adianta ao indicar expressamente a obrigação para o legislador de tutelar penalmente determinados bens jurídicos: assim, por exemplo, em nossa Constituição o artigo 13.4 estabelece que 'è punida qualquer violência física ou moral sobre pessoas de qualquer modo submetidas à restrição de liberdade (...)".

O alvitre refletirá na atividade judicial e propiciará discussão que traz importantes contornos ao mecanismo de controle de constitucionalidade.

Como assinala Palazzo (1989, p. 106):

> Não parece, todavia, ser vedada à Corte constitucional a possibilidade de concluir, de modo mais ou menos genérico, quanto a bens ou valores constitucionalmente necessitantes de tutela ou de uma maior tutela penal, num trabalho de contínua explicitação do conteúdo normativo da Constituição.

Tem-se, pois, que o garantismo não desponta apenas como limite do sistema punitivo (proteção contra o Estado), mas, igualmente, como garantismo positivo, a requerer do Estado, em certos casos, a irrenunciabilidade da proteção penal.

Conforme assenta Díez-Picazo (2003, p. 403):

> A veces la protección de ciertos derechos fundamentales – y, más en general, de determinados valores constitucionalmente relevantes – sólo puede ser efectiva si se hace por vía penal.[131]

---

[131] Nos autos do RE 418376, em voto vista, o Ministro Gilmar Mendes aludiu às balizas da proibição de insuficiência – cuidava-se de caso em que se buscava extinguir a punibilidade de agente condenado por atentado violento ao pudor, praticado contra uma menina de oito anos, de quem abusou por quatro anos e que, aos doze, engravidou, iniciando, com o seu agressor, uma união *"estável"*; o relator, Ministro Marco Aurélio, votou pela extinção de punibilidade do agente. Cito trecho do voto divergente do Ministro Gilmar: "Quanto à proibição de proteção deficiente, a doutrina vem apontando para uma espécie de garantismo positivo, ao contrário do garantismo negativo (que se consubstancia na proteção contra os excessos do Estado) já consagrado pelo princípio da proporcionalidade. A proibição de proteção deficiente adquire importância na aplicação dos direitos fundamentais de proteção, ou seja, na perspectiva do dever de proteção, que se consubstancia naqueles casos em que o Estado não pode abrir mão da proteção do direito penal para garantir a proteção de um direito fundamental. Nesse sentido, ensina o Professor Lenio Streck: "Trata-se de entender, assim, que a proporcionalidade possui uma dupla face: de proteção positiva e de proteção de omissões estatais. Ou seja, a inconstitucionalidade pode ser decorrente de excesso do Estado, caso em que determinado ato é desarrazoado, resultando desproporcional o resultado do sopesamento (Abwägung) entre fins e meios; de outro, a inconstitucionalidade pode advir de proteção insuficiente de um direito fundamental-social, como ocorre quando o Estado abre mão do uso de determinadas sanções penais ou administrativas para proteger determinados bens jurídicos. Este duplo viés do princípio da proporcionalidade decorre da necessária vinculação de todos os atos estatais à materialidade da Constituição, e que tem como conseqüência a sensível diminuição da discricionariedade (liberdade de conformação) do legislador." (STRECK, Lenio Luiz. A dupla face do princípio da proporcionalidade: da proibição de excesso (Übermassverbot) à proibição de proteção deficiente (Untermassverbot) ou de como não há blindagem contra normas penais inconstitucionais. *Revista da Ajuris*, Ano XXXII, nº 97, março/2005, p.180)". O mesmo Ministro Gilmar Mendes, no caso referente ao julgamento de lei que permitia a pesquisa científica a partir de células-tronco, teceu importantes considerações sobre o assunto, que, embora extensas, merecem transcrição: "Como é sabido, os direitos fundamentais se caracterizam não apenas por seu aspecto subjetivo, mas também por uma feição objetiva que os tornam verdadeiros mandatos normativos direcionados ao Estado. A dimensão objetiva dos direitos fundamentais legitima a idéia de que o Estado se obriga não apenas a observar os direitos de qualquer indivíduo em face das investidas do Poder Público (direito fundamental enquanto direito de proteção ou de defesa – Abwehrrecht), *mas também a garantir os direitos fundamentais contra agressão propiciada por terceiros* (Schutzpflicht des Staats). A forma como esse dever será satisfeito constitui, muitas vezes, tarefa dos órgãos estatais, que dispõem de alguma liberdade de conformação. Não ra-

2.1.4. Decorrências do olvido à proibição de proteção deficiente: o acionamento dos mecanismos de controle de constitucionalidade

Afirmado o alvitre de que a Constituição Federal traça as linhas básicas a serem adotadas pela legislação ordinária penal, seja por intermédio de comandos explícitos de criminalização, seja em decorrência da consagração de certos direitos fundamentais, aos quais se deverão agregar o rótulo de bens jurídicos penais, tendente ao robustecimento de sua proteção, tem-se, num e noutro caso, a possibilidade de desatendimento das ordens ou comandos constitucionais pelo legislador e o consectário que dessa situação advirá.

Com razão, apregoa Moraes (2005, p. 625) que a ideia central de controle de constitucionalidade "está ligada à supremacia da Constituição sobre todo o ordenamento jurídico e, também, à de rigidez constitucional e proteção dos direitos fundamentais".

---

ras vezes, a ordem constitucional identifica o dever de proteção e define a forma de sua realização.A jurisprudência da Corte Constitucional alemã acabou por consolidar entendimento no sentido de que *do significado objetivo dos direitos fundamentais resulta o dever do Estado não apenas de se abster de intervir no âmbito de proteção desses direitos, mas também de proteger tais direitos contra a agressão ensejada por atos de terceiros*.Essa interpretação da Corte Constitucional empresta sem dúvida uma nova dimensão aos direitos fundamentais, fazendo com que o Estado evolua da posição de "adversário" para uma função de guardião desses direitos.É fácil ver que a ideia de um dever genérico de proteção fundado nos direitos fundamentais relativiza sobremaneira a separação entre a ordem constitucional e a ordem legal, permitindo que se reconheça uma irradiação dos efeitos desses direitos sobre toda a ordem jurídica.Assim, ainda que não se reconheça, em todos os casos, uma pretensão subjetiva contra o Estado, tem-se, inequivocamente, a identificação de um dever deste de tomar todas as providências necessárias para a realização ou concretização dos direitos. Os direitos fundamentais não podem ser considerados apenas como proibições de intervenção (Eingriffsverbote), expressando também um postulado de proteção (Schutzgebote). Utilizando-se da expressão de Canaris, pode-se dizer que *os direitos fundamentais expressam não apenas uma proibição do excesso (Übermassverbot), mas também podem ser traduzidos como proibições de proteção insuficiente ou imperativos de tutela (Untermassverbot)*. Nos termos da doutrina e com base na jurisprudência da Corte Constitucional alemã, pode-se estabelecer a seguinte classificação do dever de proteção: a) dever de proibição Verbotspflicht),consistente no dever de se proibir uma determinada conduta; b) dever de segurança Sicherheitspflicht), que impõe ao Estado o dever de proteger o indivíduo contra ataques de terceiros mediante a adoção de medidas diversas; c) dever de evitar riscos (Risikopflicht), que autoriza o Estado a atuar com o objetivo de evitar riscos para o cidadão em geral mediante a adoção de medidas de proteção ou de prevenção especialmente em relação ao desenvolvimento técnico ou tecnológico.Discutiu-se intensamente se haveria um direito subjetivo à observância do dever de proteção ou, em outros termos, se haveria um direito fundamental à proteção. A Corte Constitucional acabou por reconhecer esse direito, enfatizando que a não-observância de um dever de proteção corresponde a uma lesão do direito fundamental previsto no art. 2, II, da Lei Fundamental.Assim, na dogmática alemã é conhecida a diferenciação entre o princípio da proporcionalidade como proibição de excesso (Ubermassverbot) e como proibição de proteção deficiente (Untermassverbot). No primeiro caso, o princípio da proporcionalidade funciona como parâmetro de aferição da constitucionalidade das intervenções nos direitos fundamentais como proibições de intervenção. No segundo, a consideração dos direitos fundamentais como imperativos de tutela (Canaris) imprime ao princípio da proporcionalidade uma estrutura diferenciada. O ato não será adequado quando não proteja o direito fundamental de maneira ótima; não será necessário na hipótese de existirem medidas alternativas que favoreçam ainda mais a realização do direito fundamental; e violará o subprincípio da proporcionalidade em sentido estrito se o grau de satisfação do fim legislativo é inferior ao grau em que não se realiza o direito fundamental de proteção" (os grifos não estão no original).

Sem escalonamento normativo, pois, não se concebe sistema de controle de constitucionalidade, o qual, ademais, pressupõe uma forma de alteração constitucional diversa daquela estabelecida para a legislação ordinária, isto é, certa rigidez constitucional.

Com efeito, caso não houvesse diverso mecanismo tendente à alteração das leis e da Constituição, sendo mais dificultoso este último, não haveria como se falar em supremacia constitucional. Nas palavras de Miranda (1996, p. 37), o critério dessa distinção reside na posição ocupada pela Constituição perante as chamadas "leis ordinárias".

De maneira que:

> Se ela se coloca acima destas, num plano hierárquico superior, e encerra características próprias, considera-se rígida; ao invés, se se encontra ao nível das restantes leis, sem um poder ou uma forma que a suportem em especial, é flexível. Apenas as Constituições rígidas, e não também as flexíveis, são limitativas, porque ultrapassam as leis e prevalecem sobre suas estatuições (op., loc. cit.).

A inconstitucionalidade, em tal ordem, sucederá nos casos em que preceitos constitucionais de ordem formal não forem atendidos na elaboração dos atos normativos inferiores, bem como quando o conteúdo dos ditames constitucionais resultarem olvidados pelo legislador ordinário, ou seja, a inconstitucionalidade poderá se dar tanto do ponto de vista formal como do material. Nesse sentido, na lição de Nunes (2005, p. 25):

> O parâmetro formal diz respeito às regras constitucionais referentes ao processo legislativo, vale dizer, aos meios constitucionalmente aptos a introduzir normas no sistema jurídico. A inobservância dessas regras procedimentais gera a inconstitucionalidade formal ou nomodinâmica desse ato normativo. O parâmetro material refere-se ao conteúdo das normas constitucionais.

Em ambos os casos, isto é, do ponto de vista formal ou material, os mecanismos de controle de constitucionalidade das leis e atos normativos em nosso país são múltiplos e variados.[132]

---

[132] Como é cediço, a Suprema Corte Americana, desde 1803, em Marbury *vs.* Madison, assentou a possibilidade de os atos legislativos serem sindicados a partir da atividade judicial. Embora as variadas discussões acerca da importantíssima decisão, cabe transcrever o histórico de Renquist (2001, p. 32-3), relevante por se tratar de juiz que ocupou o cargo de Chief Justice no interregno de 1986 a 2005, *in verbis*: "The Court decided without much hesitation that the Constitution, wich had been ratified by assemblies representing all of the people which was simply one branch of the federal government exercising powers delegated to it by the people throught the Constitution. (...) The proposition for which the cases stands in United States constitutional law – that a federal court has the authority under the Constitution to declare an act of Congress unconstitutional – was not seriously challenged by contemporary observers, and has remained the linchpin of our constitutional law ever since Marbury vs. Madison was handed down". Em tradução livre: "A Corte decidiu sem muita hesitação que a Constituição, que havia sido ratificada por assembleias representando todas as pessoas dos Estados Unidos, deveria ter de prevalecer acima de um ato do Congresso, que era simplesmente um dos ramos do governo federal exercitando poderes delegados a ele pela população através da Constituição. (...) A proposição para os casos sustentados nos Estados Unidos sob a lei constitucional – que uma

Pelo denominado controle preventivo de constitucionalidade, busca-se evitar que determinada lei ou ato normativo ingresse no sistema jurídico, verificada a peia de inconstitucionalidade. Esse controle é operado pelo Poder Legislativo, a quem incumbe analisar a viabilidade dos projetos de lei por meio das comissões de Constituição e Justiça, bem como pelo Poder Executivo, porquanto o presidente da República poderá vetar o projeto de lei por entendê-lo inconstitucional.

Sem dúvida, grande vantagem haveria em impedir-se de modo absoluto a entrada em vigor de ato inconstitucional. Todavia, como adverte Ferreira, na órbita dessa espécie de controle de constitucionalidade, toda tentativa de organizar um controle preventivo tem por efeito "politizar o órgão incumbido de tal controle, que passa a examinar a matéria segundo o que entende ser conveniência pública e não segundo sua concordância com a Lei Fundamental" (2001, p. 35).

No controle repressivo de inconstitucionalidade, ao contrário, o ato normativo já ingressou no sistema jurídico, cabendo o seu afastamento se em descompasso com a Constituição Federal.

O controle repressivo é exercido pelo Poder Judiciário – livrando-o, ao menos em linha de princípio, do vezo político – e se processa em duas vias, como explana Serrano (2005, p. 28):

> Uma difusa, também chamada de indireta, de exceção ou de defesa, que consiste basicamente na argüição de inconstitucionalidade dentro de um processo judicial comum. Outra concentrada, também denominada de direta ou de ação ou ainda de controle abstrato, cujas características bem se resumem na existência de uma ação cujo propósito único e exclusivo seja a declaração de inconstitucionalidade de uma norma.

O controle difuso de constitucionalidade, destarte, há de ser exercido pela totalidade dos integrantes do Poder Judiciário, observado apenas o artigo 97 da Constituição Federal, quando suceder nos Tribunais; no concernente ao controle concentrado, sua atuação dá-se no Supremo Tribunal Federal.

Por intermédio de ações próprias, as quais atuam independentemente da existência de um caso concreto em que se cogite da aplicação da lei, por isso que se afirma ter-se aqui controle abstrato da constitucionalidade das normas. Sintetiza Silva (1997, p. 53):

> Os sistemas constitucionais conhecem dois critérios de controle de constitucionalidade: o controle difuso (ou jurisdição constitucional difusa) e o controle concentrado (ou jurisdição constitucional concentrada). Verifica-se o primeiro quando se reconhece o seu exercício a

---

corte federal tinha autoridade abaixo da Constituição para declarar um ato do Congresso inconstitucional – não foi um sério desafio para os observadores contemporâneos, e permaneceu como peça vital de nossa lei constitucional desde que Marbury v. Madison foi estabelecido".

todos os componentes do Poder Judiciário, e o segundo, se só for deferido ao tribunal de cúpula do Poder Judiciário ou a uma corte especial.

Em nossa ordem constitucional, portanto, os dois sistemas de controle encontradiços no Direito Comparado se fazem presentes: controle difuso e controle concentrado.[133.]

Especificamente no que toca ao controle concentrado de constitucionalidade, do qual se incumbe o Supremo Tribunal Federal, tem-se como relevante a assertiva de Kelsen (1985, p. 290):

> Se o controle de constitucionalidade das leis é reservado a um único Tribunal, este pode deter competência para anular a validade da lei reconhecida como inconstitucional não só em relação a um caso concreto mas em relação a todos os casos a que a lei se refira – quer dizer, para anular a lei como tal.

A análise aqui há de ser feita em abstrato, prescindindo da existência de um caso concreto. Em nosso sistema constitucional, o exercício do controle concentrado de constitucionalidade faz-se por intermédio da ação direta de inconstitucionalidade, ação direta de inconstitucionalidade por omissão, ação declaratória de constitucionalidade e arguição de descumprimento de preceito fundamental.

A ação direta de inconstitucionalidade por omissão destina-se a "conceder plena eficácia às normas constitucionais, que dependessem de complementação infraconstitucional" (Moraes, 2005, p. 686). É que nem toda norma constitucional é dotada de eficácia que dispense a interposição do legislador ordinário; ou, noutras palavras, nalguns casos, a produção dos efeitos normativos está dependente da atuação legislativa inferior.

É clássica, com efeito, a distinção estabelecida por Silva a esse respeito, fixando que as normas constitucionais de eficácia plena são "aquelas que, desde a entrada em vigor da Constituição, produzem, ou têm possibilidade de produzir, todos os efeitos essenciais" (1982, p. 89), ao passo que as normas de eficácia contida correspondem àquelas em que o cons-

---

[133] Embora Mendes reflita sobre a redução da importância do controle difuso pós 1988, em vista da ampliação da legitimação ativa para as ações de inconstitucionalidade junto ao Supremo Tribunal Federal (1999, p. 254-258), segundo Streck,"a importância do mecanismo do controle difuso mostra-se absolutamente relevante, uma vez que permite aos juízes de primeiro grau e tribunais em suas composições plenárias, mediante incidente de inconstitucionalidade devidamente suscitado, realizem a filtragem constitucional, que vai desde a simples expunção de um texto inconstitucional até a correção de textos através da interpretação conforme a constituição e da inconstitucionalidade parcial sem redução de texto" (2004, p. 256). Uma baixa pré-compreensão constitucional, todavia, tem contribuído, lamentavelmente, para o não acionamento dos riquíssimos mecanismos de atuação constitucional do Poder Judiciário, em sede de controle difuso, entre os quais se poderia apontar a declaração de nulidade parcial sem redução de texto e a interpretação conforme a Constituição. Por isso que, no ponto, a razão está com Streck, que, aliás, de há muito defende que tais mecanismos não se reduzem ao controle concentrado de constitucionalidade.

tituinte regulou suficientemente os dados relativos a certa matéria, mas deixou margem à atuação restritiva por parte do legislador ordinário; já as normas de eficácia limitada são as que apresentam aplicabilidade indireta, mediata e reduzida "porque somente incidem totalmente sobre esses interesses, após uma normatividade ulterior que lhes desenvolva a aplicabilidade" (Silva, 1982, p. 91).[134]

Vê-se, assim, que, mormente no que concerne às normas constitucionais de eficácia limitada, a interposição do legislador ordinário se faz necessária à plena realização dos objetivos constitucionais, porquanto, sem essa atuação, a norma constitucional não alcançaria a máxima eficácia que lhe é destinada. Noutros termos, no concernente a essas normas, tem-se que a efetividade constitucional está a depender de atuação do legislador ordinário. Esse o campo, portanto, ao qual se adstringirá a ação de inconstitucionalidade por omissão. Na lição de Moraes (2005, p.686):

> As hipóteses de ajuizamento da presente ação não decorrem de qualquer espécie de omissão do Poder Público, mas em relação às normas constitucionais de eficácia limitada de princípio institutivo e de caráter impositivo, em que a Constituição investe o legislador na obrigação de expedir comandos normativos.

Em termos sintéticos, a ação de inconstitucionalidade por omissão "visa à efetividade da norma constitucional" (Streck, 2004, p. 783), ou seja, como afirma o mesmo autor, "a inconstitucionalidade por omissão é, pois, um remédio, ainda que sem poder coativo, para o enfrentamento das inércias legislativas" (2004, p. 788).

Não apenas, pois, a edição de atos em descompasso ao apregoado pela Constituição se converte em situação de inconstitucionalidade. O não agir, a inércia, máxime do legislador, quando deixa de editar a lei de que depende a efetividade de um comando constitucional, também enceta a inconstitucionalidade, a ser afastada judicialmente. Desse ponto de vista, constata-se, de plano, o cabimento da ação de inconstitucionalidade por omissão na hipótese de inércia legislativa quanto ao atendimento a um comando constitucional de incriminação.

É que, nesses casos, dado que não incumbe à Carta tipificar condutas, senão que impõe faça-o o legislador ordinário, a inércia dele haverá de ser colimada por intermédio de tal remédio. Significa, pois, que o desatendimento, pelo legislador, da determinação constitucional tendente à incriminação de certas condutas enseja o controle concentrado de constitucionalidade.

---

[134] Não se desconhecem as críticas à clássica classificação trazida à balha, a qual, entretanto, não deixa de reconhecer um certo nível de eficácia a todas as normas constitucionais, fixando, porém, que da atuação parlamentar, nalguns casos, dependerá o cabal atendimento do mandamento da Constituição.

Com efeito, segundo Feldens (2005, p. 75), no que respeita ao destinatário, na "hipótese do mandado constitucional a norma impositiva veicula uma obrigação de legislar em proteção de um bem jurídico penal"; dirige-se, pois, ao próprio legislador e a ele, portanto:

> (...) competirá, obediente às diretrizes do mandato constitucional em atenção ao qual está legislando, e por meio do instrumento normativo adequado (reserva de lei), estabelecer os termos dessa proteção, atividade para a qual resulta autorizado em face de sua legitimidade democrática mesma. (Feldens, 2005, p. 75).

É o que sucederia, por exemplo, caso o legislador ordinário olvidasse que a Constituição Federal prescreve, em seu artigo 227, § 4°, que a "lei punirá severamente o abuso, a violência e a exploração sexual da criança e do adolescente", ou seja, a omissão legislativa no sentido de conceder plena efetividade a uma tal norma, de inequívoca limitação, dado que requer interposição legislativa à sua efetivação, poderia ser colmatada por intermédio da ação de inconstitucionalidade por omissão, em razão da qual se afirmaria a mora legislativa, com as consequências daí decorrentes.[135]

Em suma, mostra-se idôneo o manejo da ação de inconstitucionalidade por omissão naqueles casos em que, diante de uma norma constitucional que imponha a tipificação de conduta – norma de eficácia limitada –, ao invés de cumprir o mandamento, mantenha-se o legislador em estado de inércia, olvidando-o. Neste sentido:

> A justiciabilidade dos deveres de proteção não remove, nisso, a distribuição de funções entre o legislativo que age ou executivo e a jurisdição constitucional controladora (Michael, 2010, p. 197).

Poderá ocorrer, outrossim, que, atendido o comando constitucional de incriminação, venha, ulteriormente, o Poder Legislativo a pretender descriminalizar a conduta anteriormente tipificada, deixando a descoberto o bem jurídico tutelado pela norma.

Nesse caso, a par da possibilidade de se manejar a ação direta de inconstitucionalidade perante o Supremo Tribunal Federal, com o escopo de afastar do sistema a lei revogadora, poder-se-á, no controle difuso mesmo, assentar-se a peia e, consequentemente, fazer incidir a lei que, por meio da norma inconstitucional, se pretendia afetar.

Conforme Dolcini (1994, p. 177):

---

[135] É evidente que não poderá o Supremo Tribunal Federal editar a norma, máxime com eficácia *erga omnes*, em respeito à separação de poderes, o que se aguça em termos de Direito Penal; todavia, dando-se ciência ao Poder Legislativo da inércia lhe imputada fixa-se judicialmente a ocorrência da omissão, com efeitos retroativos *ex tunc* e *erga omnes*, permitindo-se sua responsabilização por perdas e danos, na qualidade de pessoa de direito público da União Federal, se da omissão decorrer qualquer prejuízo (MORAES, 2005, p. 688).

Nesta eventualidade – se, por exemplo, fosse despenalizada a norma do Código Penal Italiano que incrimina o abuso de autoridade contra presos ou detidos (art. 608) – poderia ser denunciada, por desconformidade com a expressa obrigação constitucional de incriminação, a inconstitucionalidade da norma despenalizadora: a sua conseqüente declaração de inconstitucionalidade arrastaria também o efeito abrogativo da precedente norma incriminadora, fazendo *reviver* a disposição ilegitimamente abrogada.

Vale dizer, então, que, uma vez atendida a disposição constitucional que impõe a tipificação de uma conduta, essa não poderá afastar do bem jurídico tutelado o manto de sua proteção, pelo processo da descriminalização, porque, em tal caso, a "norma descriminalizadora poderá ser declarada inconstitucional por desconformidade com a norma constitucional que impõe a criminalização" (Dolcini, 1994, p. 178).

As obrigações de proceder-se à tipificação de condutas, entretanto, não decorrem apenas dos mandados constitucionais expressos; do arcabouço constitucional se extrai, ainda que de modo implícito, o alvitre de que a tutela penal deverá direcionar-se a outros bens que não, apenas, aqueles explicitamente apontados.[136]

A Constituição, com efeito, está a exigir, na dicção de Feldens:

> A proteção não de todos, por certo, mas de determinados bens jurídicos que se revelem inequivocamente primários no âmbito de uma sociedade democrática, submetida a um programa constitucional básico assentado na defesa da vida, da liberdade e da dignidade humana. (2005, p. 94).

Nesses casos, embora com maior dificuldade, porquanto se poderia objetar que a afronta à Constituição deu-se de modo apenas reflexo, pode-se cogitar do controle de constitucionalidade.

Permitir o afastamento da jurisdição constitucional em relação às ofensas decorrentes de omissões legislativas, ao não atender aos imperativos de tutela a determinados direitos fundamentais, ou de suas ações, que eventualmente rebaixem os níveis de proteção desses direitos a patamares ínfimos, isso, sim, é que se mostraria contrário aos escopos consti-

---

[136] É eloquente, no ponto, a constatação de que nenhum comando explícito determine a tutela penal do direito à vida, e, não obstante, parece isento de dúvida que se mostraria aberrante e inconstitucional uma legislação que viesse a descriminalizar o homicídio, ou, então, fixar-lhe como pena a reclusão de um a três meses... Um tal rebaixamento do nível de tutela não escaparia ao controle de constitucionalidade. Em sua clássica obra, acentua Impallomeni que "in generale presso i popoli pervenuti a certo grado di civiltà la punizione degli autori di omicidio è stata considerata come cosa di alto interesse publico, e il delitto da loro commesso quale uno dei più gravi" (1900, p. 242). Nesta obra, ademais, traça o autor um panorama histórico a respeito da incriminação do homicídio desde as mais remotas civilizações, a revelar que uma atuação legislativa neste nível romperia com a tradição, mormente se nenhuma prognose a justificasse e a revelar também que uma decisão judicial que se baseasse nesta norma esdrúxula jamais se poderia conceber como convergente à ideia da resposta correta, que, antes, haveria de afastá-la, porquanto em descompasso com a tradição – aqui autêntica – e em descompasso, sobretudo, com a Constituição.

tucionais. E a contrariedade à Constituição é a antítese da resposta correta aqui trabalhada.

2.2. Os novos paradigmas do controle judicial sobre a atividade administrativa: respostas coretas em direito público

O desenvolvimento do constitucionalismo e a compreensão de que as suas normas encetaram um novo modelo de Estado, não ficou alheio à atividade empreendida pela administração pública e, consequentemente, lançou novas luzes sobre o próprio Direito Administrativo e o Direito Público, de uma forma geral.

Pontuado o debate entre aqueles que veem nos dispositivos constitucionais apenas a fixação de procedimentos, sem caráter substantivo e os que apregoam a necessidade de materializar-lhe, ou fazer concreto, o seu conteúdo, pretende-se, já agora, sinalizar que, em um país como o nosso, com uma Constituição com as feições como a que temos em vigor, a perspectiva do alcunhado *substancialismo* se apresenta como um consectário.

Daí que toda a atividade estatal estará dirigida à satisfação dos direitos e interesses plasmados na Carta, exigindo-se, então, no controle desta atividade, mormente pelo Poder Judiciário, atenção sobre se os órgãos e agentes públicos convergiram, em seu agir, para o caminho traçado constitucionalmente.

Se a *resposta correta* em Direito está alvitrada como aquela que se afina à Constituição, no exercício de controle da atividade estatal não poderá o magistrado alhear-se do que nela se contém.

Em outras palavras, pretende-se apontar que o controle judicial da atividade público-administrativa não mais se satisfaz à análise de atendimento da legalidade, até porque, agora, não mais se trata de atuação que se paute apenas na lei, mas, sobretudo, na Constituição e em suas diretivas. Dito de outra forma, o momento é de revelar o salto paradigmático alusivo ao controle judicial da atividade administrativa e de como isso não representa afronta ao princípio democrático ou da separação dos poderes, antes os atendendo.

2.2.1. Um diálogo necessário: Procedimentalismo x Substancialismo

A análise dos novos paradigmas de controle judicial da atividade administrativa há de compreender, inicialmente, a discussão que se estabelece entre a(s) corrente(s) procedimentalista(s) e substancialista(s), as quais, em última análise, indicam compreensão diversa a respeito do que se espera dos órgãos públicos, no concernente ao cumprimento da Constituição.

Cada uma das compreensões aludidas retumbará, em última análise, na diversidade de papel a ser desempenhado pelo Poder Judiciário, quando se trata de formular respostas judiciais em tema de controle da atividade pública estatal.

Concordando com Streck (2008, p. 24), portanto, é de se fixar que parece não haver dúvidas de que este debate é de fundamental importância para a definição do papel a ser exercido pela jurisdição constitucional.

Em breve síntese, o procedimentalismo concebe que:

> A Constituição garante tão-somente um procedimento justo para a tomada de decisões substantivas pelos órgãos democráticos, e não um conjunto de direitos morais intangíveis pela soberania popular (Mello, 2004, p. 39).

Isto é, quando se parte da vertente procedimentalista, está-se a alvitrar que cabe à Constituição garantir o funcionamento adequado do sistema de participação popular, no que ficará a cargo da maioria a definição de valores e opções políticas a serem seguidas em cada quadra da história.

De maneira que se impõe obstáculo à atuação judicial, pois, como assinala Ely (1980, p. 07):

> Thus the central function, and it is at same time the central problem, of judicial review: a body that is not elected or otherwise politically responsible in any significant way is telling the people's elected representatives that they cannot govern as they'd like.[137]

Sustenta, ainda, esse modo de pensar, que o valor constitucional supremo é a democracia, cabendo, somente, ao Poder Legislativo e ao Poder Executivo, a escolha dos valores substantivos, uma vez que lhes seria legitimada a atuação pela ostentação de representação democrática, o que não ocorreria com o Poder Judiciário, que, portanto, deveria se ater exclusivamente a proteger e estender os direitos constitucionais que reforçam a participação nas decisões políticas.

Tal perspectiva, como se sabe, conduz à redução de campo da atuação judicial, tanto que Habermas (2003, p. 236) menciona que a revisão judicial é uma anomalia do regime democrático, ao assentar que os valores materiais devem ser viabilizados pelos poderes com representação popular.

---

[137] Ou seja: "a função principal, e que é ao mesmo tempo o problema central, do controle judicial: um corpo que não é eleito ou responsável de outra forma significativa está dizendo aos representantes eleitos pelo povo que não podem governar como desejam".

Somente mediante processos públicos de discussão permitir-se-ia chegar às melhores decisões, com a criação de normas aceitas por todos que por elas sejam atingidos.

A eventual incompatibilidade entre a norma e a Constituição não permite a atuação judicial, e, assim, as alterações destas decisões (normas), da mesma forma, ficariam ao encargo da mesma instância democrática.

Em suas palavras:

> Somente o legislador político tem o poder ilimitado de lançar mãos de argumentos normativos e pragmáticos, inclusive os constituídos através de negociações eqüitativas, isso, porém, no quadro de um procedimento democrático amarrado à perspectiva de fundamentação de normas. A justiça não pode dispor arbitrariamente dos argumentos enfeixados nas normas legais. (Habermas, 2003, p. 239).

Habermas (2003, p. 298), inclusive, sustenta que a existência de tribunais constitucionais não é autoevidente, por isso que a legitimidade do Direito decorre do princípio democrático, cabendo ao tribunal atuar, apenas, em casos nos quais se trata da imposição do procedimento democrático e da forma deliberativa da formação política de opinião e de vontade.

De maneira que se admitiria a atuação judicial apenas como forma de garantir a igualdade de participação no jogo democrático, cujos integrantes, com base na maioria, encarregar-se-ão da disciplina dos valores substanciais para a sociedade.

É certo que a redução do campo de atuação judicial e a materialização de valores a partir de instâncias que potencialmente brotem da sociedade civil apresentam a virtude de viabilizar grupos organizados, associações de pessoas, tendentes à defesa de seus interesses, evitando-se a acomodação que pode suceder quando a solução de toda e qualquer contenda parece dependente de sua transferência à instância judicial.

Por isso que é, em certo sentido, pertinente a crítica de Lobo Torres (1999, p. 291), que assenta ser a excessiva judicialização da política e das relações sociais propensa ao efeito de "desestimular a face libertária e reivindicatória da cidadania social".

Quer dizer, o argumento seria o de que:

> (...) fazer com que a efetividade dos direitos sociais seja subsumida ao campo do direito, por fora, portanto, do terreno livre da sociedade civil, conduziria a uma sociedade passiva de clientes, em nada propícia a uma cultura cívica e às instituições da democracia (Werneck Vianna, 1999, P. 23).

Ocorre que, em um quadro como o brasileiro, é notável que um contingente expressivo de pessoas não ostenta, ao menos na quadra atual, condições necessárias para a expressão política de seus interesses ou daquilo que os procedimentalistas, à moda de Habermas, chamam de *local ideal de fala*.

Não se fazem ouvir e, por essa razão é que se compreende possa o Poder Judiciário contribuir para o aumento da capacidade de incorporação ao sistema político, de grupos marginais, destituídos de capacidade de acesso, por exemplo, ao parlamento.

Disso deriva, ademais, a necessidade de se perceber como a mera importação de modelos, mormente os europeus, a uma sociedade com as características da brasileira, pode se revelar problemática.

Em muitos aspectos, por circunstâncias históricas de que aqui não cabe falar, muito devemos caminhar para alcançar os níveis de atendimento de direitos sociais que, na Europa, já se fizeram presentes há largo interregno.

Essa percepção a teve, também, Souza de Oliveira (2010, p. 95), que indica ser necessário "notar para quem ou para onde a fala habermasiana é dirigida". E explica o autor (op., loc. cit.):

> As suas lições têm por terreno o mundo ocidental e, neste, são voltadas, como informa o próprio autor, para o conjunto das sociedades do capitalismo avançado, leiam-se, primeiramente, países europeus, e, no continente americano, estados Unidos e Canadá. Esta a circunscrição essencial da sua doutrina. Com efeito, as suas produções não possuem por objeto o coletivo do capitalismo tardio (...) Neste aspecto, Habermas fala para a Alemanha, não para o Brasil.

O que se explicaria por estar a teoria alicerçada num pressuposto de coesão social e sustentação cultural, bem assim de equanimidade dos bens e de sua distribuição, que formam as condições necessárias à assunção de um protagonismo que, entre nós, ainda não se viu suscetível de realizar-se.

Além disso, a partir da atuação judicial, muitas vezes no sentido destoante do que poderíamos chamar de maioria parlamentar, é que se farão efetivos os direitos pertinentes às minorias que não lograram, ainda, as condições de que depende a expressão de seus interesses.

Não se pode, neste ponto, olvidar a admoestação de Dworkin (2006, p. 25), no sentido de que a maioria não deve ser sempre a juíza suprema de quando o seu próprio poder deve ser limitado para protegerem-se os direitos individuais. Ao analisar este ponto da obra do americano, aponta Bongiovanni (2000, p. 223):

> La visione dei sistemi politici contemporanei come "democrazie costituzionali" è perciò strettamente legata alla presenza, quali fondamenti della comunità politica, dei principi e dei diritti. La democrazia non è vista, infatti, quale "governo della maggioranza" ma quale

sistema che ha quale sua premessa *individual legal rights that the dominant legislature does not have the power to override or compromise.* La maggioranza non ha perciò il potere di intaccare i diritti che sono espressi dai principi del sistema giuridico e che godono della *constitutional protection of individual rights.*[138]

Noutras palavras, a premissa majoritária muitas vezes há de ceder passo diante daquilo que se pode conceber como concepção constitucional de democracia, cujo objetivo deve ser o de que as decisões coletivas sejam tomadas por instituições políticas cuja estrutura, composição e modo de operação dediquem a todos os membros da comunidade, enquanto indivíduos, a mesma consideração e o mesmo respeito.

Por isso que, e o apontamento bem serve à justificação da jurisdição constitucional, não se há de opor objeção alguma ao emprego deste ou daquele procedimento não majoritário em ocasiões especiais nas quais tal procedimento poderia proteger ou promover a igualdade que, segundo essa concepção, é a própria essência da democracia (Dworkin, 2006, p. 26).

Em *A Virtude Soberana*, com efeito, Dworkin trabalha a ideia da democracia constitucional sob a concepção que denomina de coparticipativa, segundo a qual o povo, os cidadãos, hão de ser vistos como parceiros agindo em conjunto com o empreendimento coletivo do governo.

Reconhece-se que "essa é uma concepção mais abstrata e problemática do que a majoritarista" (Dworkin, 2005, p. 502), todavia, evita que, por exemplo, governos populistas aprovem leis ou exerçam políticas a partir de maiorias forjadas aleatoriamente.

Nas palavras de Dworkin (2005, p. 510):

> O governo da maioria não é justo nem valioso em si. Só é justo e valioso quando atende a determinadas condições, entre elas as exigências de igualdade entre os participantes do processo político, por meio da qual se definirá a maioria.[139]

---

[138] Em livre tradução: "a visão dos sistemas políticos contemporâneos como democracias constitucionais é por isso estreitamente ligada à presença, como fundamentos da comunidade política, dos princípios e dos direitos. A democracia não é vista, de fato, como 'governo da maioria' mas como sistema que tem como sua premissa direitos individuais que o legislativo dominante não tem o poder de sobrepujar ou comprometer. A maioria não tem por isso o poder de danificar os direitos que são expressos ou decorrentes dos princípios do sistema jurídico e que gozam da proteção constitucional sobre os direitos individuais".

[139] Ao encetar crítica ao argumento de que o controle de constitucionalidade, exercido pelos tribunais, arrefeceria a democracia, reafirma Dworkin (2010, p. 190) que "democracia significa autogoverno com a participação de todas as pessoas, que atuam conjuntamente como membros de um empreendimento comum, em posição de igualdade. Em minha opinião, trata-se de um modo muito mais atraente de entender a força da democracia do que aquele representado pela regra da maioria. A regra da maioria só é democrática quando certas condições prévias – as condições democráticas de igualdade dos membros – são atendidas e mantidas. (...) Portanto, caso se adote essa concepção coparticipativa de democracia, o argumento de que o controle de constitucionalidade é, por natureza, incompatível com a democracia, cai por terra".

Ora, se passássemos a levar em conta apenas as "condições comunicativas que legitimam o processo político de formação da vontade e da opinião públicas" (Cattoni De Oliveira, 2007, p. 38), ao modo de Habermas, sobretudo numa sociedade multifacetada como a brasileira, em muitos aspectos teríamos a suplantação de todos os interesses de grupos minoritários, em favor da premissa majoritária, detentora de melhores meios de expressão de suas vocações.

É, aliás, o próprio Habermas (2002, p. 294) quem dirá que:

> Os cidadãos só podem fazer um uso adequado de sua autonomia pública quando são independentes o bastante, em razão de uma autonomia privada, que esteja equanimemente assegurada.

De outro lado, para a perspectiva substancialista a Constituição estabelece as condições do agir político-estatal, como norma dirigente, impondo ao Poder Judiciário uma postura ativa, desempenhando um papel de absoluta relevância, mormente na jurisdição constitucional (Streck, 2005, p. 45).

Com efeito, segundo Dworkin (2002, p. 36), a legitimidade dos julgamentos constitucionais deve levar em conta argumentos de princípios, e não de política, considerando princípios como um padrão que deve ser observado não por promover um bem estar, mas sim por ser uma *"exigência de justiça e equidade"*. Isto é, não se trata de juízes atuando politicamente, uma vez que as suas decisões não são tomadas a partir de argumentos de política.

Defende, ainda, o autor, que o *ativismo judicial* não é antidemocrático, porque rejeita, como sendo a única, a visão majoritária da democracia, distinguindo argumentos de princípio e argumentos de política, pontuando que as decisões do Legislativo e do Executivo não são necessariamente melhores, por possuírem origem democrática – que, como veremos, é discutível em se tratando do último –, do que as proferidas pelo Judiciário no exercício da revisão judicial.

É que tal argumento somente seria verdadeiro "quando pensarmos o direito como política", mas não teria "força alguma contra um argumento de princípio" (Dworkin, 2002, p. 132-3).

Também Cappelletti (1993, p. 92) refuta a tese de que a criação jurisprudencial seria antidemocrática, por suposta invasão judicial à seara de outros poderes.

Em sua visão, Legislativo e Executivo nem sempre representam os anseios do povo, porque, não raras vezes, estão à frente de interesses de certos grupos que não coincidem com o interesse da maioria, supostamente buscada pela representação democrática.[140]

Ademais, sustenta Capelletti que o Judiciário não é totalmente desprovido de representatividade, máxime nos países em que há tribunais constitucionais, cujos integrantes são nomeados pelo chefe do Executivo com aval do Legislativo. Além disso, será o Judiciário destinado a acolher as pretensões das minorias, dos grupos marginalizados, que não conseguem acesso aos poderes políticos.

Ferrajoli (1997, p. 100), por seu turno, menciona a necessidade de um reforço do papel da jurisdição e uma nova e mais forte legitimação do poder judicial e da sua independência, tendo em conta os desníveis entre as normas e a incorporação, em nível constitucional, dos direitos fundamentais, fazendo com que se altere a relação entre o juiz e a lei, de forma que a jurisdição exercerá um papel de garantia do cidadão contra as violações da legalidade, a qualquer nível, por parte dos poderes públicos.

Além disso, ao abordar os direitos fundamentais sob a perspectiva da democracia substancial, diz Ferrajoli (2008, p. 19) que:

> Si vuol garantire un bisogno o un interesse come fondamentali, li si sottrae sia al mercato che alle decisioni di maggioranza. Nessun contratto, si è detto, può disporre della vita. Nessuna maggioranza politica può disporre delle liberta e degli altri diritti fondamentali.[141]

É que, em certo sentido, a previsão constitucional dos direitos fundamentais – no caso brasileiro, inclusive com a intangibilidade decorrente da previsão sobre serem insuscetíveis de supressão –, presta-se a condicionar os governos e as maiorias parlamentares eventuais – sempre

---

[140] Norberto Bobbio, referindo-se à formação do governo italiano, em alusão pertinente a nosso caso, a par de ser cediça a adoção do parlamentarismo lá e do presidencialismo aqui, registra que a formação de governos é marcada pela realização de coalizões e acordos, semelhante a uma verdadeira relação contratual. Segundo diz: "quando estoura uma crise, costuma-se invocar para a formação do governo o famigerado art. 92, segundo parágrafo, com base no qual a escolha dos ministros a serem propostos pelo presidente da república deve ser feita pelo presidente do conselho designado: uma norma que jamais pôde ser aplicada porque a distribuição dos vários ministérios entre os partidos e no interior de um mesmo partido, e inclusive os nomes de cada um dos ministros, é estabelecida através de acordos entre os partidos, os quais, mais uma vez, mostram ser mais fortes do que a própria Constituição." (O futuro da Democracia, 2000, p. 150-1). No mesmo sentido é o registro de Shapiro, ao analisar o sistema norte americano: "o que realmente emerge da análise do Congresso e da Presidência não é o simples retrato de organismos democráticos e majoritários, que dão voz à vontade popular e são responsáveis perante ela, mas antes a complexa estrutura política na qual grupos variados procuram vantagem, manobrando entre vários centros de poder. O que daí resulta não é necessariamente a enunciação da vontade da maioria (...), e, sim, frequentemente, o compromisso entre grupos com interesses conflitantes." (apud CAPPELLETTI, 1993, p. 95).

[141] Em livre tradução: "se quer-se garantir uma necessidade ou um direito como fundamentais, devem ser subtraídos do mercado consistente nas decisões da maioria. Nenhum contrato, diga-se, pode dispor da vida. Nenhuma maioria política pode dispor das liberdades e dos outros direitos fundamentais".

efêmeras, ao contrário destes direitos, perenes. Por isso que prossegue Ferrajoli (2008, p. 19):

> Se le regole sulla rappresentanza e sul principio di maggioranza sono norme formali in ordine a ciò che dalla maggioranza è *decidibile*, i diritti fondamentali circoscrivono quella che possiamo chiamare la *sfera dell'indecidibile*.[142]

Parece evidente que, com a previsão dos direitos sociais fundamentais na Constituição, seja inexorável que a jurisdição constitucional passe a ter um papel de relevância, inclusive contra as maiorias eventuais, dando-se conta dos valores e promessas contidos nos textos constitucionais (Streck, 2005, p. 46).

É que os direitos fundamentais, em tal ordem de ideias, serão os limites – se consistentes em estabelecer restrições e parâmetros à atuação estatal – e os vínculos, quando geradores de expectativas positivas, de maneira que assim ficará subordinada a produção das normas ordinárias.

Ou seja, já não se afiguram os direitos fundamentais, nesta quadra, como apenas:

> Un'autolimitazione sempre revocabile del potere sovrano, ma al contrario un sistema di limiti e di vincoli ad esso sopraordinato; non dunque "diritti dello Stato" o "per lo Stato" o "nell'interesse dello Stato" (...), ma diritti verso e, se necessario contro lo Stato, ossia contro i poteri pubblici sia pure democratici o di maggioranza. (Ferrajoli, 2008, p. 20).[143]

A configuração de tais limites e vínculos, deve-se ressaltar, jamais poderá ser qualificada como um entrave à democracia política fundamentada no princípio da maioria, porquanto sem a dimensão substancial de direitos alvitrados como fundamentais, sem a fixação do paradigma de que a produção legislativa há de estar subordinada à Constituição, ou, noutro enfoque, sem a compreensão de que o produto legislativo há de ser controlado, quanto ao atendimento de normas superiores, que o direcionam também em termos de conteúdo, por órgão diverso do próprio parlamento e que, efetivamente, não se mostre jungido às maiorias eventuais – daí a grande importância da atuação judicial –, sem isso, é a própria democracia política que corre sério risco.

Com efeito:

---

[142] Em livre tradução: "se as regras sobre a representação e sobre a maioria são normas formais, em ordem a isso que pela maioria é suscetível de decisão, os direitos fundamentais circunscrevem aquela que poderíamos chamar de esfera do indecidível".

[143] Isto é: "uma autolimitação sempre revogável do poder soberano, mas ao contrário um sistema de limites e de vínculos a ele ordenado; não então 'direito do estado' ou 'para o Estado' ou 'no interesse do Estado' (...), mas direitos em direção e, se necessário contra o Estado, ou seja contra os poderes públicos sejam mesmo democráticos ou majoritários".

> Sarebbe sempre possibile alla maggioranza decidere democraticamente la sua dissoluzione. Non è un'ipotesi di scuola. È quanto è avvenuto con il fascismo e con il nazismo, che hanno preso il potere con regolari elezioni. E non è un caso che le costituzioni rigide siano state introdotte, in Itália e in Germânia, proprio in seguito alle nefaste esperienze del loro passato (Feerajoli, 2008, p. 323).[144]

Não se trata, destarte, de uma disputa para a qual se deva apontar um vencedor.

A questão está em que, em nosso quadro constitucional, diante de um texto que apregoa, inequivocamente, o primado dos direitos fundamentais, não há como deixar-lhes ao olvido, com a adoção de ideias de caráter meramente procedimental. Isto equivaleria a uma consideração meramente abstrata do texto constitucional e, destarte, afastar-se-ia de um comprometimento, que há de advir das decisões judiciais, com a concretização daquilo que estabelecido pela Carta.

No paradigma constitucional não se pode descurar da submissão das leis e das decisões judiciais "ai vincoli non più solo formali ma sostanziali imposti dai principi e dai diritti fondamentali espressi dalle costituzioni" (Ferrajoli, 2008, p. 34).

Melhor dizendo, ainda com Ferrajoli (2008, p. 36):

> La giurisdizione non è più semplice soggezione del giudice alla legge, ma è anche analisi critica del suo significato onde controllarne la legittimità costituzionale.[145]

Por isso que se há de insistir na parêmia de que em toda decisão judicial se está a empreender um ato de jurisdição constitucional, ainda que implícito.

Os textos normativos, as regras jurídicas, devem nos dizer algo, porquanto o intérprete jamais parte de um *grau zero de sentido*.

Mas a sua aplicação, nos casos concretos, a norma que surge da interação circular, regra e fato, não cindidos, mas diferentes no que afetados pela temporalidade, essa norma há de harmonizar-se àquilo que a Constituição tem de substantiva.

Como salienta Ferrajoli (2008, p. 36), essa alteração paradigmática depende não apenas dos juízes, mas também da cultura jurídica. A citação revela a aproximação do italiano com um autor que, neste texto, tem aparecido de maneira crucial. Vejamo-la, pois: "dipende perciò an-

---

[144] Em livre tradução: "seria sempre possível à maioria decidir democraticamente a sua dissolução. Não é uma hipótese escolar. É o que aconteceu com o fascismo e com o nazismo, que obtiveram o poder com eleições regulares. E não é por acaso que constituições rígidas foram estabelecidas, na Itália e na Alemanha, logo em seguida à nefasta experiência de passado que tiveram".

[145] Isto é: "a jurisdição não é mais a simples sujeição do juiz à lei, mas é também análise crítica de seu significado onde se há de controlar a sua legitimidade constitucional".

che dalla cultura giuridica che i diritti, secondo la bella formula di Ronald Dworkin, siano presi sul serio".[146]

Num outro enfoque, há de se assentar que tem razão Streck (2004, p. 133), quando registra que não se pode falar, modernamente, em teoria geral da Constituição.

Ou seja, a Constituição deve ser analisada diante de uma realidade concreta e delimitada, dentro das especificidades de um cenário nacional e de sua inserção no cenário internacional. Com isso, o seu caráter dirigente e compromissário também deve ser analisado frente à realidade em que está inserido cada Estado Nacional.

No Brasil, se a Constituição coloca o modo – e isto parece ser a mais notável demonstração de que estamos diante de uma constituição dirigente e compromissária, isto é, os instrumentos para dar efetividade aos direitos de segunda e terceira dimensão:

> É porque no contrato social – do qual a Constituição é a explicitação – há uma confissão de que as promessas da realização da função social do Estado não foram (ainda) cumpridas (Streck, 2004, p. 85).

Quer dizer, é preciso situar – diria situar-se – na concretude a que se direciona a Constituição, evitando-se a mera importação de modelos, algumas vezes descompassados da realidade pertinente a um país com as características do nosso.

Noutras palavras, a interpretação da Constituição deve levar em conta a realidade de cada Estado, e o perfilhar-se o substancialismo, no quadro brasileiro, intui-se como uma contingência, quase uma necessidade, tendente à afirmação de direitos ainda não efetivados.[147]

Com efeito, nas palavras de Krell (2000, p. 36), não é possível transportar simplesmente os conceitos de um Estado para outro e é neste aspecto, também, que deve ser compreendido o dirigismo constitucional.

Igualmente Bercovicci (2003, p. 136) sustenta que o Estado não é uma entidade imutável, mas histórica, de modo que uma estrutura estatal que existe em determinada sociedade é intransferível para qualquer outra situação histórica.

Em texto mais recente, reafirma Streck (2008, p. 113):

---

[146] Em livre tradução: "depende, por isso, também da cultura jurídica que os direitos, segundo a bela fórmula de Ronald Dworkin, sejam levados a sério".

[147] É ainda de Streck a assertiva que segue: "entendo difícil sustentar as teses processuais-procedimentais em países como o Brasil, em que parte considerável dos direitos fundamentais-sociais continua incumprida, passados dezoito anos da promulgação da Constituição" (2008, p. 26).

a necessidade de superar as generalidades próprias de uma teoria geral do constitucionalismo, traçando as diretrizes para albergar as especificidades de um país periférico como o Brasil.

Quer dizer, é também a nossa realidade que condiciona o papel que se dará à Constituição, em especial à sua perspectiva transformadora, de efetivação de direitos ainda não realizados e de avanços democráticos.

2.2.2. Ainda a Constituição Dirigente

A compreensão do dirigismo constitucional, na perspectiva de Canotilho (1994, p. 28), consiste em conceber que a Constituição, além de organizar os poderes e delimitar competências, também:

> Estabelece tarefas, estabelece programa e define fins, devendo se apresentar como um *estatuto jurídico do político*, um plano global normativo do Estado e da Sociedade.

De tal modo que os governos eventuais, sempre efêmeros, hão de ditar a sua atividade a partir de diretrizes já estabelecidas constitucionalmente.[148]

Este caráter dirigente, destarte, indica que as normas constantes na Constituição não se apresentam apenas como simples programas e exortações morais, sem qualquer vinculatividade. Ao contrário, a partir da edição da Constituição, além da instituição de limites à atividade estatal, são impostas formas de atuação e objetivos a serem perseguidos, pelo conjunto de suas normas.

Tanto assim que, para Canotilho (1998, p. 1102):

> A positividade jurídico constitucional das normas programáticas significa fundamentalmente: (1) vinculação do legislador, de forma permanente, à sua realização (*imposição constitucional*); (2) vinculação positiva de todos os órgãos concretizadores, devendo estes tomá-las em consideração como *directivas materiais permanentes*, em qualquer dos momentos da actividade concretizadora (legislação, execução e jurisdição); vinculação, na qualidade de limites materiais negativos, dos poderes públicos, justificando a eventual censura, sob a forma de inconstitucionalidade, em relação os actos que as contrariam.

Entre tantos aspectos importantes, alusivos à tese do constitucionalismo dirigente, sobressai a perspectiva por que se busca conferir norma-

---

[148] Com Bolzan de Morais (2000, p. 12), pode-se afirmar que: "deve-se ter claro que a Constituição, como documento jurídico-político, está submersa em um jogo de tensão e poderes, o que não pode significar, como querem alguns, a sua transformação em programa de governo, fragilizando-a como paradigma ético-jurídico da sociedade e do poder, ao invés de este se constitucionalizar, pondo em prática o conteúdo constitucional". Ou seja, há de se evitar que o Direito Constitucional se torne "refém de uma lógica mercadológica da política, transformando as constituições em prolongamento subserviente dos programas de governo e rompendo com seu caráter estabilizante e sua pretensão de uma certa perenidade – sem que isto signifique um engessamento do real, ou uma vinculação estrita do ser ao dever-ser – bem como destroçando conquistas sociais consolidadas" (op. cit., p. 22).

tividade às normas constitucionais. Daí que se haveria de afastar a alusão a meras exortações empreendidas pelo constituinte, e, sobretudo, vincava-se a importante discussão sobre a discricionariedade do legislador, porque o compreender-se a Constituição como vinculativa está a ensejar limitações inequívocas à atividade parlamentar, como parece evidente.

É bom dizer que, embora Canotilho,[149] tenha mais recentemente defendido, aparentemente, a derrocada da Constituição Dirigente, propondo um *constitucionalismo moralmente reflexivo*, é inequívoco que, em grande medida, isto se deu em razão da nova situação em que se encontra Portugal, com a criação da União Europeia, não mitigando o alvitre do dirigismo constitucional em textos como o de nossa Constituição Federal de 1988.

Essa, aliás, é a mesma percepção que teve Krell (2000, p. 46), ao referir que a mudança na compreensão de Canotilho deveu-se à forte influência da doutrina tradicional alemã, bem como à integração de Portugal no seio da comunidade europeia, que lhe garantiu prosperidade e estabilidade econômicas, antes precárias.

Quer dizer, houve, deveras, uma alteração no pensamento do principal articulador da tese do dirigismo constitucional, que se há de referir. Ou seja:

> Embora Canotilho reconheça, v.g., que o texto constitucional continue a constituir uma dimensão básica da legitimidade moral e material e, por isso, possa continuar sendo um elemento de garantia contra a deslegitimação ética e desestruturação moral de um texto básico através da desregulamentação etc, por outro lado considera que esse texto básico (a Constituição) não mais pode servir de fonte jurídica única e nem tampouco ser o alfa e o ômega da constituição de um Estado (Streck; Bolzan de Morais, 2010, p. 107).

Disso não se extrai a invalidade do que sustentava o autor português.[150]

---

[149] A reformulação de sua posição e o abandono da Teoria da Constituição Dirigente fica visível em texto de Canotilho, em que afirma que a "Constituição dirigente" não é a melhor teoria da Constituição de uma comunidade assente numa imposição de valores, mais ou menos comunitariamente partilhados. É "uma proposta de conformação normativa da política; não é um código moral do 'bem' e do 'mal' de uma comunidade. Dirigismo constitucional e demonologia constitucional não se casam bem". Canotilho, ainda, acusa aqueles que o criticam pela mudança, neles vislumbrando "alguns laivos de nacionalismo republicano de esquerda e de patriotismo constitucional" (CANOTILHO, 2002, p. 25-40).

[150] A história também apresenta os seus efeitos. O contexto de elaboração da Constituição Portuguesa de 1976 foi bastante diverso do que encetou nossa Carta. Lá, ao contrário daqui, o movimento político que resultou na conformação de um novo Estado pode se qualificar de revolucionário – a Revolução dos Cravos, de 1974 –, da qual, aliás, decorreu uma verdadeira Assembleia Constituinte. Como se sabe, a Constituição Portuguesa notabilizou-se por um texto constitucional de políticas marcadamente socialistas, que encetaram forte reação conservadora. Essa conjuntura, de certo modo, forneceu as bases para o desenvolvimento de uma teoria que acentuasse "a unidade substancial da Constituição, o valor normativo e o caráter vinculante do conjunto de suas proposições normativas, assim como a necessidade de uma interpretação e aplicação integrada e dinâmica de seus preceitos" (CANO-

A realidade existente no Brasil, de notável déficit de direitos, máxime os sociais, inspirou a Constituição e o seu texto, que há de ser concebido como um projeto "social integrado por um conjunto de valores compartilhados, que traduz um compromisso com certos ideais" (Citadino, 2000, p. 09).

Da mesma forma, Souza Neto (2003, p. 12-28) destaca o caráter dirigente da Constituição Federal de 1988, pela circunstância de se ter um amplo rol de direitos sociais, que atua como uma *resistência progressista* sobre o discurso neoliberal, além do que se formula um projeto de futuro, estabelecendo-se compromissos constitucionais, a cuja efetivação não se pode alhear o Estado-Juiz.

Também Bonavides (2003, p. 236-245) realça a necessidade de se incutir força vinculante às normas constitucionais, mesmo as denominadas programáticas, sem deixar dúvida acerca da importância da constituição dirigente para o futuro dos países que ainda não atingiram um grau mais elevado de desenvolvimento.

Neste sentido:

> A constituição governante, vinculante e programática não é arcaísmo do pensamento político, qual intentam fazer crer os neoliberais, mas diretriz e argumento de conservação do pálido estado de Direito que ainda resguarda, na medida do possível, a ordem e a liberdade nos Estados da periferia. Enquanto Carta prospectiva ela acena para o futuro e é, como não poderia deixar de ser, garantia formal, ou pelo menos promessa de construção de um Estado livre, robusto, independente (...) a única, aliás, que se compadece com o destino e as aspirações desenvolvimentistas dos Estados do Segundo e Terceiro Mundos (Bonavides, 2001, p. 174).

Noutras palavras, impõe-se contextualizar o dirigismo constitucional, e a sua necessidade em países com as particularidades do Brasil, porquanto, nas palavras de Streck e Bolzan de Morais, a afastar o constitucionalismo dirigente estaria uma compreensão de que o dirigismo constitucional dar-se-ia como normativismo constitucional revolucionário,[151] capaz de, por si só, operar transformações emancipatórias.

TILHO, 1998, p. 32). De notar-se, ainda, que somados os votos atribuídos ao Partido Socialista e ao Partido Comunista português, teve-se que mais de cinquenta por cento dos assentos da Constituinte fez-se ocupar por forças da esquerda política portuguesa (SOUZA DE OLIVEIRA, 2010, p. 178).

[151] Que, de resto, por decorrência das suas variadas revisões, já não compõem o panorama da Constituição de Portugal. Neste sentido: "a Constituição portuguesa, depois das sete revisões, chega aos dias atuais bastante diferente da sua versão originária. É preciso reconhecer que houve uma profunda alteração do perfil do Estado e da visão de sociedade traçados pelo Constituinte de 1976. Não há mais comprometimento com o socialismo. As cláusulas de *metanarrativas* (Canotilho) já não constam da Carta Magna. (...) Neste sentido, é possível afirmar que as modificações empreendidas foram mais fundamentais ou intensas do que aquelas implementadas à Carta brasileira, mesmo porque a Constituição do Brasil em nenhum momento proclamou uma definição ideológica, tal como o fez a Constituição portuguesa de 1976" (Souza de Oliveira, 2010, p. 189). No mesmo sentido, Vital Moreira (2001, p. 271): "as sucessivas revisões constitucionais aliviaram grandemente o excesso de diretivi-

Todavia:

Não é possível falar, hoje, de uma teoria geral da Constituição. A Constituição (e cada Constituição) depende de sua identidade nacional, das especificidades de cada Estado nacional e de sua inserção no cenário internacional. Do mesmo modo, não há um constitucionalismo, e, sim, vários constitucionalismos (Streck; Bolzan de Morais, 2010, p. 108).

Somente a força normativa, compromissária e dirigente da Constituição Federal permite o resgate das promessas da modernidade, na concepção da Constituição dirigente adequada a países de modernidade tardia, conforme assinalado por Streck (2004, p. 133-4).

É dizer, insere-se no contexto brasileiro o enfoque, necessário, de que os dispositivos constitucionais, muito mais do que fixarem procedimentos, estabelecem comandos que concretamente devem ser alcançados, entre outros, pela via da atuação administrativa.

Sintetizando, refere Streck (2008, p. 119) que:

Mais do que assegurar os procedimentos da democracia – que são absolutamente relevantes –, é preciso entender a Constituição como algo substantivo, porque contém direitos fundamentais, sociais, coletivos, que o pacto constituinte estabeleceu como passíveis de realização (...) o constitucionalismo dirigente-compromissório não está esgotado.

Na apresentação do interessantíssimo livro Canotilho e a Constituição Dirigente,[152] Guedes (2003, p. 07) também aduz que em Portugal, inclusive por conta das diversas mudanças empreendidas na Constituição local, que lhe subtraíram o caráter socializante, talvez o constitucionalismo dirigente já tenha cumprido o seu papel. Com efeito, inegáveis avanços houve na sociedade portuguesa desde então, mormente pela integração continental. Essa situação, todavia, em nosso país, ainda parece longe de se mostrar apta a acontecer.

A Constituição, de todo modo, passa a ser o paradigma de atuação dos órgãos estatais,[153] que se incumbirão pela efetivação de suas normas.

---

dade constitucional, e a doutrina e a jurisprudência constitucionais encarregaram-se de descarnar a força normativa das diretrizes e programas constitucionais, sobretudo daquelas que estavam formuladas em termos mais genéricos".

[152] A obra, com efeito, consiste na transcrição de intervenções orais feitas por juristas brasileiros do quilate de Jacinto Coutinho, que a organizou, Lenio Streck, Luis Roberto Barroso, Eros Grau, e tantos outros, que, ademais, dialogaram com Canotilho, por videoconferência, a respeito de suas atuais posições no campo do Direito Constitucional.

[153] Mesmo Canotilho (2003, p. 15), nas discussões já citadas, aludiu à sobrevivência de algumas dimensões importantes do dirigismo constitucional, sobretudo no concernente à "limitação dos poderes de questionar do legislador, daliberdade de conformação do legislador, de vinculação deste aos fins que integram o programa constitucional". E segue: "nesta medida, penso que continuamos a ter algumas dimensões de programaticidade: o legislador não tem absoluta liberdade de conformação, antes tem de mover-se dentro do enquadramento constitucional. Esta a primeira sobrevivência da Constituição dirigente, em termos jurídico-programáticos".

A asserção, aliás, há de ser entendida como pertinente a todos os poderes de Estado; vinculação do legislador, vinculação no exercício da atuação administrativa e vinculação na produção de decisões judiciais.

Esse dirigismo constitucional, pode-se dizer, no Brasil não morreu.[154]

Cittadino (2000, p. 12) registra que:

> Parece não haver dúvida de que o sistema de direitos fundamentais se converteu no núcleo básico do ordenamento constitucional brasileiro, com o que cresce de importância a adoção do dirigismo constitucional.

Também Barroso (2010, p. XIX)[155] assinala:

> Em muitos países desenvolvidos do mundo, o desfazimento das redes de proteção aos desfavorecidos se deu após um estágio socioeconômico de satisfação do mínimo existencial da população em geral. Não foi, portanto, uma atitude de abandono dos excluídos, dos desempregados, dos iletrados. Dos que não são competitivos porque não podem ser. Todavia, nas partes do mundo onde a modernidade e o processo civilizatório ainda não completaram o ciclo de atendimento das necessidades fundamentais da maioria, o Estado conserva deveres dos quais não pode se demitir.

Daí por que também o Direito Administrativo adquire nova roupagem.[156] Passa-se do primado da legalidade, em que à idoneidade da ação executiva bastava o cumprimento da lei, para o atendimento da Constituição e de toda a gama de direitos fundamentais por ela estabelecido.

O contrário disso encetará a atuação corretiva pelo Poder Judiciário. No sentido de que, se não deve intervir em esfera reservada a outro Poder para substituí-lo, sobretudo em juízos de conveniência e oportunidade, para adentrar em opções legislativas e executivas no adimplemento das demandas sociais, deve, entretanto, fazer-se também responsável no processo de implementação de direitos constitucionais que se afigurem olvidados.

Relevante, neste aspecto, o escólio de Barroso (2010, XX):

> A Constituição dirigente, como qualquer constituição democrática, contém as decisões políticas estruturais de organização do poder, define direitos individuais e disciplina a luta política e a alternância no poder. Porém, ela vai mais longe. Pretende, também, instituir fins públicos a serem alcançados e programas de ação a serem adotados. Assim, ela retira

---

[154] Aliás, *de como a Constituição Dirigente não Morreu* é exatamente o subtítulo da apresentação de Streck à obra de Souza de Oliveira, anteriormente citada.

[155] Cuida-se de texto que serve de prefácio ao livro de Souza de Oliveira.

[156] Segundo Barroso (2003, p. 43) a partir da premissa de normatividade dos princípios, a "ascensão política e científica do direito constitucional brasileiro conduziram-no ao centro do sistema jurídico, onde desempenha uma função de filtragem constitucional de todo o direito infraconstitucional, significando a interpretação e leitura de seus institutos à luz da constituição". A afirmação, que redunda em evidente obviedade, nem por isso deixa de ter importância.

determinadas decisões do processo político majoritário, impondo desde logo ações ao Executivo e ao Legislativo, e assegurando ao judiciário, ademais, o poder de fiscalização da atuação desses poderes e de concretização direta e imediata das normas constitucionais.

De modo que é importante ter-se marcado que, como ressalta Grau (2001, p. 37), a Constituição Federal define um modelo econômico de bem-estar, impondo tarefas e vinculando o Poder Executivo. O desatendimento deste ao estabelecido na Carta impõe a atuação do Poder Judiciário.

No mesmo sentido é a posição de Streck (2005, p. 56), ao assentar que em face do quadro que se apresenta – ausência de cumprimento da Constituição, mediante a omissão dos poderes públicos, que não realizam as devidas políticas públicas determinadas pelo pacto constituinte –, a via judiciária se apresenta como a via possível para a realização dos direitos que estão previstos nas leis e na Constituição.

Destarte, como revela Campilongo (2002, p. 49), o juiz passa a desempenhar importante papel na tarefa de verificação da conformação constitucional do círculo de negociação política, objetivando garantir as políticas públicas, tendo, assim, uma função ativa no processo de afirmação da cidadania e da justiça distributiva.

A partir daí, pois, a atividade administrativa adquire novos contornos, sob as luzes da Constituição; o controle desta atividade, igualmente, também passa a ser exercido sob novo paradigma, isto é, sob a perspectiva da ordem constitucional vigente.

São inúmeras as situações que, levadas aos tribunais, impõem aos juízes a tomada de decisões potencialmente corretivas de atos emanados de administradores públicos.

Se já está assentado que é a adequação constitucional da decisão a condição para que se a conceba como a decisão judicial correta para o caso, não mais se poderá atuar sob o redutor paradigma da legalidade, mais afeito à compreensão de ser o direito um modelo de regras, em olvido à integridade e aos princípios.

2.2.3. O controle judicial da administração pública, ontem e hoje

Denominar-se-á, aqui, de visão clássica a respeito do controle judicial dos atos administrativos, a perspectiva segundo a qual, reconhecida embora a atuação judicial, a essa se estabelecem limites rigorosos, sob o fundamento de que a inserção do Poder Judiciário em certas diretrizes administrativas colimaria em violação à separação dos poderes.

É o que se vê, por exemplo, em autores como Hely Lopes Meirelles (1998, p. 577/8), que revela a visão então predominante, de que o paradigma da atuação judicial estava na verificação de cumprimento, pela administração, do princípio da legalidade.

Literalmente, sustenta o autor "o que *o Judiciário não pode é ir além do exame da legalidade*, para emitir um juízo de mérito sobre os atos da administração" (grifo meu).

Também neste sentido, assentava Seabra Fagundes (1967, p. 148) que:

> O mérito administrativo, relacionando-se com conveniências do governo ou com elementos técnicos, refoge do âmbito do Poder Judiciário, cuja missão é a de aferir a conformação do ato com a lei escrita, ou, na sua falta, com os princípios gerais do direito.

Ao abordar os limites do controle judicial sobre os atos emanados do Poder Executivo, igualmente Di Pietro (2001, p. 604) mostra-se aferrada ao paradigma.

É que, segundo explana, o Poder Judiciário pode examinar os atos da administração pública, de qualquer natureza, sejam gerais ou individuais, unilaterais ou bilaterais, vinculados ou discricionários, mas sempre sob o aspecto da legalidade.

Do alvitre não destoa Gasparini (1995, p. 545):

> O objetivo do controle jurisdicional é o exame da legalidade do ato ou atividade administrativa, confirmando um e outra, se legais, ou os desfazendo, se contrários ao direito. Não lhes cabe, portanto, qualquer apreciação de mérito, isto é, de conveniência, oportunidade ou economicidade da medida ou ato da administração.

Ocorre que tal maneira de enfocar o problema mostra-se em descompasso com o modelo constitucional concebido a partir de 1988, em que se pretende o estabelecimento de um Estado Democrático de Direito.[157]

Já não é mais o cumprimento da lei o norte a guiar a atividade administrativa, senão que o atuar estatal há de mostrar-se conforme com o preceituado pela Constituição, especialmente no que essa direciona para a satisfação dos direitos fundamentais.

Um obstáculo inicial há de ser suplantado, e é o que reside no argumento de que o incremento da atividade judicial de controle importaria em violação à separação dos poderes e ao princípio democrático, mormente pela razão de que o Poder Executivo estaria legitimado, pela

---

[157] Ao analisar especificamente o controle das políticas públicas, pelo Poder Judiciário, apercebeu-se Figueiredo (2007, p. 64) que "no Brasil, a Constituição de 1988, que coroou o processo de redemocratização, e que do ponto de vista simbólico superou o modelo anterior, adotou um figurino programático e dirigente, sendo pródiga na formulação de direitos fundamentais de defesa e de prestação de deveres ao Estado e aos particulares". Esses direitos, continua: "exigem comportamentos ativos (proteção e promoção) dos vários poderes públicos da federação brasileira (...)".

ascensão derivada de eleição de seu titular, sem que tal predicado se encontre nos integrantes do Judiciário.

De diversos pontos de vista García de Enterría (1997, p. 50) mostra o equívoco de tal compreensão.

Em primeiro lugar, porque:

> El mecanismo de la representación política tiene su aplicación característica en las Câmaras Legislativas; no resulta propiamente de aplicación como consecuencia de la elección democrática de los titulares del Ejecutivo o de las entidades territoriales – mucho menos a toda la miríada de funcionarios a quines con la fórmula "directa" o "indirectamente" democráticos parece aún pretender extenderse el mismo principio representativo.

Quer dizer, como reafirma o autor (1997, p. 52), onde verdadeiramente o povo atua o seu poder é no parlamento e a expressão desse poder estará materializada precisamente na lei, sob cujo império deverão atuar os demais órgãos do Estado.

Cabe ao Poder Executivo, pois, a tarefa de fazer cumprir a lei editada pelo parlamento, não lhe alcançando o predicado de representação do povo, de maneira assim tão evidente.

Sintetiza García de Enterría (1997, p. 64) que:

> La representación política se localiza precisamente en el parlamento como fuente de la ley, y no en el Ejecituvo. Este ejerce un simples *trust*, en los términos clásicos de Locke, una *autorité commise*, en la expresión de carré de Malberg. Con ella ejercen un poder de gestión.

De maneira que não é correto que a administração pública e seus gestores se possam beneficiar da ideia de representação política, porquanto essa concerne, sobretudo, aos detentores de mandatos parlamentares.

Tanto mais quando se sabe que a ocupação de cargos na estrutura estatal-administrativa não se dá pela via eleitoral e, de muitos destes postos, são emanadas diretrizes e modos de atuar públicos que, portanto, não se podem fazer infensos ao controle judicial sob o argumento de afronta à vontade popular, manifestada em eleição.

É apenas o chefe do Poder Executivo quem ascende à sua condição a partir do voto, e aquilo que García de Enterría (1997, p. 79) denomina de colonização do Estado pelos partidos políticos bem o revela.

Com efeito:

> Los partidos dominantes se apresuran a situar hombres de su confianza, no solo en los centros políticos relevantes, que ha sido una tradición en el sistema de partidos, sino en los sucesivos niveles de la Administración, hasta haberse consolidado una verdadera regresión de la independencia, neutralidad y objetividad de los funcionarios, hoy gobernados en buena parte más que por la regla constitucional del "mérito y la capacidad", por el criterio de la "confianza" política.

E é neste quadro que o argumento de violação ao princípio democrático, como forma de mitigar o controle judicial, arrefece.[158]

Claro, parte-se de um sofisma, qual seja o de que o processo eleitoral estaria a legitimar a atuação administrativa estatal, sem, entretanto, referir-se que, de vários pontos de vista, a ocupação de cargos em tudo e por tudo relevantes faz-se por critérios bastante diversos. Noutros termos, vários escalões da administração pública estão entregues a indivíduos não eleitos, no que o afastar-se a atuação judicial por essa razão apenas se revela pouco convincente.

Acrescente-se, ainda, que já não mais se tratará de um controle fincado na tão somente obediência ou não do princípio da legalidade, por parte da administração e seus agentes.

A consagração do Estado Democrático de Direito enceta novos paradigmas de controle, mormente judicial, sobre a atividade exercida pelo Poder Executivo. É que ao estabelecê-lo como modelo conformador do Estado brasileiro, a Constituição direciona a atividade de todos os órgãos públicos, no caminho de sua plena efetivação.

Com efeito, sabe-se, na trilha do que explana Barroso (2004, p. 326), que o constitucionalismo moderno promove, assim, uma volta aos valores, uma reaproximação entre ética e direito. Esses valores, em suas palavras, compartilhados por toda a comunidade, em dado momento e lugar, materializam-se em princípios, que passam a estar abrigados na Constituição, explícita ou implicitamente.

Tal a envergadura da compreensão do Estado Democrático de Direito.

Que passa a ser a síntese dos comandos que hão de nortear a atuação pública, inclusive numa perspectiva transformadora, de realização dos valores constitucionais.

Em que pesem as variações em torno do núcleo essencial do conceito de Estado Democrático de Direito, tema, aliás, que não é o caso de aprofundar aqui, parece induvidoso que se o pode relacionar à forma de organização política em que o poder emana do povo, mas, mais ainda, segundo a lição de Mendes (2007, p. 139):

---

[158] Conforme Souza de Oliveira (2010, p. 424): "é importante que se reforce que a aferição jurisdicional das políticas públicas não traduz a substituição do legislador ou do administrador pelo juiz, nem que sustenta a superioridade dos juízos (técnicos, valorativos) provenientes do Judiciário sobre os juízos dos demais poderes. Como já dito, é certo que a atuação jurisdicional pode se revelar incapaz ou ser perniciosa. Trata-se, muito embora com os riscos inerentes, de preconizar a supremacia da Constituição, a possibilidade de recurso ao procedimento judicial como mais um mecanismo de controle, como um veículo à disposição da cidadania".

Já agora no plano das relações concretas entre o Poder e o indivíduo, considera-se democrático aquele Estado de Direito que se empenha em assegurar aos seus cidadãos o exercício efetivo, não somente dos direitos civis e políticos, mas também e sobretudo dos direitos econômicos, sociais e culturais, sem os quais de nada valeria a solene proclamação daqueles direitos.

Por isso que na órbita administrativa para além de exigir-se a investidura legítima no poder, requer-se, também, que o seu exercício seja legítimo e, sobretudo, que os resultados do emprego do poder sejam legítimos, sempre em direção à satisfação dos direitos fundamentais proclamados pela Carta.

Noutras palavras, mostra-se insuficiente a legitimação do governante-administrador apenas no ensejo da disputa eleitoral que o leva ao posto maior; o exercício da atividade administrativa há de, outrossim, legitimar-se, pela sua aproximação aos comandos constitucionais; também nos resultados obtidos, que devem ser aqueles apregoados constitucionalmente, deve ser aferida e, portanto, controlada, a atividade estatal.

Destarte, essa, por assim dizer, constitucionalização do Direito Administrativo gera, na dicção de Moreira Neto (2008, p. 27), uma visão material do direito público, voltada à eficiência e aos esperados resultados da aplicação constitucional informados pelo conceito de legitimidade e iluminados por uma nova visão do Estado, do Poder e das relações entre sociedade e Estado.[159]

Portanto, a legitimidade da atuação estatal deve estar também nos fins e não apenas nos procedimentos, e os resultados também só podem ser considerados suficientemente satisfatórios se atenderem eficientemente as finalidades constitucionalmente cometidas ao Estado.[160]

Neste enfoque, afirma Moreira Neto (2008, p. 44):

---

[159] Nas palavras de Suárez (2006, p. 560): "la exigencia del intervencionismo del Estado en la mejora de las condiciones de vida del mayor numero de ciudadanos generará no sólo un aumento de la burocracia sino también un cambio en el papel que el derecho debe desempeñar en la sociedad. El derecho será visto no solo como un instrumento para señalar los limites del ejercicio de la libertad de cada uno y un freno frente a los posibles excesos del poder, sino también como el mecanismo que servirá para el progreso y la promoción de la vida social, económica y cultural de todos los ciudadanos. Los distintos derechos que se proclaman formalmente en los textos constitucionales demandan, para hacerlos valer en prática, no solo la vigilancia del Estado sino la actuación e intervención positiva, poniendo los médios necesarios que hagan posible su realizaciòns".

[160] Insista-se não ser escopo deste texto descer à difícil análise sobre os limites da atuação judicial a partir deste novo paradigma, senão de revelá-lo: o novo paradigma; mas não há dúvida de que é no debate judicial sobre as políticas públicas que o tema apresentará maior repercussão. Com tal enfoque, expõe Dallari Bucci (2006, p. 22) que: "nesse debate se revela, como em nenhum outro, a característica ontologicamente particular dos direitos sociais, cuja implementação justifica que se considere que o seu surgimento define um novo paradigma no cenário jurídico".

A revolução *juspolítica* introduzida pelos direitos fundamentais, ao portar valores afetos ao próprio homem, passa a ser essencial para o exame do significado e dos efeitos da expansão da Constituição no campo do Direito Administrativo.

Não é outro o alvitre de Maurer (2001, p. 23), ainda que esteja a abordar o tema no Direito Alemão:

> A constituição forma o fundamento e o critério para a ordenação jurídica total. Ela informa também a administração e o direito administrativo. Determinantes são, sobretudo, os direitos fundamentais e os princípios derivados do estado de direito (...) Ocasionalmente, o direito administrativo até é qualificado de *direito constitucional concretizado*.

Ora, esse incremento, decorrente do quadro constitucional atual, às expectativas dos indivíduos frente à atuação estatal, carece, para que não resulte em frustração, de mecanismos de controle, os quais, já em tal perspectiva, não se bastam com o respeito à só legalidade; os resultados alcançados devem convergir, eles também, aos fins constitucionais.

Como assevera Dromi (2005, p. 09), há, deveras, uma "impossibilidad de que exista una gestión eficaz, mantenida en el tiempo, sin su sometimiento a un sistema de control efectivo".

Ou seja, não há como supor que esteja a atividade estatal adstrita a novos paradigmas, sem que o controle judicial desta mesma atividade também tenha em mira as novas perspectivas constitucionais e o direcionamento que elas estabelecem para o agir do Estado.

É que, como anota Moreira Neto (2008, p. 45), evolui-se do conceito de poder de Estado, para o de função de Estado e, neste sentido, a atividade administrativa funcionaliza-se, para a efetiva, eficiente e legítima realização dos direitos das pessoas.

Em tal ordem de ideias, diante do modelo adotado por nossa Constituição, no exercício do controle da atividade administrativa, o Poder Judiciário, conforme Vianna (1999, p. 21), é exigido a estabelecer o sentido ou a completar o significado da legislação constitucional e ordinária, que já nasce com motivações distintas às da certeza jurídica, o que lhe dá o papel, por assim dizer, de legislador implícito, redefinindo a relação entre os poderes de Estado, no que se adjudica ao Poder Judiciário funções de controle dos poderes políticos.

Não é outra a conclusão de Kreel (2002, p. 100), que reconhece que as questões ligadas ao cumprimento das tarefas sociais, como a formulação das respectivas políticas, não estão relegadas somente ao governo e à administração pública, porque têm o seu fundamento nas próprias normas constitucionais sobre direitos sociais, razão por que a sua observação pode e deve ser controlada pelos tribunais.

Afastar-se de tal constatação, limitando-se a atuação do Poder Judiciário à mera avaliação sobre a legalidade, antes de representar violação ao novo paradigma, já em si grave, culminaria por despir de eficácia, no que tem de mais relevante, a própria Constituição. E não ensejaria, consequentemente, nos casos em que presente a temática da atuação administrativa-estatal, uma resposta judicial constitucionalmente adequada.

A Constituição, em suma, dirige o atuar estatal, dá-lhe norte, mas não apenas isso; suas normas estabelecem os direitos e as posições jurídicas, a partir dos quais a administração do Estado deixa de prestar reverência apenas à lei, pois sobeja-a as normas constitucionais.

Daí que a compreensão a respeito dos limites e do parâmetro de controle judicial sobre a administração pública sofre profunda alteração, de relevante implicação, mormente num país com as características do nosso, em que uma postura substancialista e a manutenção do ideário sobre o dirigismo constitucional se afiguram quase como uma necessidade, um consectário.

As vetustas lições sobre a atuação judicial, neste ponto, situando-a a partir do controle da legalidade dos atos administrativos, já não mais se sustentam. Aliás, o dogma da legalidade é caro a um modelo que compreende o Direito a partir de regras.

Em nosso caso, todavia, é a Constituição que há de balizar a atuação estatal e, consequentemente, a ela Constituição jungir-se-á o parâmetro de controle judicial dessa mesma atuação.

É sobre essa base, portanto, que está estabelecido o novo paradigma, agora constitucional, de controle judicial da administração pública. Pode ser uma revelação do óbvio, que, entretanto, nisto não se vê desmerecido, pois, muitas vezes, o óbvio há de ser revelado.

2.3. O direito privado na atualidade e as equivocadas percepções sobre as cláusulas gerais

A essa altura já se pode nutrir maior ambição para, reconhecida que seja a enorme extensão de temas que aludem ao que se fez conhecido como Direito Privado, como que examiná-lo de cima, sobrevoando-lhe, de maneira a traçar um panorama bastante geral que, entretanto, pretender-se-á abrangente.

E uma alegoria, de resto não original, talvez se faça pertinente para iniciar. Se imaginarmos a possibilidade de que um jurista brasileiro de nossa década de 80 estivesse congelado até os dias de hoje, um jurista competente, que conhecesse bem o Direito Civil e o soubesse manejar como poucos, e, esse mesmo jurista, hoje recebesse a graça de voltar ao mundo, o que lhe haveria de suceder ? Bem, é certo que se lhe afiguraria surpreendente as enormes alterações por que passou o trato de sua disciplina. Neste interregno, deveras curto, a Constituição se fez sobranceira e passou a atuar, como nunca antes, em assuntos que eram resolvidos tão somente no plano do Código Civil. Este, ademais, já não é o mesmo da época em que nosso personagem congelou...

Mas há algo que é preciso dizer: nosso jurista, afeito ao manuseio das regras ordinárias e desapegado da categoria dos princípios, deseja e precisa voltar ao trabalho. Que, em sua área de atuação, encontra hoje importantes diretrizes constitucionais e regras de conteúdo mais amplo, geral, diversas, em suma, daquelas com que se habituara a atuar. E é com esse arsenal jurídico renovado que ele volta à labuta; ele que, digamos logo, é um positivista, como dificilmente não seria um civilista brasileiro de sua época. Portanto, alguém que aposta na discricionariedade judicial.

Terrivelmente, como esteve congelado, subsiste-lhe o paradigma – e a alegoria quase se transforma em drama, porque ele lembra de Hart e de sua defesa da discricionariedade judicial quando a regra contivesse zonas de penumbra e, ao deparar-se com cláusulas gerais e de conteúdo um tanto vago, delira que há discricionariedade por toda a parte –, e, situado em seu paradigma, diante de um Direito que possui categorias com as quais ele não está acostumado a lidar, abre os olhos e vê que o seu delírio transformou-se em realidade. E, assim, nota que há um pouco de si em cada um de nós, juristas situados no paradigma do passado, lidando com categorias jurídicas do presente.

É disso que se pretende tratar neste tópico, quer dizer, de como a manutenção de uma forma de lidar com o Direito refletiu em concepções inadequadas sobre as cláusulas gerais, alargando a margem da discricionariedade judicial; de como os princípios não significam a possibilidade de respostas jurídicas variáveis, porque fecham a interpretação, ao revés de ampliarem-na.

2.3.1. Reflexões sobre a "tardia" constitucionalização do Direito Civil

Antes de, propriamente, iniciarem-se as reflexões acerca deste relevante fenômeno, designado de constitucionalização do Direito Civil,[161]

---

[161] A demarcação de fronteira radical entre o direito privado e o público, fronteira essa que na atualidade estreitou-se, data de longo tempo. Veja-se o que diz Giorgianni (1988, p. 38-9): "como se sabe, jusnaturalismo e racionalismo levaram a conceber o ordenamento jurídico, então entendido essencialmente como Direito Privado, em função do indivíduo e a considerá-lo como o conjuntos dos direitos que a este cabem. No centro deste sistema, cujas origens ideais remontam justamente ao movimento renascentista, está o 'sujeito'de direito, subvertendo-se, assim, a origem etimológica de tal termo, relacionada, ao contrário, a um estado de sujeição (*subjectum*). O direito subjetivo é por isso entendido como poder da vontade do sujeito, e no centro do sistema sobressai o 'contrato' como

convém empreender um breve escorço, que, com as palavras de Barroso (2009, p. 57), assim poderia começar:

> O direito privado, especialmente o direito civil, atravessou os tempos sob o signo da livre iniciativa e da autonomia da vontade. As doutrinas individualistas e voluntaristas, consagradas pelo Código Napoleônico (1804) e incorporadas pelas codificações do século XIX, repercutiam sobre o Código Civil brasileiro de 1916. A liberdade de contratar e o direito de propriedade fundiam-se para formar o centro de gravidade do sistema privado. Ao longo do século XX, todavia, esse quadro se alterou. A progressiva superação do liberalismo puro pelo intervencionismo estatal trouxe para o domínio do direito privado diversos princípios limitadores da liberdade individual e do primado da vontade, denominados *princípios de ordem pública*.

Ao longo do século, todavia, surgiram novas demandas que, aliadas à crescente consciência em relação aos direitos fundamentais, promoveram a superposição entre o público e o privado.

No curso desse movimento, operou-se a *despatrimonialização* do Direito Civil, ao qual se incorporaram fenômenos como o dirigismo contratual e a relativização do direito de propriedade. Deste modo, seguindo ainda Barroso (2009, p. 57.), no quarto final do século passado o Código Civil perdeu definitivamente o seu papel central no âmbito do próprio setor privado, cedendo passo para a crescente influência da Constituição. No caso brasileiro específico, a Carta de 1988 fixou normas acerca da família, da criança e adolescente, da proteção do consumidor, da função social da propriedade, apenas para citar algumas.

Além disso os princípios constitucionais passam a condicionar a própria leitura e interpretação dos institutos de direito privado. A Constituição já não é apenas o documento maior do direito público, mas o centro de todo o sistema jurídico, irradiando seus valores e conferindo-lhe unidade.

Assim, a ideia de constitucionalização do direito privado:

---

a voluntária submissão do indivíduo a uma limitação da sua liberdade . Pode-se dizer que todo o direito positivo, através da ficção do contrato social, é reconduzido aos esquemas voluntarísticos do Direito Privado. Nesse sistema, as relações do Direito Privado com o direito público são muito claras. O Direito Privado coincide com o âmbito dos direitos naturais e inatos dos indivíduos, enquanto o Direito Público é aquele emanado pelo Estado, voltado para objetivos de interesse geral. As duas esferas são quase impermeáveis, reconhecendo-se ao Estado o poder de limitar os direitos dos indivíduos somente para atender a exigências dos próprios indivíduos. Estes conceitos são repetidos na conhecida fórmula kantiana, pela qual os dois ramos se distinguem pela diversidade da fonte; que no Direito Privado reside nos princípios da razão, no Direito Público na vontade do legislador. Este sistema, surgido das mentes dos filósofos ou dos jusfilósofos, foi codificado pelo *Code Napoléon*, e baseado nele a pandectística alemã esforçou-se – ou, como foi observado recentemente, iludiu-se – para construir o edifício destinado a transportar do plano filosófico-jusnaturalista ao plano jurídico-positivo, a ideia do indivíduo sujeito de direito e aquela do 'poder(potestà) da vontade' do indivíduo, como único motor do Direito Privado" está associada a um efeito expansivo das normas constitucionais, cujo conteúdo material e axiológico se irradia, com força normativa, por todo o sistema jurídico. Os valores, os fins públicos e os comportamentos contemplados nos princípios e regras da Constituição passam a condicionar a validade e o sentido de todas as normas do direito infraconstitucional. Como intuitivo, a constitucionalização repercute nas suas relações com os particulares. *Porém, mais original ainda: repercute, também, nas relações entre particulares* (Barroso, 2009, p. 351, grifo não original).

Deixemos, por ora, a problemática alusiva à repercussão das normas constitucionais nas relações entre particulares – também denominada de eficácia horizontal dos direitos fundamentais.

O tormentoso tema, entretanto, não será olvidado. Por enquanto basta compreender a enorme importância que se há de conferir à assunção, pelo direito privado, de aspectos constitucionais, visto que é sabido o alheamento que sempre houve entre essas disciplinas. Com efeito:

Interesses, há menos de meio século, reputados exclusivamente individuais e aparentemente intangíveis tomaram, com o tempo, notável transcendência social, ocasionando, como efeito, sua ordenação subseqüente pelo Direito Constitucional. Assim se deu com o direito de propriedade e certos direitos civis atinentes à família, objeto de minuciosa regulamentação constitucional, com marcado cunho social. Os amparos às famílias de prole numerosa, a questão do divórcio, o problema dos filhos ilegítimos, em alguns países, já transverteram em matéria constitucional (Bonavides, 2004, p. 49).

É possível refinar-se o argumento. Quando se fala em constitucionalização do Direito Civil, pode-se enfocar a asserção sob dois pontos de vista. Sob o aspecto formal, quer-se significar que as constituições passaram, na atualidade, a conter disposições que, a rigor, apenas se faziam presentes nos códigos. No aspecto material, como aponta Ferreira da Silva (2003, p. 128):

O que releva é a fixação da Constituição como a fonte dos valores que informam as regras de direito civil (para além do fato de haver regras desta natureza insculpidas no próprio texto constitucional).

Portanto, mais importante do que a consagração de regras de direito privado, no bojo do texto constitucional, parece ser a perspectiva material, ou substancial, pela razão de ensejar o "deslocamento de valores que se encontravam plasmados no Código Civil para a Constituição"[162] (Ferreira da Silva, 2003, p. 128).

---

[162] Não parece necessário reiterar a evidência, qual seja a de que a própria ideia de codificações extensas pertence ao paradigma positivista, pelo qual a regra, desprovida de faticidade e de dimensão principiológica, almejava abarcar a totalidade da realidade em seu texto, sem atinar à temporalidade... Como diz Finger (2000, p. 88), o dogma da completude se foi firmando conexamente à concepção formal-dedutiva do direito, assim, punha-se "o Código para o juiz como um prontuário que lhe deveria servir infalivelmente, e do qual não poderia afastar-se (...) as constituições, enquanto os códigos se transformaram no centro do sistema jurídico, ficaram reduzidas a simples leis orgânicas dos poderes

Cabe dizer mais, porque, a bem da verdade, mormente a partir da Constituição de 1988, inaugurou-se uma nova fase de tratamento das relações privadas, as quais, para além de pertencerem às disposições de um código, são tratadas por diversos diplomas setoriais, encetando uma pluralidade de leis extravagantes.[163]

Destarte:

> Vislumbrou-se o chamado polissistema, onde gravitam universos isolados, que normatizariam inteiras matérias a prescindir do Código Civil. Tais universos legislativos foram identificados pela mencionada doutrina como microssistemas, que funcionariam com inteira independência temática, a despeito dos princípios do Código Civil (Tepedino, 2008, p. 12).

Assim, o próprio Código Civil passa a ter uma função residual, porquanto se faz aplicável tão somente em relação às matérias não reguladas pelas leis especiais, em tal ordem a deixar de ser, o código, o centro sobre o qual se estabelecem as relações jurídicas entre as pessoas. A unidade do sistema há de ser buscada na Constituição.

Neste sentido, a afirmação de Tepedino (2008, p. 13):

> Reconhecendo embora a existência dos mencionados universos legislativos setoriais, é de se buscar a unidade do sistema, deslocando para a tábua axiológica da Constituição da República o ponto de referência antes localizado no Código Civil.

No mesmo compasso assinala Bodin de Moraes (2007, p. 436):

> A proliferação da legislação esparsa sob a forma de estatutos especializados, por vezes tidos como microssistemas legislativos, tornou insustentável afirmar a centralidade do Código diante deste verdadeiro polissistema, que encontra, agora, na Constituição sua unidade sistemática e axiológica.

Portanto, essa perda de centralidade no regime privado, do Código Civil, a partir do que se pode chamar de *descodificação*,[164] enseja o relevante consectário de fazer-se a Constituição proeminente.

---

políticos. O direito civil codificado, em sua construção conceitualista e formal-dedutiva, pretensamente completa, cumpria com excelência as funções para as quais fora concebido".

[163] Citando o Código de Defesa do Consumidor, o Estatuto da Criança e do Adolescente, a Lei de Locações, entre outros, refere Tepedino (2008, p. 08) que tais diplomas não se circunscrevem a tratar do direito substantivo mas, no que tange ao setor temático de incidência, introduzem dispositivos processuais, não raro instituem tipos penais, veiculam normas de direito administrativo, ou seja, fixam verdadeiro arcabouço normativo para inteiros setores retirados do Código Civil.

[164] Neste sentido, dirá Irti (1978, p. 629) que as leis especiais, apropriando-se de determinadas matérias e classes de relações, esvaziam a disciplina codificada de conteúdo e exprimem princípios que assumem uma carga mais geral. Assim, ao Código Civil não se pode reconhecer o valor de direito geral, já que sofre uma alteração de função, pois passa a ser direito residual, ou seja, destinado a disciplinar as relações estranhas aos sistemas mais específicos, decorrentes das leis especiais. Igualmente Lorenzetti (2009, p. 44): "O Código, concebido como totalidade, enfrenta o surgimento dos microssistemas, caracterizados por normas com grande grau de autonomia, já que apresentam fontes próprias, suas

Por conseguinte, quando se discute a necessidade de obtenção de respostas corretas em direito privado, para além de se traçar, também aqui, um libelo contra a discricionariedade judicial, a partir de uma adequada compreensão dos princípios, que, aliás, ensejará maior aprofundamento adiante, tem-se, outrossim, que investigar em que medida a Constituição há de influir no campo das relações celebradas entre sujeitos que, a rigor, podem-se compreender num mesmo plano jurídico.

Certo: quando se cuidava de relações pertinentes aos particulares e o Estado, os direitos fundamentais se faziam considerar, inclusive porque, historicamente, ostentam nascedouro tendente à limitação do poder frente aos indivíduos.

Essa história, bem ou mal, já foi contada quando tratamos da dimensão objetiva dos direitos fundamentais.

Agora, todavia, a questão está em saber de que modo os particulares, quando se relacionam entre si, hão de vincular-se aos direitos fundamentais[165] e, portanto, como estes darão contributos à solução de casos submetidos à apreciação judicial.

O que pode ser lido também sobre em que medida a Constituição subordina as relações privadas e, por consequência, as regras que se incumbem de as regular.

É inequívoco que falar-se em constitucionalização do Direito Civil coaduna-se com a superação de uma visão de mundo ao modo iluminista, pela qual o Estado se concebia como uma espécie de *inimigo* a ser contido, tema, aliás, já enfrentado alhures, sob a ótica dos deveres de proteção estatal – quando se tratou disso levaram-se em conta, preponderantemente, os aspectos jungidos ao Direito Penal.[166] Mais do que isso, porém, tal superação ampliou o campo a que se destinam os direitos fundamentais, ou seja, estes não se fazem exigíveis apenas quando num dos espaços da relação jurídica esteja um ente público.

De modo que parece idôneo assentir-se que os direitos fundamentais hão de vincular e produzir efeitos nas relações privadas.

---

leis, regulamentos, interpretação, congressos científicos, com uma especificidade que se acentua até se constituírem como subsistemas regulados (...) o problema que apresentam é extremamente difícil em matéria de fontes, de interpretação e de aplicação da lei, porque em muitos casos estes microssistemas apartam-se do Código, criando suas próprias regras".

[165] Trata-se, repita-se, da chamada eficácia horizontal dos direitos fundamentais, que impõe "analisar a problemática da eficácia dos direitos fundamentais no âmbito das relações entre particulares, mais propriamente, da vinculação destes (pessoas físicas ou jurídicas) aos direitos fundamentais" (SARLET, 2000, p. 110).

[166] De novo Sarlet (2000, p. 118): "o Estado passa a aparecer, assim, como devedor de postura ativa, no sentido de uma proteção integral e global dos direitos fundamentais, deixando de ocupar – na feliz formulação de Vieira de Andrade – a posição de 'inimigo público', ou, pelo menos, não mais a de inimigo número um ou único da liberdade e dos direitos dos cidadãos".

O problema é como isso se dará.

Mesmo em Portugal, onde a Constituição estabelece em seu artigo 18, I., que: "os preceitos constitucionais respeitantes aos direitos, liberdades e garantias são directamente aplicáveis e vinculam as entidades públicas e privadas", a temática não é isenta de controvérsia.

De maneira abreviada, pode-se apontar que uma primeira corrente sustenta que a eficácia dos direitos fundamentais nas relações privadas há de se fazer de forma mediata ou indireta.

Argumenta-se que o contrário disso ensejaria um esvaziamento da autonomia dos indivíduos e uma estatização do Direito Civil, de modo que a recondução aos direitos fundamentais se daria na ausência de regras jurídico-privadas ou pela interpretação e integração das cláusulas gerais e conceitos indeterminados.

Ou seja, segundo os adeptos desta concepção é tarefa do legislador realizar, no âmbito de sua liberdade de conformação e na condição de destinatário precípuo das normas de direitos fundamentais, a sua aplicação às relações jurídico privadas (Sarlet, 2000, p. 123).

Assim, os direitos fundamentais não se fariam diretamente oponíveis entre os particulares, visto que careceriam de uma mediação legislativa, que, a partir das cláusulas gerais, dar-lhes-ia e determinar-lhes-ia o escopo de incidência.

É, em suma, o que alude Hesse (1995, p. 64), no sentido de que ao legislador de direito privado corresponderia constitucionalmente a tarefa de transformar o conteúdo dos direitos fundamentais, de modo diferenciado e concreto, em direito imediatamente vinculante para os participantes de uma relação jurídico-privada.

É evidente que essa compreensão delega ao juiz a tarefa de concretizar os direitos fundamentais, que se apresentariam a partir da abertura das cláusulas gerais. Quer dizer, na dicção de Steinmetz (2004, p. 145), o que se teria é o magistrado:

> (...) "preenchendo" as cláusulas gerais, e também os conceitos jurídicos indeterminados ou abertos, de direito privado, com os valores que fundamentam as ou defluem das normas de direitos fundamentais ou, para dizer de outro modo, com o conteúdo valorativo dos direitos fundamentais como princípios objetivos.

No mesmo sentido o alvitre de Sarlet (2000, p. 142):

> Os adeptos de uma vinculação, em princípio, indireta – excepcionadas as hipóteses de uma vinculação expressamente prevista no texto constitucional (...) – sustentam que incumbe ao legislador e, de forma supletiva, ao Juiz, a função de "intermediar" a aplicação das normas de direitos fundamentais às relações entre particulares.

Qual o problema que se pode aventar aqui?

É que, se as cláusulas gerais são havidas como veículo para a irrupção de direitos fundamentais, a critério do juiz, está-se, em última análise, relegando à apreciação deste a incidência de direitos constitucionais, com apreço à sua discricionariedade.

Dito de outro modo, se a eficácia dos direitos fundamentais estiver condicionada ao preenchimento de cláusulas gerais – tidas como recurso de interpretação posto à disposição do juiz (Steinmetz, 2004, p. 147) –, incumbirá ao Poder Judiciário determinar o quando e o como tais direitos se farão efetivos, sendo que, a rigor, essa é uma tarefa da própria Constituição.

Para melhorar o nível deste argumento é caso de analisar a chamada teoria da eficácia imediata.

Na perspectiva de Quadra-Salcedo (1981, p. 70):

> A obrigação dos cidadãos de respeitar os direitos fundamentais surge e emana diretamente da Constituição e não somente das normas de desenvolvimento desta; não é portanto e sem mais um mero reflexo do ordenamento ordinário que pode sofrer alterações, modificações e supressões que o legislador decida, senão que há um núcleo essencial que se deduz diretamente da Constituição e que se impõe a todos os cidadãos.

Steinmetz (2004, p. 271) também defende que:

> No marco da ordem constitucional da República Federativa do Brasil, os melhores argumentos corroboram a tese de que direitos fundamentais – exceto, evidentemente, aqueles direitos fundamentais cujos sujeitos passivos ou destinatários são exclusivamente os poderes públicos – vinculam imediata ou diretamente os particulares. A teoria da eficácia imediata (i) é uma construção que toma a sérios os direitos fundamentais, (ii) é consistente e consequente com a posição constitucional especial e preferencial desses direitos e com o conceito de uma Constituição como estrutura normativa básica e fundamental) do estado e da sociedade, e (iii) está sintonizada com o projeto – um projeto que não é somente jurídico, mas também ético e político, sobretudo no marco de uma sociedade tão desigual e injusta socialmente como a brasileira – de máxima efetividade social dos direitos fundamentais.

Ora, parece certo que deste modo dá-se à Constituição a proeminência que lhe cabe e se evita a indesejável situação de condicionar a efetividade de direitos constitucionais à atuação judicial, com todos os problemas que anteriormente já se fizeram mencionar, a esse respeito.

Isto, entretanto, jamais poderá significar – e este ponto é crucial – que a leitura constitucional se faça a partir de uma falsa amplitude decorrente da equivocada visão que a autoriza a partir da vagueza das normas constitucionais.[167]

---

[167] Fôssemos utilizar outro nível de argumento, com Sarlet (2000, p. 147) poder-se-ia dizer que: "na verdade, verifica-se que a discussão em torno da afirmação ou negação da eficácia direta, para além ou mesmo por detrás dos argumentos de cunho jurídico, inevitavelmente revela – ao menos também

Primeiro porque os textos jurídicos, e, assim, as regras de direito privado, hão de dizer-nos algo; segundo, porque a incidência de princípios constitucionais não se faz por critérios aleatórios do julgador, como já se viu e como, por importante, ainda mais se verá adiante.

Antes, entretanto, de encerrar essa perfunctória análise da problemática, que, evidentemente, não abordou matizações teóricas e nem aprofundou questionamentos idôneos, que se poderiam fazer, cabe referir, então, que a atuação dos direitos fundamentais, na órbita privada, dar-se-á, ademais, noutros níveis, no que, aqui, segue-se o escólio de Canaris, em seu *Direitos Fundamentais e Direito Privado*.

Em primeiro lugar tem-se a influência sobre a legislação de direito privado, isto é, da vinculação do legislador àquilo que estabelecido constitucionalmente.

Aqui parece evidente a impossibilidade de se cogitar de uma eficácia mediata, dado que apenas uma norma hierarquicamente superior pode servir de parâmetro de controle de outra, controle este que, ressalte-se, incumbe ao julgador, que, assim, não há de aplicar regras que discrepem do que fixado constitucionalmente.

Como Canaris (2009, p. 36), neste ponto:

> Tudo ponderado chego, pois, à seguinte conclusão parcial: os direitos fundamentais vigoram imediatamente em face das normas de direito privado. Esta é hoje a opinião claramente dominante. Aqui os direitos fundamentais desempenham as suas funções "normais", como proibições de intervenção e imperativos de tutela.

Em segundo lugar, infere-se a influência dos direitos fundamentais sobre a aplicação do direito privado.

Aqui, consoante Canaris (2009, p. 41), os juízes e tribunais, na aplicação e desenvolvimento das leis, constituem o necessário complemento da sua aprovação pelo legislador, e, assim, obviamente se encontram submetidos, no domínio do direito privado, à vinculação imediata aos direitos fundamentais, os quais, por conseguinte, devem, também aqui, ser aplicados nas suas funções de proibições de intervenção e imperativos de tutela.

Quer dizer:

> As proposições em que os tribunais fundamentam as suas decisões, por interpretação e desenvolvimento do direito, devem, da mesma forma, ser aferidas, em princípio imediata-

---

– um viés político e ideológico, sustentando-se, nesta linha argumentativa, que a opção por uma eficácia direta traduz uma decisão política em prol de um constitucionalismo de igualdade, objetivando a efetividade do sistema de direitos e garantias fundamentais no âmbito do Estado social de Direito, ao passo que a concepção defensora de uma eficácia apenas indireta encontra-se atrelada ao constitucionalismo de inspiração liberal-burguesa".

mente, segundo os direitos fundamentais, tal como se constassem de modo expresso do texto legal (Canaris, 2009, p. 42).

No terceiro nível, isto é, o concernente à influência dos direitos fundamentais sobre o comportamento dos sujeitos de direito privado, é conhecido o posicionamento de Canaris (2009, p. 132) no sentido de que o comportamento dos sujeitos de direito privado não estaria, em princípio, submetido à vinculação imediata aos direitos fundamentais.

Mas é necessário explicar este alvitre, uma vez que o autor já aludirá à imediata vinculação das leis de direito privado, bem como de sua aplicação, por juízes e tribunais, assentando, ainda, que, mesmo no plano do comportamento dos indivíduos, estes sofrem influência dos direitos fundamentais a partir de sua função de imperativos de tutela.

Cabe citar:

(...) pois o dever do Estado de proteger um cidadão perante o outro cidadão, contra uma lesão dos seus bens garantidos por direitos fundamentais, deve ser satisfeito também – e justamente – ao nível do direito privado (Canaris, 2009, p. 133).[168]

Também parece exato estabelecer que, no amplo rol de relações que se podem estabelecer no campo do direito privado, muitas vezes um dos participantes ostenta posição em tal nível de proeminência que o aproximaria, em termos, às figuras estatais; em tais situações, de exercício dos denominados *poderes privados*, os limites de atuação serão mais estreitos, e a vinculação aos direitos fundamentais mais pungentemente verificável.

De tudo, o que se tem é o evidente equívoco da simplificadora visão pela qual, a partir da abertura de certas regras, estar-se-ia entregando ao juiz, e à sua discricionariedade, o fazer incidir a Constituição. Essa não

---

[168] É interessante que se perceba como a asserção de Canaris, alusiva ao campo do direito privado, ressoaria com enorme pertinência na parte deste trabalho em que se tratou do direito penal. É que o professor de Munique desenvolve o tema da proibição de insuficiência, aqui abordado em termos penais, dizendo, por exemplo, que o dever de proteção a bens jurídicos tematiza o *se* da proteção, enquanto a proibição de insuficiência o *como*. Assim, quando se extrai da Constituição um dever de proteção, deve-se verificar "se o direito ordinário satisfaz suficientemente esse dever de protecção, ou se, pelo contrário, apresenta, neste aspecto, insuficiências" (CANARIS, 2009, p. 123). Ou seja, são dois percursos argumentativos distintos, que, ao fim, impõe "averiguar-se se a protecção do direito infra-constitucional é eficaz e apropriada" (op., loc., cit.), por isso que a eficácia da proteção integra o próprio conteúdo do dever de proteção, já que um dever de tomar medidas ineficazes não teria sentido. E, em passagem relevante, que poderia ter sido transcrita quando se assentou que respostas corretas em direito penal impõem ao juiz o controle da constitucionalidade das regras penais, também no enfoque da proibição de insuficiência, afirma Canaris: "a proibição de insuficiência não é aplicável apenas no (explícito) controlo jurídico constitucional de uma omissão legislativa, mas antes, igualmente, nos correspondentes problemas no quadro *da aplicação e do desenvolvimento judiciais do direito*. Pois, uma vez que a função de imperativo de tutela de direitos fundamentais não tem, de forma alguma, alcance mais amplo no caso de uma realização pela jurisprudência do que pelo legislador, *o juiz apenas está autorizado a cumprir esta tarefa porque, e na medida em que, ao não o fazer, se verificaria um inconstitucional déficit de protecção, e, portanto, uma violação da proibição de insuficiência*" (op., loc. cit., grifos não originais).

retira a sua força normativa da atividade judicial e nem dá ao magistrado maior amplitude em seu afazer, como, adiante, pretende-se referir.

2.3.2. Concepções inadequadas a respeito das cláusulas gerais: é de mais "poder" aos juízes que estamos falando?

Retome-se a alusão à alegoria de nosso jurista que, após grande período afastado de suas atividades, por força de seu congelamento, vem, agora, a labutar no Direito brasileiro atual. Como já sinalizado, de alguma maneira se poderia inferir que parte de nosso conhecimento jurídico também permaneceu – e permanece – neste estado de estagnação, ou seja, ainda estamos apegados a uma compreensão do Direito que destoa das necessidades requeridas pelo momento em curso e destoa, ademais, do novo instrumental com o qual o jurista há de lidar, no desempenho de suas atividades.

Inegavelmente, quanto mais afeto aos aspectos gerais e abstratos, ou seja teóricos, do Direito, melhor o intérprete desenvolverá a sua articulação argumentativa, compreendendo a intencionalidade do direito, visto em sua integridade.

De toda maneira, o que se quer apontar é que se o paradigma olvidar a adequada inserção do intérprete no círculo hermenêutico, se olvidar a tradição e o papel a que se destinam os princípios, normas jurídicas como as cláusulas gerais acabarão por permitir uma exacerbação da discricionariedade em tal ordem, que a autonomia do Direito simplesmente arrefecerá.

Como é sabido, o positivismo jurídico não admite – não pode admitir – a presença de lacunas, que, quando evidentemente se apresentarem, redundarão na ampliação de poderes do julgador. A inadequação dessa compreensão a um sistema que consagre as cláusulas gerais foi bem apanhada por Menezes Cordeiro (2008, p. XXII), na introdução à obra de Canaris:

> O positivismo não tem meios para lidar com conceitos indeterminados, com normas em branco e, em geral, com proposições carecidas de preenchimento com valorações: estas realidades, cada vez mais difundidas e utilizadas nos diversos sectores do ordenamento, carecem, na verdade, de um tratamento que, por vezes, tem muito em comum com a integração das lacunas. E tal como nesta, também naquelas o *jus positum* pode não oferecer soluções operativas: o positivismo cairá, então, no arbítrio do julgador.

Noutras palavras, mas ainda seguindo as observações de Menezes Cordeiro, obrigado pela proibição do *non liquet*, a decidir, o julgador encontrará sempre qualquer solução, mesmo havendo situação de lacuna ou indeterminação da regra jurídica. Munido, porém, de instrumentação meramente formal ou positiva, o julgador terá de procurar, noutras latitudes, as bases da decisão. E assim:

> Dos múltiplos inconvenientes daqui emergentes, dois sobressaem: por um lado, a fundamentação que se apresente será aparente . as verdadeiras razões da decisão, estranhas aos níveis *juspositivos* da linguagem, não transparecem na decisão, inviabilizando o seu controlo; por outro, o verdadeiro e último processo de realização do Direito escapa à ciência dos juristas: a decisão concreta é fruto, afinal, não da Ciência do direito, mas de factores desconhecidos para ela, comprometendo, com gravidade, a previsibilidade, a seriedade e a própria justiça da decisão (Menezes Cordeiro, 2008, p. XXIII).

No que se tem um paradoxo, em que tantas vezes se preconizou a segurança jurídica a partir do positivismo, que, todavia, enseja-lhe o inverso.[169]

Sem que se deixe de correr o risco do fastio, parece importante apontar uma ou outra manifestação a respeito das cláusulas gerais,[170] as quais, porquanto não atentas ao papel a que se destinam os princípios jurídicos, acabam por devolver ao julgador, amplamente, a incumbência de preenchimento do que não está cabalmente estabelecido.

Segundo Amaral (2008, p. 42):

> Com uma estrutura atual de sistema aberto, flexível, enriquecido, por princípios e cláusulas gerais antes referidas, o Código Civil contribui para uma interpretação jurídica mais harmônica com a renovação por que passa o Direito, permitindo ao intérprete uma liberdade de criação, dando ao juiz maior poder de decisão.

No mesmo sentido é a afirmação de Aguiar Júnior, em palestra proferida no longínquo ano de 1999:[171]

---

[169] A questão de que a fundamentação da decisão será meramente aparente parece bastante importante, mormente quando se tem que o desenvolvimento de métodos de interpretação, anteriormente já combatidos, prestou-se enfaticamente a servir de álibi por trás dos quais se mantinham ocultas as verdadeiras razões de decidir. È que se tinha presente "uma metalinguagem, com metaconceitos e toda uma sequência abstracta que acaba por não ter já qualquer contacto com a resolução dos casos concretos" (Menezes Cordeiro, 2008, p. XXV).

[170] Não se pretenderá aqui encetar reflexões aprofundadas sobre discernir as cláusulas gerais das normas de conteúdo vago, indeterminado ou aberto. O sentido que se há de ter corresponde àquelas situações em que intencionalmente a regra não dispõe de todo o conteúdo, em seu texto, para a sua incidência, no que, é evidente, se está a raciocinar em termos não hermenêuticos, visto que, aqui, não há regra desgarrada de um caso; e, *tout court*, não há regra desgarrada de um princípio, daí que da discricionariedade não se cogitará. Mas, apenas para referir, tem-se que, para Ferraz Júnior (1994, p. 316), as cláusulas gerais não apresentam a casuística da hipótese descrita em abstrato, pois decorrem de técnica legislativa destinada a abranger numa mesma formulação um expressivo número de casos, possuindo natureza de diretriz, num sentido valorativo; isto é, a extensão conotativa da norma não é definida antecipadamente. Nas normas de conceitos jurídicos indeterminados o que não se determina de antemão é a extensão denotativa, em razão da situação de vagueza.

[171] O conteúdo integral está disponível no sítio do Superior Tribunal de Justiça: www.stj.gov.br\discursos.

(...) as normas cujo grau de vagueza é mínimo implicam seja dado ao juiz o poder de estabelecer o significado do enunciado normativo; já no que respeita às normas formuladas através de cláusula geral, compete ao juiz um poder extraordinariamente mais amplo, pois não estará tão-somente estabelecendo o significado do enunciado normativo, mas por igual, criando direito, ao completar a *fattispecie* e ao determinar ou graduar as conseqüências.

A assertiva foi endossada em texto posterior:

Do emprego da cláusula geral decorre o abandono do princípio da tipicidade e fica reforçado o poder revisionista do Juiz, a exigir uma magistratura preparada para o desempenho da função, que também deve estar atenta, mais do que antes, aos usos e costumes locais (Aguiar Júnior, 2000, p. 20).

Igualmente Cordeiro (2007, p. 59) assevera que:

Há de se conscientizar o julgador que em toda interpretação sempre há algum grau de criatividade que autoriza margem de escolha das opções normativas mais amplas e flexíveis, que autoriza a inserção na decisão de argumentos que a vinculem aos direitos fundamentais, isso em função da textura aberta dos textos legais editados pelo legislativo.

Perde-se a oportunidade de, a partir das inequívocas alterações por que passou o direito privado em nosso país e da sua abertura à principiologia constitucional, levar-se o Direito a sério, com a simplificadora percepção de que cláusulas gerais e conceitos indeterminados levam à ampliação de poder do julgador, ao invés de imporem-lhe um nível de argumentação que desborde das regras e passe, inevitavelmente, pelos princípios, tendo-se em conta, como é curial, a integridade do Direito.[172]

Com efeito, veja-se que, assim os autores citados, como Gschwendtner (2006, p. 98), recaem desde sempre na falsa ideia de ampliação dos poderes do julgador, como se pode notar da seguinte passagem:

Assim, como visto, o legislador lança mão de cláusulas gerais e conceitos jurídicos indeterminados que, utilizados juntamente com os princípios constitucionais proporcionam uma considerável função política ao magistrado no dia-a-dia da atividade forense (...).

---

[172] Como aponta Streck (2009, p. 390): "o que ocorreu é que os positivistas de *terrae brasilis* traíram Herbert Hart e Hans Kelsen, os quais, embora defensores do poder discricionário dos juízes, admitiam que este se dava somente nos limites da 'moldura do texto' (limites semânticos, portanto), e não para além desses contornos. Ou seja, a discricionariedade admitida pelos positivismos hartiano e kelseniano foi transformada em arbitrariedade. Assim, para o positivismo praticado no Brasil, em sendo o direito o espaço simbólico das relações de poder, parece natural que, em determinados momentos – mesmo em plena vigência da Constituição democrática de 1988 – os 'limites semânticos' (a moldura) possam vir a ser ultrapassados, sob 'argumentos' tais como: em nome da 'justiça', 'dos valores esculpidos na norma', etc".Mais adiante Streck apontará o caminho que, aqui, está-se tentando percorrer: "trata-se, pois, de examinar essa complexa problemática a partir de um câmbio paradigmático, que envolve, certamente, um salto da subsunção à compreensão, do esquema sujeito--objeto para a intersubjetividade, da regra para o princípio e, fundamentalmente, do positivismo para o (neo)constitucionalismo" (op. cit., p. 394).

Outro mal a ser evitado, tão comum em nossas plagas, é o sincretismo teórico, a ausência de compromisso intelectual, que pretende conciliar o inconciliável e recai na manutenção de um discurso que se quer e deve superar.

É o que se vê, por exemplo, quando Gagliardi e Mattiuzo Junior (2005, p. 795) pretendem, aludindo num mesmo arcabouço de argumentação, a Hart, Kelsen, Dworkin, Rawls, Larenz, Alexy e Canotilho, sem particularizar em nada o escopo teórico de cada qual, sustentar coisas como que:

> Uma decisão judicial, sobretudo quando envolve questões constitucionais relevantes, pode deixar o intérprete envolto na necessidade de se proceder à escolha entre valores morais e não uma simples aplicação de um único princípio moral proeminente.

Seria o caso de se indagar quando as decisões judiciais, mesmo as que os autores acoimam de mais singelas, não envolveriam uma questão constitucional, ou a aplicação das leis não está condicionada à constitucionalidade delas mesmas? Ou então quando uma questão constitucional não se faria relevante, isto para não dizer que quando tratam da escolha a ser empreendida pelo intérprete, mais adiante dirão que:

> Cabe aos juristas o dever natural de eliminar quaisquer injustiças, a começar pelas mais cruéis que são identificadas pela medida do seu desvio em relação à justiça perfeita (Gagliardi e Mattiuzo Junior, 2005, p. 796).

Asserção que, sejamos francos, é dispensável profligar.[173]

A importante obra de Lorenzetti também incide no mesmo equívoco. Importante, diga-se, porquanto empreendeu o autor uma tentativa de *teoria da decisão judicial*, tema de que raramente se ocupa a doutrina; sua condição, ademais, de juiz da Suprema Corte Argentina faz sobrelevar a necessidade de determo-nos um pouco sobre os seus argumentos.

Que, todavia, não se afastam do sincretismo acima apontado.

Com efeito, além de sua sabida concordância à concepção de Hart, sobre a regra de reconhecimento, Lorenzetti (2009, p. 172-4) ao tratar das cláusulas gerais afirma que, se há uma linguagem aberta, não é possível dedução isolada, no que aparece a tarefa do juiz "que deve proceder à interpretação da norma, sem que seja possível uma aplicação automática".

Seu raciocínio, então, ainda é o de que a partir do método dedutivo se solucionam grande parte dos casos jurídicos, pois, como diz:

---

[173] Mesmo a crítica, formulada a partir do mesmo paradigma, é reveladora. Com efeito, alude Theodoro Júnior (2003, p. 114) que "o grande risco, nesse momento de aplicação do conceito genérico da lei, está na visão sectária do operador, que, por má-formação técnica ou por preconceito ideológico, escolhe, dentro do arsenal da ordem constitucional apenas um de seus múltiplos e interdependentes princípios, ou seja, aquele que lhe é mais simpático às convicções pessoais".

(...) a maioria dos casos é dedutivamente resolvida (casos fáceis), e como exceção existem dificuldades normativas ou fáticas, ou ainda no processo lógico que habilitam resolver com base na argumentação jurídica (casos difíceis).

Seu aprisionamento à vetusta ideia de utilização de método de dedução – que faz, em suas palavras, termos um juiz no estilo *Sherlock Holmes* – já por si dá conta de que se lhe aparecem dois mundos apartados, o da regra e o do fato, os quais artificialmente, ou *sherlockianamente* se conjugarão por uma atuação judicial não menos fictícia do que o personagem de *Conan Doyle*.

Defensor da discricionariedade, apõe-lhe mecanismos tendentes ao controle, ao modo de MacCormick, a exemplo da análise consequencialista, sem deixar, ainda, de, com Alexy, aludir que nos casos não resolvidos por dedução se devem aplicar os princípios, segundo os critérios do juiz. Em suas palavras (2009, p. 366):

> No caso dos princípios concorrentes, é necessário dar a cada um o que é seu, daí que o juiz deve considerar qual é o ponto ótimo de equilíbrio entre o que se dá a uns e o que é tirado de outros, e como ponderar os valores em jogo.

De sorte que, em assim pensando, ter-se-ia que nos casos resolvidos por dedução – o que, em si, na compreensão hermenêutica é inaceitável –, de nada valeriam os princípios. E nos outros casos, em que mais de um princípio concorresse, teríamos atribuída ao juiz a tarefa de ponderar, que, ao fim e ao cabo, não passa de um exercício de discrição, só que na dimensão de princípios, e não de regras.

Por isso que Lorenzetti vai dizer que diante de uma cláusula geral abre-se enorme espaço para o intérprete, espaço que ele descreve como "materialização dos critérios de justiça" (2009, p. 173), a partir de uma valoração que utilize paradigmas, noções que se aprendem em outras ciências e subjetividades (op. loc. cit.).

Daí que, valendo-se dos ensinamentos de Teubner, aludirá que as cláusulas gerais vão permitir um intercâmbio entre o sistema jurídico e os outros sistemas sociais.

Lorenzetti, cumpre dizer, atribui-se a condição de defensor de uma *discricionariedade fraca*, isto é, assenta que os juízes estão obrigados a dar razões que convençam a sua solução de acordo com o direito, porque, como sustenta, a "discricionariedade é uma zona de possibilidades para decidir entre alternativas legítimas" (2009, p. 178).

Segundo ele, não é que exista uma resposta correta, mas sim uma resposta fundamentada em razões de princípios e valores que devem ser explicados para que sejam debatidos no processo judicial. Porém, adverte que a discricionariedade está limitada, porque só pode ser exercida depois que se "descartar primeiro a dedução" (2009, p. 179).

Vê-se, assim, que o problema é de paradigma; é impossível concordar com o método subsuntivo, tanto quanto o é, no que concerne a supor que apenas quando este falhar incidirá os princípios no Direito.

As regras dependem dos princípios; por detrás das regras estão os princípios, princípios que, aliás, não se fazem presentes no tema da decisão judicial somente quando as regras falhem ou sejam obscuras; princípios, ademais, sobre cujo conteúdo não há o julgador de exercer a discrição, porque o conteúdo de um princípio não lhe pertence; pertence à história, pertence à tradição e há de estar situado na pré-compreensão autêntica do julgador, como anteriormente já tentamos assinalar.

Tanto que na conclusão de sua obra, mesmo Lorenzetti reconhece que essa preponderância do julgador, no estabelecimento da conteudística dos princípios não afasta a possibilidade de se "levar a diferentes conclusões por força da "ideologia" de quem toma a decisão" (2009, p. 365), no que se estaria, em suas palavras, diante de "uma caso de 'intensa discricionariedade'" (op. cit. loc. cit.), em vista de paradigmas que, diz ele, de certo modo são concorrentes entre si.

Insista-se no que já se disse alhures: "os juízes não podem dizer que a Constituição expressa suas próprias convicções" (Dworkin, 2006, p. 15).

Os juízes não podem pensar que os dispositivos constitucionais abstratos autorizam uma moral particular qualquer, por mais que esse juízo lhes pareça correto, a menos que tal juízo seja coerente, em princípio, com o desenho estrutural da Constituição como um todo e também com a linha de interpretação constitucional predominantemente seguida por outros juízes do passado.

Sem tais limites, pertencentes à história *institucional* do povo e na compreensão do Direito como integridade, cogitar-se-ia de uma leitura das normas constitucionais que redundaria na manifestação de convicções pessoais dos juízes, reescrevendo a própria Constituição e, em suma, subvertendo-a.

A crítica não pode ser generalizada, contudo.

Mesmo que não situada na perspectiva hermenêutica, Martins Costa, por exemplo, em variados textos assenta, de maneira correta, que o estabelecimento das cláusulas gerais não está a significar uma atividade judicial livre de qualquer peia. A autora, com efeito, já em 1999 afirmava:

> Não se trata – é importante marcar desde logo este ponto – de apelo à discricionariedade: as cláusulas gerais não contêm delegação de discricionariedade, pois remetem para valorações objetivamente válidas na ambiência social. Ao remeter o juiz a estes critérios aplica-

tivos, a técnica das cláusulas gerais enseja possibilidade de circunscrever em determinada hipótese legal (estatuição), uma ampla variedade de casos cujas características específicas serão formadas por via jurisprudencial e não legal (Martins Costa, 1999, p. 229).

Noutro texto, também aludia a que as cláusulas gerais:

> Conformam o meio legislativamente hábil para *permitir o ingresso, no ordenamento jurídico codificado, de princípios valorativos*, ainda inexpressos legislativamente, de *standards*, máximas de conduta, arquétipos exemplares de comportamento, de deveres de conduta não previstos legislativamente (e, por vezes, nos casos concretos, também não advindos da autonomia privada), de direitos e deveres configurados segundo os usos do tráfego jurídico, de diretivas econômicas, sociais e políticas, de normas, enfim, constantes de universos meta-jurídicos, viabilizando a sua sistematização e permanente ressistematização no ordenamento positivo (Martins Costa, 2000, p. 9 – grifo não original).

Certo: a autora ostenta integral razão no que refere que não se cuidará de discricionariedade, porque pelas cláusulas gerais se tem aberta a via de inserção dos princípios na órbita das relações jurídicas privadas.

Estes, entretanto, na compreensão de Direito como integridade, fazem parte do sistema e, portanto, não pertencem a algum suposto *universo meta-jurídico*.[174]

E essa parece ser a questão realmente importante, que, talvez, a autora tenha melhor referido em outra passagem, mais recente, que vale a pena citar:

> A voz do juiz não é, todavia, arbitrária, mas vinculada. Como já se viu, as cláusulas gerais promovem o reenvio do intérprete/aplicador a certas pautas de valoração do caso concreto. Essas estão, ou já indicadas em outras disposições normativas integrantes do sistema (...), ou são objetivamente vigentes no ambiente social em que o juiz opera (Martins Costa, 2002, p. 119).

Porque é da Constituição, entendida em seu todo, é do círculo hermenêutico, enfim, que advirá a necessária consecução de respostas corretas em direito privado, que não pode, portanto, conviver com uma leitura

---

[174] No mesmo texto Martins Costa referia que "a cláusula geral constitui uma disposição normativa que utiliza, no seu enunciado, uma linguagem de tessitura intencionalmente 'aberta', 'fluida' ou 'vaga', caracterizando-se pela ampla extensão do seu campo semântico. Essa disposição é dirigida ao juiz de modo a conferir-lhe um mandato 8 ou competência) para que, à vista dos casos concretos, *crie, complemente ou desenvolva normas jurídicas, mediante o reenvio para elementos cuja concretização pode estar fora do sistema*" (op. cit., p. 06 – grifo não original). Por tudo que já se falou, e por tudo que se falará adiante, a respeito dos princípios, é que somente parcialmente se pode concordar com a assertiva. Ademais, como acentua Grau (2005, p. 209): "a abertura dos *textos de direito*, embora suficiente para permitir permaneça o direito a serviço da realidade não é absoluta. Qualquer intérprete estará, sempre, permanentemente por eles atado, retido. Do rompimento dessa retenção resultará a subversão do *texto*. Além disso, outra razão me impele a repudiar o entendimento de que o juiz atua no campo de uma certa discricionariedade. Essa razão repousa sobre a circunstância de ao intérprete autêntico não estar atribuída a formulação de *juízos de oportunidade* – porém, exclusivamente, de *juízos de legalidade*. Ainda que não seja o juiz, meramente, *a boca que pronuncia as palavras da lei*, sua função – dever-poder – está contida nos lindes da *legalidade (e da constitucionalidade)*" (grifo não original).

calcada na cisão do mundo fático ao campo do Direito e tampouco aceitar uma aleatória criação de princípios, ao gosto do intérprete.

Como diz Tepedino (2003, p. XIX), as cláusulas gerais, em codificações anteriores, suscitaram compreensível desconfiança, em razão do alto grau de discricionariedade atribuída ao intérprete, de modo que, ou se tornavam *letra morta* ou dependiam de construção doutrinária, capaz de lhes atribuir um conteúdo menos subjetivo. Ocorre que na atualidade isto não mais pode ser aceito.

Assim:

> Torna-se imprescindível, por isso mesmo, que o intérprete promova a conexão axiológica entre o corpo codificado e a Constituição da República, que define os valores e os princípios fundantes da ordem pública. Desta forma, dá-se um sentido uniforme às cláusulas gerais, à luz da principiologia constitucional, que assumiu o papel de reunificação do direito privado, diante da pluralidade de fontes normativas e da progressiva perda de centralidade interpretativa do Código Civil (Tepedino, 2003, p. xx).

Sem essa aposta constitucional, descambar-se-á para o mais puro decisionismo, se é que, fosse o escopo aqui o de estabelecer um diagnóstico, já não seria ele facilmente constatável.

Noutras palavras, de pouco terá valido as variadas alterações empreendidas na legislação de direito privado, se a mentalidade dos juristas não acompanhar as necessidades do momento presente, em que, em suma, a entrega da solução de grande parte dos casos à discrição do julgador parece discrepar do que corresponde ser anseio de um Estado democrático.

Já em 1967 advertia Rodotà (1967, p. 83):

> La maturità di una riforma, infatti, non può mai misurarsi soltanto dal corpo di proposte tecniche che si è in grado di apprestare, ma dal rinnovamento che la cultura giuridica è riuscita a promuovere rispetto alle idee espresse nei testi bisognosi di revisione.[175]

Por isso que não é demasiado insistir que a superação da desconfiança gerada pelas cláusulas gerais dar-se-á a partir da consolidação do entendimento:

> De que a reunificação do sistema, em termos interpretativos, só pode ser compreendida com a atribuição de papel proeminente e central á Constituição (Tepedino, 2000, p. 13).

Em suma, poder-se-ia dizer que:

> Os princípios cumprem ainda a função de limitação da interpretação ao restringir a discricionariedade judicial. A referência aos mesmos nos casos difíceis e duvidosos torna o

---

[175] Em livre tradução: "a maturidade de uma reforma, de fato, não pode nunca medir-se apenas no corpo de propostas técnicas que se elaboram, mas sobre a renovação que a cultura jurídica consegue promover a respeito das ideias expressas nos textos que se necessita revisar".

processo de interpretação-aplicação do direito mais controlável e racional, porquanto evita que o operador jurídico invoque valores subjetivos não amparados de forma explícita ou implícita no ordenamento jurídico (Jorge Junior, 2003, p. 172).

Avançar a análise a respeito do papel dos princípios, no sentido de aludir que é a partir deles que se podem obter respostas corretas em Direito, é o escopo a que nos destinaremos na sequência.

2.3.3. A inserção do mundo prático no Direito, a partir dos princípios: de como os princípios conduzem à resposta correta em direito privado

Ao indagar-se sobre se não existiria mesmo nenhuma resposta correta em casos controversos, Dworkin, desde logo, consente que está a defender uma tese impopular (2000, p. 176).

Mas deixa claro, também, que:

> O argumento de estou errado, portanto, deve ser um argumento filosófico. Deve contestar minha suposição de que em um sistema jurídico complexo e abrangente é improvável que duas teses difiram a ponto de exigir respostas diferentes em algum caso e, ainda assim, adequar-se igualmente bem ao conteúdo jurídico relevante. Deve fornecer e defender alguma ideia de ceticismo, ou de indeterminação na teoria moral, que torne plausível supor que nenhuma de tais teorias pode ser preferida em detrimento da outra com base na moralidade política (Dworkin, 2000, p. 215-6).

Na primeira parte deste trabalho algumas considerações já foram feitas a respeito do pensamento do autor americano e, se bem que em alguma medida a repetição se revele inevitável, pretender-se-á agora aprofundar algumas questões, sobretudo concernentes aos princípios, por via dos quais, no direito privado, ou no Direito, como pode fazer crer um abandono de comedimento, pode-se alcançar uma resposta correta.

Já se viu que é uma perspectiva muito corrente entre os juristas a de que a imprecisão da linguagem garante que, inevitavelmente, não haverá nenhuma resposta correta para certas perguntas jurídicas.[176] Situação que, naturalmente, agrava-se, quando a perspectiva alude a regras de conteúdo menos preciso, como são as cláusulas gerais.

Duas dimensões, assim, são olvidadas; a de que uma proposição de Direito é bem fundada se faz parte da melhor justificativa que se pode

---

[176] Como afirma Dworkin (2000, p. 189), supõe-se que o legislador aprova uma lei e "o efeito dessa lei sobre o Direito é determinado exlusivamente pelo significado abstrato das palavras que usou, de modo que se as palavras são imprecisas, deve decorrer daí que o impacto da lei sobre o Direito deve, de alguma maneira, ser indeterminado". Ocorre que, sigamos o escólio de Dworkin, a suposição está claramente errada, pois "os critérios de um jurista para estabelecer o impacto de uma lei sobre o Direito podem incluir cânones de interpretação ou explicação legal que determinam que força se deve considerar que uma palavra imprecisa tem numa ocasião particular, ou, pelo menos, fazer sua força depender de questões adicionais, que, em princípio, têm uma resposta certa" (op., loc., cit.).

oferecer para o conjunto de proposições jurídicas tidas como estabelecidas e a de que, se duas justificativas oferecem uma adequação igualmente boa aos dados jurídicos, uma delas, não obstante, oferece uma justificativa melhor que a outra, se for superior enquanto teoria política ou moral, isto é, se apreende melhor os direitos que as pessoas realmente têm (Dworkin, 2000, p. 213).[177]

Em outros termos:

> Devemos interpretar o Direito de modo a tirar dele o melhor sentido "moral". Em outras palavras, devemos sempre assumir, quando tentamos determinar o que o Direito requer ou permite, que isso faça sentido *moralmente*. Por quê? Porque isso dá sentido ao Direito. Qual é o propósito de justificar a ação em nome do Direito a menos que essa ação tenha também um sentido moral? (Guest, 2010, p. 17).

Há que se fixar um pressuposto, então, que é o de que é importante o modo como os juízes decidem os casos que lhe são apresentados.

Em Dworkin, para quem a assunção do pressuposto é inafastável, conceber-se-á que uma interpretação da prática jurídica geral, ou mesmo de alguma área específica do Direito, pode ser coerentemente defendida, como a melhor em termos gerais.

Com efeito:

> Minha exposição interpretativa da prática jurídica pressupõe que os valores que a justificam, ainda que variados e complexos, compõem um todo integrado, e, desse modo, podem ao mesmo tempo exigir e guiar a integridade nos estágios doutrinário e de decisão judicial (Dworkin, 2010, p. 38).[178]

Ora, na medida em que a interpretação é inerente ao Direito, o pano de fundo deve ser sempre o melhor sentido moral que se possa tirar dos materiais jurídicos.

Assim, tem razão Guest (2010, p. 44), ao indicar que se deve ter em mente, no que se refere à teoria de Dworkin, que haverá uma tensão constante entre o que os materiais jurídicos dizem e qual é a maneira moralmente melhor de interpretá-los.[179]

---

[177] Em texto mais recente, afirma Dworkin (2010, p. 23): "podemos distinguir duas dimensões nas quais é possível avaliar o êxito de uma proposta de justificação. Em primeiro lugar, uma justificação deve, ao menos *grosso modo*, adequar-se àquilo que pretende justificar (...) em segundo lugar, a justificação de uma prática deve ir além de simplesmente ajustar-se mais ou menos a ela; deve também descrever algum valor suficientemente importante servido pela prática".

[178] Vale a referência: "afirmo que uma proposição de direito é verdadeira se decorrer de princípios de moralidade pessoal e política que ofereçam a melhor interpretação das outras proposições de direito geralmente tratadas como verdadeiras na prática jurídica contemporânea" (DWORKIN, 2010, p. 22).

[179] Reitere-se: "o direito deve ser sempre criado, ou interpretado, de maneira a formar um todo integral. Esta injunção expressa a virtude da integridade, que se distingue, mas que, segundo Dworkin, está no mesmo plano que as virtudes gêmeas da justiça e da imparcialidade" (GUEST, 2010, p. 45).

Neste sentido:

> Se aceitamos que os julgamentos de direito devem ajustar-se às práticas institucionais, devemos aceitar que elas o fazem por uma razão. Qual a razão? Segundo Dworkin, nossos julgamentos devem ajustar-se às práticas institucionais não apenas porque devemos supor que nossa comunidade fala com uma só voz, mas também porque essa voz fala de uma maneira embasada em princípio (Guest, 2010, p. 59).

Como assim, embasada em princípio?

Essa talvez seja a mais tormentosa questão que se põe em nossa prática jurídica atual.

De alguma maneira, vingou a perspectiva de Alexy (1985, p. 86-7), para o qual:

> El punto decisivo para la distinción entre reglas y principios es que los principios son normas que ordenan que algo sea realizado en la mayor medida posible, dentro de las posibilidades jurídicas e reales existentes. Por lo tanto, los principios son mandados de optimización, que están caracterizados por el hecho de que pueden ser cumplidos en diferente grado y que la medida de su cumplimiento no sólo depende de las posibilidades reales sino también de las jurídicas. (...) En cambio, las reglas son normas que sólo pueden ser cumplidas o no. Si una regla es valida, entonces de hacerse exactamente lo que ella exige, ni más ni menos. Por lo tanto, las reglas contienen determinaciones en el ambito de lo fáctica e juridicamente posible.

Não é essa a visão de Dworkin.

Comecemos com Oliveira (2008, p. 91), o qual, de maneira acertada, assinala que:

> Alexy deixa claro que o elemento discricionário no ato de julgar é inevitável. Isso fica evidente em seu conceito de princípios como mandados de otimização. Ou seja, os princípios funcionam como cláusulas de abertura para o julgador, no momento da decisão (...) em Dworkin, os princípios são a via de acesso para determinação da resposta correta.

O tema enseja maior desenvolvimento. Se, deveras, pode ser adequado falar-se que Dworkin, sobretudo em seu *Taking Rights Seriously*, assentava uma diferença entre regras e princípios,[180] na medida em que os últimos continham uma dimensão de peso, e as primeiras apresentavam

---

[180] Veja-se bem que se está a falar em *diferença*, e não em cisão enquanto categorias autônomas. Essa diferença, ademais, radicava, nesta primeira elaboração de Dworkin, sob três planos, delineados por Sagnotti (1998, p. 56-7) da seguinte maneira: "uno strutturale (Dworkin lo chiama logico), per cui le regole funzionano secondo un sistema 'tutto-o-niente', mentre i principi no; un secondo, che potremo chiamare funzionale, in base al quale i principi, ma non le regole, funzionano, appunto, esercitando un 'peso'; un terzo, che potrebbe dirsi generativo, per cui le regole sono generate secondo una procedura verificabile attraverso unn test di *pedigree*, mentre i principi si sottraggono a simili tests". Isto é: "um estrutural (Dworkin o chama lógico), pelo qual as regras funcionam segundo um sistema tudo ou nada, enquanto os princípios não; um segundo, que podemos chamar funcional, em relação ao qual, os princípios, mas não as regras, funcionam, precisamente, exercendo um peso; um terceiro, que se poderia dizer generativo, pelo qual as regras são geradas segundo um procedimento verificável por um teste de *pedigree*, ao passo que os princípios se subtraem a semelhantes testes".

de maneira mais evidente a descrição da situação que ensejaria a sua incidência ou não, houve ulteriores desenvolvimentos em suas lições, que, nem sempre, parecem ser considerados.

É o que atesta Bongiovanni (2000, p. 78):

> Nella riflessione successiva di Dworkin, il ruolo dei principi si estende e corrisponde alla loro funzione di fondamento della comunità politico-giuridica, quasi suoi valori supremi, e della esigenza della integrità. I principi vengono visti quale dimensione politico-morale del diritto che emerge da una analisi che include il problema del obbligo politico.[181]

Com efeito, sob este ponto de vista "i principi assunti dal giurista devono operare identificando i fondamenti politici e morali e le tradizioni della comunità"[182] (Sagnotti, 1998, p. 62).

Não se trata, pois, de uma distinção meramente estrutural, visto que, aqui, os princípios são considerados "in senso stretto solo le norme che esprimono i valori supremi di un ordinamento giuridico determinato"[183] (Bongiovanni, 2000, p. 87), de maneira a não se recair na inevitável abertura para a discricionariedade que possibilita a visão *alexyana*.

Não que seja escopo deste trabalho efetivar uma análise mais profunda sobre a obra do autor alemão. Longe disso. Entretanto, o manejo de categorias por ele desenvolvidas, ao menos no campo de nossa prática jurídica atual, encetou uma ampliação da margem de discricionariedade judicial a patamares quase impensáveis.

Bastaria o cotejo de julgados que, direcionados a pontos de vista em tudo e por tudo antagônicos, fizessem-se fundamentar no seu *princípio da proporcionalidade*...Porque esse, talvez, o maior problema de suas lições: como as normas que definem direitos fundamentais se lhe afiguram princípios, os quais são autônomos às regras, inevitavelmente ter-se-ão situações de conflito, que a proporcionalidade dispor-se-ia a resolver. Mas ela, no fim, acaba funcionando como argumento de retórica para que o intérprete aponha, ao caso, a sua decisão.

Noutros termos, indicando a consequência da abordagem *alexyana*, sustenta Bongiovanni (2000, p. 94):

> I principi, visti come precetti di ottimizzazione sono perciò associati ad un tipo di giudizio basato sulla proporzionalità che deve tenere in considerazione sia una pluralità di possibi-

---

[181] Em livre tradução: "nas reflexões sucessivas de Dworkin o papel dos princípios se estende e corresponde às funções deles de fundamento da comunidade político-jurídica, como seus valores supremos, e da exigência da integridade. Os princípios são vistos como a dimensão político-moral do direito que emerge de uma análise que inclui o problema do dever político".

[182] "Os princípios exigem que o jurista atue identificando os fundamentos políticos e morais e as tradições da comunidade".

[183] Em livre tradução: "em sentido particular somente as normas que exprimem os valores supremos de um ordenamento jurídico determinado".

lita giuridiche, sia una serie di elementi relativi alle possibilita di fatto e alla specificità del caso.[184]

Em Dworkin, não !

Para o americano, sigamos ainda Bongiovanni, os princípios:

Implicano la presenza, quantomeno pratica, del riferimento a sistemi di valori. I principi rappresentano perciò la dimensione conteunistica del diritto e richiedono una valutazione della loro corettezza e appropriatezza morale nella decicione dei casi (Bongiovanni, 2000, p. 97).[185]

De modo que a partir de uma correta compreensão a respeito dos princípios o que se tem como consectário é um afastamento da discricionariedade, e não a sua ampliação. A partir da noção de que os princípios fazem expressar, no Direito, a moralidade institucional da comunidade, as decisões judiciais hão de afinar-se, hão de ser coerentes, a tal esquema de princípios.

Ou seja:

(...) la conessione diritto/morale comporta, al livello interpretativo, che la decisione deve basarsi sia sulla conguenza (adeguatezza) con i principi della comunità, sia con le esigenze di giustizia posta dai diversi casi (...) ciò significa sia che dei principi sia fornita la migliore interpretazione, sia che esse vanno adattati alle peculiarità dei casi (Bongiovanni, 2000, p. 120).[186] [187]

Essa preocupação com o resultado da decisão judicial é notável.[188]

---

[184] Em livre tradução: "os princípios, vistos como preceitos de otimização são por isso associados a um tipo de juízo baseado sobre a proporcionalidade que deve ter em consideração tanto uma pluralidade de possibilidade jurídicas, como série de elementos relativos às possibilidades de fato e ás especificidades do caso".

[185] Isto é: "implicam a presença, quando menos prática, de referência ao sistema de valores. Os princípios representam por isso a dimensão conteudística do direito e requerem uma valoração de sua correção e a apropriação moral na decisão do caso".

[186] Em livre tradução: "a conexão direito-moral comporta, no nível interpretativo, que a decisão deve basear-se seja sobre a congruência (adequação) com os princípios da comunidade, seja com as exigências de justiça posta sob os diversos casos (...) isso significa que os princípios fornecem a melhor interpretação, como que se ligam às peculiaridades dos casos".

[187] Destarte: "la presenza di elementi morali nel diritto richiede la sua integrità (universalizzabilità) sia dei principi fondativi di un ordinamento (integrità quale eguale considerazione e rispetto), sia dei giudizi che su questa base vengono sviluppati (integrità quale universalizzabilità delle decisioni e coerenza con lo schema di principi)" (BONGIOVANNI, 2000, p. 138). Isto é: "a presença de elementos morais no direito requerem a sua integridade (universabilidade) tanto dos princípios fundantes de um ordenamento (integridade como igual consideração e respeito), como dos juízos que sobre essa base se desenvolvem (integridade como universabilidade das decisões e coerência com o esquema de princípios)".

[188] Segundo Morais (2009, p. 130): "Dworkin entende que a regra possui a sua base sempre depositada sobre um princípio. Ou seja, a regra serviria para explicitar o conteúdo normativo do princípio". Assim: "a argumentação principiológica seria sempre uma forma de limitação da discricionariedade judicial, obrigando que a decisão judicial particular sempre busque razões em direitos institucionalizados, identificados por princípios" (MORAIS, op., loc. cit.).

Com efeito, uma decisão judicial estará justificada não apenas quando respeita a equidade dos procedimentos, senão quando respeita *a coerência de princípios que compõem a integridade moral da comunidade* (Oliveira, 2008, p. 216).

Por isso que, em Dworkin, a ideia de princípio não está materializada *a priori* em um texto ou enunciado linguístico. Não sucederá, em consequência, o amiúde conflito entre princípios que ensejará a atuação do intérprete, pela via de critérios retóricos. Como aduz Oliveira (2008, p. 216.), um argumento de princípio remete à totalidade referencial de instrumentos jurídicos como a lei, um precedente ou mesmo a Constituição.[189]

De modo que no momento em que um caso é resolvido através de um argumento de princípio, não se cuida de eleição sobre qual princípio há de incidir; não se cuida de articular um princípio em desfavor de outro; não se cuida, enfim, de ponderar. Concebido o Direito como integridade, é ao esquema de princípios fundantes da comunidade que deve ser reconduzida a decisão. Melhorando a assertiva, pode-se dizer, com Oliveira (2008, p. 223), que:

> Em todo caso singular há uma totalidade de princípios que operam juntos na formação da regulamentação pertinente que será lançada na decisão (...)toda decisão deve ser sempre justificada na comum-unidade dos princípios.

A tarefa do julgador, certo, pode se afigurar, deste modo, *hercúlea*. Mas é dos tribunais, cotidianamente, que emanam decisões que resultam no uso da coerção estatal, com potencial redução das liberdades pessoais, bem como com afetação à propriedade e ao patrimônio dos indivíduos.

Os argumentos para a aplicação deste poder coercivo devem, portanto, coadunarem-se aos princípios e adequarem-se à Constituição, que justificam o exercício desse mesmo poder. Se é a qualidade do argumento jurídico que vai justificar o manejo dos poderes coercivos estatais, há de se supor que existem *razões por trás da lei*, parafraseando Guest (2010, p. 204), e essas razões são os princípios.

Assim é que, entre regras e princípios não há uma cisão, ou, dito de outro modo, não se cuida aqui do trivial asserto de que *normas* é um gênero, de que *regras* e *princípios*, autônomos, sejam espécie.

---

[189] Como esclarece Dworkin (2010, p. 331): "não tive a intenção de dizer que o *direito* contém um número fixo de padrões, alguns dos quais são regras, e outros princípios. Na verdade, quero contrapor-me à ideia de que o *direito* seja um conjunto fixo de padrões de qualquer espécie. Em vez disso, pretendi afirmar que uma síntese acurada das ponderações que os juristas devem levar em conta ao decidirem uma questão específica de direitos e deveres legais incluiria proposições dotadas da forma e da força dos princípios, e que os próprios juízes e juristas, ao justificarem suas conclusões, empregam frequentemente proposições que devem ser entendidas dessa maneira".

Entendida que seja a *diferença ontológica* entre eles, é idôneo dizer que por detrás da capa de sentido indicada pelas regras, situam-se os princípios[190] – que, se em alguma medida não as justificarem, ensejarão, como já se assinalou alhures, a glosa da regra, pela via do controle de constitucionalidade.

Quer-se dizer com isso que o princípio é o elemento que acaba se desvelando e ocultando, ao mesmo tempo, na regra. O princípio é elemento instituidor, o elemento que existencializa a regra que ele instituiu. Só que está encoberto (Streck, 2008, p. 257).

Com Sagnotti (1998, p. 63), pode-se dizer que:

> Un principio trova sostengono istituzionale in una norma – *rectius: regra* – di diritto positivo se si *adatta* ad essa, vale a dire *se questa norma* – *rectius: regra* – *costituisce una esemplificazione di quel principio*: principio e norma – *rectius: regra* – che a quello fornisca sostengono stanno tra di loro nel rapporto che c'è fra generale e particolare, sebbene non si possa dire che la seconda sia "deducible" in senso stretto dal primo (grifo não original).[191]

E mais, quando se diz que o juiz há de decidir a partir de *argumentos de princípio,* não se os pode conceber como entes dados previamente, de forma a serem alcançados por um esforço intelectual individual dos julgadores. Ao contrário, o manejo dos princípios aponta, efetivamente, na direção dos limites que se há de impor ao ato de aplicação judicial, de modo a afastar dessa mesma aplicação as convicções políticas, morais e pessoais de quem decide, razão por que os princípios se vão afirmando e modificando ao longo do tempo e dependem de interpretações da prática jurídica como um todo.

Como assinala Guest (2010, p. 214), isto leva a que "qualquer proposição de direito que afirmamos deve ser coerente com todas as outras

---

[190] É importante a advertência de Streck (2008, p. 257): "a distinção regra-princípio não pode significar, assim, maior ou menor grau de subjetividade. Isso é equivocado e proporciona malentendidos. Se assim o fosse, os princípios não representariam uma ruptura com o mundo de regras. (...) É neste contexto que deve ser compreendida a diferença entre regra e princípio (não que o princípio seja a norma da regra ou que a regra seja um ente disperso no mundo jurídico, ainda sem sentido). A diferença é que sempre há uma ligação hermenêutica entre regra e princípio. Não fosse assim e não se poderia afirmar que atrás de cada regra há um princípio instituidor. Esse princípio, que denominamos instituidor, constitui o sentido da regra na situação hermenêutica gestada no estado democrático de direito (...) No fundo, quando se diz que entre regra e princípio há (apenas) uma diferença (ontológica, no sentido da fenomenologia hermenêutica), é porque regra e princípio se dão, isto é, acontecem (na sua norma) no interior do círculo hermenêutico. O sentido depende do outro, a partir desse engendramento significativo.

[191] Em livre tradução: "um princípio encontra sustentação institucional em uma norma – rectius: regra – de direito positivo se se ajusta a ela, vale dizer se essa norma – rectius: regra – constitui uma exemplificação daquele princípio: princípio e norma – rectius: regra – que àquele forneça sustentação estando entre eles a relação que existe entre geral e particular, se bem que não se possa dizer que a segunda seja deduzível em sentido estreito do primeiro".

proposições de direito".[192] Quer dizer, a coerência dar-se-á sob o ponto de vista da harmonia e da justificação.

A primeira, como assenta Bongiovanni (2000, p. 201), faz referência "al fatto che l'interpretazione deve 'armonizzarsi' con i materiali giuridici 'istituzionali'",[193] como as disposições legislativas e precedentes; a segunda é

> Invece relativo al fatto che la coerenza va posta in relazione con i principi di equità, giustizia e *procedural due process* (espliciti o impliciti) che l'interprete individua alla base dei documenti o dei precedenti che prende in considerazione (Bongiovanni, 2000, p. 201).[194] [195]

Neste nível de justificação, como já foi salientado, diversas possíveis interpretações confrontam, e é por isso que o intérprete deve inserir-se na virtualidade do círculo hermenêutico imbuído da melhor avaliação dos aspectos da moral institucional[196] decorrente dos princípios, a qual

---

[192] Cabe, aqui, apontar para a indevida cisão, tão comum em nossos dias, entre os denominados casos fáceis e difíceis; indevida pela razão de que, geralmente, fala-se nos primeiros, como suscetíveis de resolução a partir do vetusto método de subsunção, e nos segundos como a exigirem o cotejo, a ponderação e o balanceamento entre princípios colidentes, frente a zonas de penumbra das regras. Onde estaria o equívoco? Em primeiro lugar, na circunstância de, justamente nos casos menos periféricos, e, de algum modo, mais significativos, trazer-se a ampliação do poder discricionário do juiz, seja ao modo positivista tradicional, seja a partir da ponderação e eleição de um princípio preponderante; sobretudo, porém, uma tal cisão não deixa perceber que, deveras, se por detrás das regras, subjazendo-as, estão os princípios, o que se tem é que, nos denominados casos fáceis, simplesmente não é necessária a sua invocação – dos princípios...Claro que seria essa invocação possível, mas se faz desnecessária. Melhor dizendo: "um entendimento mais profundo mostra-nos que, por causa da natureza consensual dos paradigmas jurídicos, é possível que todos os casos sejam difíceis, e que o foco real não está na diferença entre o que é claro ou não, mas na qualidade do argumento que justifica a invocação dos poderes coercivos da comunidade" (GUEST, 2010, p. 205). Noutras palavras, os chamados casos difíceis "trazem à superfície as razões pelas quais devemos aceitar os casos fáceis como fáceis" (GUEST, op. cit., p. 214); trazem à superfície aquilo que, na solução de outros casos, simplesmente não se precisou trazer.

[193] Ou seja: "ao fato que a interpretação deve harmonizar-se com os materiais jurídicos institucionais".

[194] Em tradução livre: "por sua vez relativa ao fato de que a coerência é colocada em relação com os princípios de equidade, justiça e devido processo (explícitos ou implícitos) que o intérprete individualiza sobre a base dos documentos ou dos precedentes que leva em consideração".

[195] Noutros termos: "uma comum-unidade de princípios pressupõe uma coerência em suas decisões que devem ser justificadas num contexto de princípios. Essa justificação sempre se dá neste contexto de princípios e nunca em um princípio apenas, de forma isolada e autoritariamente determinado, mas sim a partir de uma fundamentação na qual apareça em que medida essa decisão pública se legitima perante a comum-unidade dos princípios" (OLIVEIRA, 2008, p. 232).

[196] Cabe a citação dessa longa passagem de Sagnotti (1998, p. 66): "il giudice in particolare si trova dinanzi ad una storia istituzionale data, a un insieme di regole, che sono disposizioni costituzionali, leggi e precedenti giurisdizionali. Questo materiale giuridico è però del tutto insufficiente a risolvere ogni caso, sopratutto non può da solo offrire alcuna soluzione ai casi cosiddetti difficili. È qui che svolgono il loro ruolo i principi giuridici. Il giurista deve elaborare ed esporre una teoria, uno schema di principi, capace appunto di giustificare al meglio la storia istituzionale data.(...) deve poi sottoporre a controlli la propria ipotesi, cosi dovrà controllare il proprio schema e la propria teoria il giurista, tenendo presente che i principi devono fornire una giustificazione 'coerente a tutti i precedenti di *common law* e, per quanto questi debbano essere giustificati su principi, anche agli articoli costitu-

permitirá "di giungere alla 'right answer' della questione interpretativa" (Bongiovanni, 2000, p. 202) e, por conseguinte "di arrivare una soluzione non discrezionale" (op., loc., cit.).

Vale a citação:

> La *right answer*, che sottolinea i vincoli del giudice, dipende dalla "migliore interpretazione" dei principi di una comunità e dalla scelta tra argomentazioni diversi nelle quali funge da criterio quello che fornisce, attraverso la coerenza, "un ordine non arbitrario di priorità, di valutazione o di compromesso" tra i principi del sistema (Bongiovanni, 2000, p. 204).[197]

Se, de alguma maneira, tal asserção produz a frustração decorrente de se indagar sobre qual, afinal, há de ser o conteúdo dos princípios que conduzem à resposta correta, é porque ainda não se superou um paradigma.[198]

Claro, Dworkin superou o problema da discricionariedade positivista porque logrou encontrar, no conceito de princípio, uma alternativa ao naturalismo matemático das regras do positivismo (Oliveira, 2008, p. 232). Isto é, não é idôneo esperar-se que os princípios sejam reduzidos a entes, a entidades objetivas, tendentes a serem manipuladas pelos juristas. Como de novo assinala Oliveira (2008, p. 232), os princípios acontecem em meio à moral que emerge da própria comunidade.

Neste sentido, também Bongiovanni (2000, p. 205):

> La risposta corretta appare perciò derivare dal fatto che la decisione avviene sulla base di "ragioni rilevanti" e all'interno di un procedimento che assicuri congruenza e giustificabilità dei principi ma che non ha alla sua base, in conformità con l'idea di completezza, l'idea di un

---

zionali e legali". Quer dizer: "o juiz em particular se encontra diante de uma história institucional dada, a um conjunto de regras, que são disposições constitucionais, leis e precedentes judiciais. Este material jurídico é porém em tudo insuficiente para resolver cada caso, sobretudo não pode sozinho oferecer uma alguma solução aos casos assim ditos como difíceis. É aqui que acontece o papel dos princípios jurídicos. O jurista deve elaborar e expor uma teoria, capaz precisamente de justificar da melhor forma a história institucional dada (...) deve ainda submeter a controle a própria hipótese, assim deverá controlar o próprio esquema e a própria teoria, tendo presente que os princípios devem fornecer uma justificação coerente a todos precedentes de *common law* e, porque esses devem estar justificados nos princípios, também aos artigos constitucionais e legais".

[197] Em tradução livre: "a resposta correta, que sublinha os vínculos do juiz, depende da melhor interpretação dos princípios de uma comunidade e da escolha entre argumentos diversos nos quais funcionam como critério para o alcance, por meio da coerência, de uma ordem não arbitrária de prioridade, de valoração ou de compromisso, entre os princípios do sistema".

[198] É o próprio Dworkin (2010, p. 148) quem diz que "ninguém imagina que os juízes possam ou devam decidir os casos *por meio de um algoritmo que pretenda fazê-los chegar, ao longo de um processo lógico ou formal de outra natureza, a Uma Decisão Correta, utilizando apenas os matérias canônicos da tomada de decisões judiciais como o texto legal ou constitucional e decisões judiciais anteriores*. Essa representação da decisão judicial é, e sempre foi, de uma inconsistência flagrante. Não há dúvida de que os juízes devem levar em consideração as conseqüências de suas decisões, mas eles só podem fazê-lo na medida em que forem guiados por princípios inseridos no direito como um todo, princípios que ajudem a decidir quais conseqüências são pertinentes e como se deve avaliá-las, e não por suas preferências pessoais ou políticas".

> "algoritmo che possa essere utilizzatto al cospetto delle corti", che rinvii cioè a qualche norma o principio già presente e che può prescindere dalla sua interpretazione costruttiva.[199]

Assim, por mais paradoxal que possa parecer, os princípios têm a finalidade de impedir múltiplas respostas em Direito (Streck, 2008, p. 171). Eles, os princípios, fecham a interpretação e, destarte, conduzem à resposta correta.

Essa parece a maneira por que a apreciação sobre as cláusulas gerais, em Direito privado, não haverão de conduzir o intérprete a soluções voluntaristas. A denominada constitucionalização do Direito Civil representou importante avanço a uma disciplina que, durante largo interregno, fez-se prisioneira do paradigma pelo qual o Direito reduzia-se a um modelo de regras, infenso às influências constitucionais.

Como já se advertiu, a suplantação desse modelo não se pode dar com o manejo discricionário de princípios, sem a observância da importância institucional que eles estão a representar.

Igualmente, pois, não se há de fraturar o direito em regras e princípios, como se de categorias estanques se cuidasse, sob pena de o intérprete – e o julgador sobretudo –, aferrado à discricionariedade com que sempre se houve no paradigma positivista, passe a exercê-la agora em nome de princípios, sobre cujo conteúdo venha a dispor segundo seus critérios.

Daí a importância da hermenêutica; daí a importância de não cindir a interpretação da aplicação e de não se supor, como já alvitrado, que também os princípios, tais quais se supunha sobre as regras, são entidades às quais se devam agarrar os fatos, pela via de métodos a serem empregados pelo julgador.

Citemos Streck (2008, p. 257), uma vez mais:

> Hermeneuticamente, pela impossibilidade de cindir interpretação e aplicação e pela antecipação de sentido que sempre é condição de possibilidade para que se compreenda, torna-se impossível "isolar" a regra do princípio, isto é, é impossível interpretar uma regra sem levar em conta o seu princípio instituidor (...) a regra não está despojada do princípio. Ela encobre o princípio pela propositura de uma explicação dedutiva.

O que se trata é de uma necessária reformulação de paradigma. Como assinala Silva Filho (2006, p. 246):

---

[199] Em tradução livre: "a resposta correta afigura-se portanto derivada do fato que a decisão tem sobre a base de razões relevantes e no interior de um procedimento que assegure congruência e justificabilidade dos princípios mas que não tem em sua base, de conformidade com a ideia de completude, a ideia de um algoritmo que possa ser utilizado à disposição das cortes, que reenvie assim a qualquer norma ou princípio já presente e que possa prescindir de sua interpretação construtiva".

(...) esta é a principal contribuição que a ênfase no paradigma filosófico hermenêutico pode trazer. Ou seja, o problema não é mudar o método, mas sim conceber de modo diverso o próprio ser do direito, o que, por conseqüência alterará o modo de atuação dos juristas e sua compreensão acerca dos conceitos e categorias jurídicas. Assim, até onde poderemos lograr bom termo a aplicação das cláusulas gerais e dos princípios, se os seus operadores cultivam verdadeira ojeriza aos conceitos abertos, preferindo a certeza que a matriz positivista oferece?[200]

Portanto, projetar o modelo de subsunção às cláusulas gerais parece tão equivocado quanto afirmar-se que a sua presença está assentada numa ampliação da discricionariedade do intérprete, fazendo do Código Civil uma espécie de *código do juiz*.[201] O paradoxo de tal perspectiva com a própria constitucionalização do direito privado parece inevitável. É na Constituição e nos princípios, na forma em que foram expostos aqui, que se situa o que subjaz às regras coaguladas sob o modo de cláusulas gerais. É neles, pois, na Constituição e nos princípios, que se situa a razão instituidora dessas cláusulas e, deste modo, é dessa circularidade, e não da captação de sentidos pelo juiz, que depende a produção de respostas corretas em Direito privado.

Por isso que, retomando a alegoria inicial, na qual nosso jurista de outrora, após anos de congelamento, viu-se a laborar com o Direito Civil, devemos nós, que por ventura não congelamos, suplantar o paradigma vetusto, ainda presente em inúmeras, e geladíssimas, imaginações.

2.4. A perspectiva processual da resposta correta: as garantias constitucionais como condição necessária para respostas judiciais constitucionalmente adequadas

Já se assentou que a ausência de uniformidade a respeito dos critérios que hão de nortear o juiz, na decisão de um caso, e a divergência séria entre direcionar-lhe o foco à lei ou o admitir se expresse na decisão a subjetividade, produziram, no quadro atual, enorme multiplicidade de

---

[200] O autor ainda afirma que "de um modo geral, a presença de conceitos indeterminados, princípios e cláusulas gerais é um verdadeiro estorvo para o jurista acostumado ao modelo positivista e exegético, expressão de um mundo moderno que se afoga na busca de segurança e certeza e foge da angústia do ser. O que fazer, assim, com um modelo normativo que interage com a realidade e que conscientemente se deixa por ela preencher ? Como sair dos castelos conceituais do Direito para o mundo da vida ? O julgador que não cultiva essa atitude hermenêutica passará longe da necessária inserção na realidade que o conceito aberto aponta e poderá avaliar sua concretude de modo inadequado, realizando alterações não desejáveis e considerando modelos de conduta equivocados" (SILVA FILHO, 2006, p. 248).

[201] É evidente que em pleno Estado Democrático de Direito, em que, segundo Streck (2008, p. 172), os "princípios resgatam a razão prática, não parece recomendável – sem um adequado 'cuidado constitucional' – que o Código Civil reintroduza no direito cláusulas que autorizem o juiz – solipsisticamente – a 'colmatar lacunas' ou incompletudes legislativas, a partir da 'descoberta de valores que estariam em uma metajuridicidade".

entendimentos e uma tamanha disparidade de decisões, nalguns casos a respeito de *cases* bastante assemelhados, tudo a conspirar contra a autonomia do Direito.

Partindo-se da metáfora da resposta correta, ou seja, firmada a necessidade de que as respostas judiciais sejam constitucionalmente adequadas, é de se dar, já agora, um passo adiante, na trilha que nos é aberta pelo direito processual: noutras palavras, trata-se de reafirmar a necessidade-possibilidade de formulação de respostas corretas em Direito, sob as luzes das garantias constitucionais do processo.

Explicando: neste tópico busca-se apontar a quais garantias constitucionais estará condicionada a resposta judicial, situando ao menos aquelas a que mais firmemente há de estar atento o julgador, contudo, a partir de uma leitura, digamos, menos corriqueira do que estabeleceu o senso comum.

Portanto, pretende-se que a decisão judicial somente será adjetivada de correta se, no campo do direito material, der a solução constitucionalmente adequada ao caso, com respeito, ademais, às garantias constitucionais para tal fim estabelecidas. É de cercar-se, a formulação de decisões judiciais, dos dispositivos constitucionais de caráter formal, o que se cuida aqui, quando se lhe estabelecem condições de que já não se pode afastar.

Numa palavra, em se tratando de garantias constitucionais, os fins aqui pretendidos se reduzem numa tautologia: pois a resposta judicial só será correta e, destarte, constitucionalmente adequada, se com essas garantias se afinar; em suma, não há resposta constitucionalmente correta sem respeito às garantias processuais.

2.4.1. A efetivação da resposta correta

Se o Direito sucumbe à funcionalização, não lhe adianta o escopo de formulação da *resposta correta*.

Por funcionalização compreende-se o quadro em que se torna o Direito função de outros interesses, tais como os econômicos, políticos e sociais, os quais, muitas vezes, mostram-se estranhos à ideia de justiça (Castanheira Neves, 2003, p. 93).

A questão se põe, neste sentido, aludindo ao problema da autonomia do Direito, autonomia que se esvai e soçobra quando passa a ser concebido como tendente a realizar os interesses de outras esferas de poder, em tal ordem que o Direito se torna meio compreendido no agir racional voltado a alguns fins e, por isso, instrumental (Silveira Espíndola, 2008, p. 04).

Segundo Ovídio (2008, p. 89), o Direito "tornou-se uma função de outros interesses, sejam políticos ou econômicos, porém, de qualquer modo interesses estranhos a idéia de Justiça".

É que, conforme o autor, a priorização do valor segurança, inspirada em juízos de certeza, impõe como consectário a ausência de efetividade. E mais ainda, faz com que o Direito se torne mero produto de uma racionalidade formal, distante de qualquer perspectiva axiológica, convertendo-se em mera legalidade.

Os problemas, portanto, são estruturais, revelados, sobretudo no culto aos juízos de certeza, que são o pressuposto alimentador da cadeia recursal e propiciadores da assertiva de que nossos magistrados têm apenas a missão de consertar o passado, nunca arriscar-se a prover o futuro.

Em síntese, tem-se que:

> Construído sobre os paradigmas do racionalismo e da pureza metodológica, o direito processual restou por apresentar-se como uma encenação desprovida de substância e, por isso, alvo fácil das mais variadas influências, dentre as quais, e em especial, aquelas oriundas de outras esferas de poder (político, econômico, midiático, etc). Mas o distanciamento do processo das raízes materiais que o impulsionam faz parte de um contexto mais amplo. Na busca por autonomia, reservou-se um espaço mínimo, no campo jurídico, ao cultivo de uma interpretação pluralista dos valores sociais, o que acabou gerando a funcionalização do direito, isto é, sua instrumentalização (Saldanha, 2008, p. 131).

Há algo que se possa fazer?

A resposta é positiva. A superação do paradigma pelo qual o Direito se alheia de valores, por exemplo, indica o caminho por que se deve guiar o intérprete, na concretização de sua atividade, sempre de índole constitucional.

Diz-se concretização, porque a pretensão, aqui, é de escapar da armadilha que surge quando a busca da resposta correta em Direito se banaliza, em virtude de uma estrutura processual que lhe negue, ou lhe reduza em muito, a efetividade. Segundo Marinoni (2003, p. 32):

> É preciso compreender que o direito de ação não pode mais ser pensado como simples direito à sentença, mas sim como o direito ao modelo processual capaz de propiciar tutela do direito afirmado em juízo. Se o cidadão deve buscar o Judiciário, e este possui a obrigação de lhe prestar a efetiva tutela de seu direito, é evidente que, por meio da ação, o direito afirmado deve encontrar caminho para que, quando reconhecido, possa ser efetivamente tutelado.[202]

Para não dizer que a pluralidade de vias recursais, às vezes indevidamente manejadas, coloca em posição frágil a decisão judicial de um

---

[202] Ainda, conforme Duarte (2005, p. 78): "o Estado tem a obrigação de ofertar decisões jurisdicionais que se adaptem ao direito material discutido, de forma a decidir da melhor forma possível".

caso, porquanto revelá-lo parece incidir no óbvio, é preciso, também, assentar que as decisões judiciais não podem ser simples resultado de uma máquina burocrática.

Para combater esse mal, requer-se do Juiz maior responsabilidade.

Quando trata da burocratização do Judiciário, Fiss indica como alvo de preocupação a potencial ausência de responsabilidade do Juiz sobre as suas decisões e encontra nas lições de Hannah Arendt a explicação sobre os males da burocratização, expondo que o problema reside na *norma por ninguém*, a que se referia a autora, em sua análise quanto à burocracia de guerra nazista.

A compreensão meramente burocrática do decidir despe o Juiz de responsabilidade e o afasta do compromisso com o caso. Quando se deixam de julgar casos, para julgarem-se teses, tem-se sintoma inequívoco da suplantação da atividade judicial pela burocracia.

Neste sentido, segundo Salles (2004, p. 11), na apresentação à obra de Fiss:

> Considerando as finalidades às quais as funções judiciais são dirigidas, não se admite que a adjudicação[203] estatal seja produto de uma decisão anônima, simples resultado de uma máquina burocrática. Para combater esse mal, é preciso manter a pessoalidade não só da decisão, mas também da própria responsabilidade do juiz.

Portanto, a burocratização do Judiciário gera o isolamento das decisões judiciais de sua perspectiva pública. Afasta o Juiz do compromisso com o caso lhe submetido e conspurca a autonomia do Direito.

A estrutura judicial, é verdade, não pode, por outro lado, sucumbir a esquemas procedimentais voltados exclusivamente a pretensões individuais.

De maneira que Fiss vai sustentar a necessidade de uma reforma estrutural, da qual decorrerá maior efetividade das decisões, a qual se dará na exata medida em que os juízes passem a dar significado aos valores constitucionais, na *operacionalização* das organizações estatais.

A reforma estrutural é baseada na noção de que a qualidade de nossa vida social é afetada de forma significativa pela operação de organizações de grande porte, e não somente por indivíduos, compreendendo-se que os valores constitucionais somente se concretizam a partir de mudanças na estrutura dessas organizações.

Assim:

---

[203] Entenda-se por adjudicação, expressão corrente na literatura de língua inglesa, a atividade realizada pelo Poder Judiciário na solução de conflitos.

O processo judicial de caráter estrutural é aquele no qual um juiz, enfrentando uma burocracia estatal, no que tange aos valores de âmbito constitucional, incumbe-se de reestruturar a organização para eliminar a ameaça imposta pelos arranjos institucionais existentes (Fiss, 2004, p. 27).

É certo que essa concepção da função judicial espera muito dos juízes. Não se pode olvidar, entretanto, que, na dicção de Fiss (2004, p. 36), a função do Juiz é conferir significado concreto e aplicação aos valores constitucionais.

A via é em tudo inversa do que a vã tentativa de se resolverem problemas deste jaez a partir de soluções de cúpula. Em outras palavras, não se está a supor que a edição de enunciados como as súmulas vinculantes, por exemplo, de resto passíveis do mesmo vício de aplicação silogística, contribuiria para a resolução dos problemas de baixa efetividade do direito que se tem vivenciado. É o contrário aqui.

As decisões da base do sistema, não da base no sentido de que necessariamente se façam emanadas dos juízes de primeiro grau, mas de base porquanto respeitantes a um caso concreto, é que se revelariam o semeadouro de alterações em estruturas que engendraram a necessidade mesma da tomada dessas decisões.

Em última análise, essa é a ideia da resposta correta, aquela que seja adequada à Constituição e que, nesta perspectiva apontada por Fiss, para além de ser uma resposta, faz-se concreta, passível de promover mudança e efetivar-se.

Neste sentido, o foco da reforma estrutural não é direcionado para transações ou incidentes particulares, mas para as condições da vida social e para o papel que as organizações desempenham na determinação dessas condições.

Quando a Suprema Corte americana decidiu o caso *Brown*, para além de suplantar o sistema dual nas escolas, que segregava os alunos negros, separando-os dos demais, fez-se necessária uma reforma organizacional profunda, que, por exemplo, contemplasse a alteração do sistema de transportes coletivos, de maneira que os ônibus que serviam aos bairros em que a população predominante fosse de negros, circulassem, daí em diante, também pelos locais em que as escolas a serem frequentadas por esses estivessem, ainda que nos bairros de prevalência de brancos.

Foram os juízes que se encarregaram desta tarefa, em alguns casos, inclusive, fixando rotas de tráfego para o transporte coletivo, evitando-se, assim, que a segregação se mantivesse.

Típica decisão reveladora da reforma estrutural que se concebe aqui.

E que, vale dizer, não se fez sem controvérsia. Ao comentar a decisão histórica, em seu livro sobre a Suprema Corte Americana, Rehnquist (2002, p. 197), que a integrou de 1972 a 2005, chefiando-a a partir de 1986, assinalou, sobre o posicionamento dos juízes à época:

> Even those who agreed with the result were concerned about how the new rule would be implemented, and how much the Supreme Court could be involved in litigation concerning individual school districts.[204]

É necessário observar que no curso deste processo de reconstrução, o Juiz:

> Deve penetrar profundamente na fachada institucional, abrir a chamada "caixa preta", com o propósito de localizar dentro da instituição os operadores em posições-chave para os quais as diretivas da reconstrução devem ser emitidas. Essas diretivas parecem ter indivíduos como destinatários, mas na verdade são dirigidas aos departamentos burocráticos, não às pessoas que os ocupam em um determinado período (Fiss, 2004, p. 57).

Com efeito, no modelo em que apenas se espera do Poder Judiciário a solução de controvérsias, declarando qual o direito aplicável, reserva-se um papel demasiado passivo para o juiz.

Portanto, ademais de estar em busca da resposta correta, se, ao encontrá-la e proclamá-la, o Juiz não se comprometer com a sua efetivação e não compreender a sua dimensão pública, tendente inclusive à alteração e mudança nalgumas organizações que compõem a burocracia estatal – quiçá, também, as grandes estruturas de iniciativa privada –, deixará por inacabados seus trabalhos.

Não se pode esquecer que é da tradição positivista o alvitre de que o Direito não se presta a alterações da sociedade para a qual é dirigido; num quadro constitucional como o nosso, em que a Constituição propende a transformações de certas estruras econômicas e sociais, o almejar-se a declaração do Direito aplicável e só fica aquém, muito aquém, do que se espera em termos de atividade de nossos juízes.

Recentemente, no julgamento da petição 3388, o Supremo Tribunal Federal, além de decidir a respeito da demarcação de terras na localidade

---

[204] Ou seja, em livre tradução, mesmo aqueles que concordavam com o resultado se preocupavam sobre como a nova regra seria implementada e quanto a Suprema Corte poderia se envolver nos litígios relativos a cada distrito escolar. No fascinante Por Detrás da Suprema Corte, Woodward e Armstrong (1985, p. 121-144) relatam toda a controvérsia que se estabeleceu no ano judiciário de 1970, sobre a atuação das cortes de Justiça inferiores, a partir do caso Brown, porque para muitos se afigurava que "as decisões das cortes inferiores, determinando que o sistema de ônibus escolares equilibrasse as posições raciais em cada escola iam muito além do que as decisões no caso Brown exigiam" (op. cit., p. 123). Em 20 de abril de 1971, no julgamento do caso Charlotte, a Suprema Corte respaldou decisões do juiz federal James B. Mcmillan, que alterara radicalmente as zonas de frequência às escolas e as rotas de transporte que as serviam, no Condado de Mecklenburg.

conhecida como Raposa do Sol, estabeleceu diversas condições, de caráter prático, em ordem ao cumprimento de seu julgamento.

Como se pode ler no noticiário estampado no sítio oficial do tribunal, designou-se, inclusive, magistrado para supervisionar a desocupação da área, por parte de produtores ali estabelecidos; sucessivas reuniões foram realizadas com o relator do processo, que passou a direcionar atividades tendentes à manutenção da decisão da corte.[205]

Enfim, ultrapassou-se a perspectiva tradicional, de que ao Poder Judiciário bastava declarar o direito aplicável ao caso.[206]

É que deveras lhe cabe mais, cabe-lhe a efetivação da decisão prolatada.[207]

Merece destaque, por fim, a anotação de que, ao contrário do que sucede na maior parte dos países europeus, nos quais em sede de tutela de interesses coletivos, faz-se pertinente a admoestação de Trocker (1976, p. 459), de que grande parte "della dottrina tedesca e italiana prospetta

---

[205] Cf. www.stf.jus.br, notícia de 19 de março de 2009, acesso em 08 de maio de 2009: no julgamento que decidiu que a terra indígena Raposa Serra do Sol teria demarcação contínua e que a área deveria ser deixada pelos produtores rurais que então a ocupavam (Petição 3388), os ministros do Supremo Tribunal Federal analisaram as 18 condições propostas pelo ministro Carlos Alberto Menezes Direito, com o fim de regular a situação nos territórios da União ocupados por índios, e garantir a soberania nacional sobre as terras demarcadas. Ao final dos debates, foram fixadas 19 ressalvas, sujeitas ainda a alterações durante a redação do acórdão, de que se incumbiu o relator, ministro Carlos Ayres Britto. Para cumprimento da decisão, foi designado o presidente do Tribunal Regional Federal da 1ª Região, cuja atuação se daria sob a supervisão do ministro relator Carlos Ayres Britto, como previu o presidente do Supremo, ministro Gilmar Mendes, na proclamação do resultado do julgamento."Quanto à execução, o Tribunal determinou a execução imediata confiando a supervisão ao eminente relator, ficando cassada a liminar [que impedia a retirada dos não-índios], que deverá fazer essa execução em entendimento com o Tribunal Regional Federal da 1ª Região, especialmente o seu presidente", disse Mendes.

[206] Recentes audiências públicas, seja para o fim de se discutir o Sistema Único de Saúde, como para o escopo de fornecimento de dados técnicos aos Ministros da Corte, em casos como o da ADPF 54 – alusiva ao aborto de fetos com anencefalia, discussão da lei autorizativa de pesquisas com células-tronco, revelam uma superação do metido tradicional de produção judiciária, de tomada de decisões.

[207] Veja-se, por exemplo, que a Lei nº 11.101/05, destinada a regular a falência do empresário e da sociedade empresária, ampliou sobremaneira a atuação do Juiz, naquilo que apresenta como principal inovação, que é o procedimento de recuperação judicial, no qual o magistrado intervém ponderando interesses e direcionando a atividade empresarial, cuja manutenção em condições adequadas atende a diversos interesses, como o dos trabalhadores, por exemplo. Pode-se, ademais, apontar a Lei de Execuções Penais, a qual fixa como dever do Juiz a visita e inspeção de estabelecimentos carcerários, cujas condições, em geral degradantes, têm ensejado interdições totais ou parciais, decretadas por magistrados, que, demais disso, em tal mister promovem reuniões com integrantes do Poder Executivo, visando a melhorias nos presídios que jurisdicionam, dirigem os chamados Conselhos da Comunidade, em que cidadãos inserem-se como participantes do sistema de execução das penas, buscando recursos, sugerindo melhorias e desenvolvendo atividades em favor dos encarcerados. Também a Lei 8069/90 – Estatuto da Criança e do Adolescente –, cobra do Juiz postura ativa, porquanto lhe impõe a frequência a abrigos e entidades de atendimento e internação, requer do magistrado atuação perante os demais poderes, em favor da melhoria dos serviços assistenciais e congêneres.

fondate riserve sull oportunità di introdurre o estendere l'iniciativa processuale del pubblico ministero",[208] em nosso país a atuação do Ministério Público viu-se francamente alterada a partir do advento da Carta de 1988.

Com efeito, aqui não mais se pode dar razão àquilo que Vigoriti (1979, p. 243) aduzia sobre os integrantes do Ministério Público, que, em sua visão:

> Si sentono infatti prima di tutto penalisti e tendono quindi a considerare le questioni civili di cui devono occuparsi come marginali e secondarie nei confronti di quelle penal.[209]

A razão parecer ser simples. Em nosso sistema jurídico, na forma como assevera Kujawski (1985, p. 17), o "Ministério Público não é órgão do Executivo, e sim órgão executivo, o que é diferente. Não está subordinado à vontade do Executivo".

Por isso que ao abordar as restrições à atuação ministerial na doutrina europeia, Mancuso (2001, p. 106) assinala:

> Tais críticas podem, quiçá, ser válidas para outros países, mas não se aplicam, a toda evidência, ao Ministério Público em nosso País, instituição uma e indivisível, permanente e essencial à função jurisdicional do Estado, vocacionada à defesa da ordem jurídica, do regime democrático e dos interesses sociais e individuais indisponíveis.

De modo que não pode ser desconsiderada a atuação do Ministério Público, mormente nas assim denominadas ações coletivas, a partir das quais se amplia sobremaneira a efetividade das decisões judiciais e lhes permite uma, por assim dizer, maior inserção nas estruturas burocráticas de que depende o alcance de seus resultados.

2.4.2. *A resposta correta e a sua fundamentação*

Uma das razões da exigência de fundamentação das sentenças, hoje alçada ao plano constitucional, é a tendência dos sistemas políticos atuais de ampliar as bases de um regime democrático participativo. Para o seu atendimento, porém, deve-se partir da constatação da necessidade de que nossa formação jurídica dogmática seja superada, pelo reconhecimento de que o Direito não pode submeter-se aos princípios epistemológicos das ciências naturais e menos ainda das matemáticas.

---

[208] Como se verifica, está o autor a apontar as reservas que a doutrina italiana e alemã possuem sobre estender ao Ministério Público a iniciativa processual.

[209] Em tradução livre: "sentem-se de fato antes de tudo penalistas e tendem assim a considerar as questões civis de que devem se ocupar como marginais e secundárias no confronto com aquelas penais".

Essa perspectiva acabou por afastar do direito a hermenêutica e, consequentemente, a retórica,[210] enquanto arte da argumentação forense.[211]

Em tal enfoque, assevera Ovídio (2008, p. 138) que "a justiça, para desgosto de nossos teóricos, não poderá ser normatizada. Haverá de ser descoberta laboriosamente em cada caso concreto".

É que a discussão que se estabelece num processo não diz apenas com o acertamento de fatos, apresentados por cada uma das partes segundo o seu interesse; a lei, também, está permanentemente em discussão. É sobre ela, a respeito de seu verdadeiro sentido e propósito, que as partes controvertem, no que se esvai o modelo positivista, que pretende abarcar a totalidade da realidade nas leis em vigor.

Com efeito, o positivismo oculta, pela fórmula da aplicação silogística da lei, as verdadeiras razões de decidir.

O fato tratado pelo processo – e não só a lei – é, também, um conceito hermenêutico, a exigir interpretação.

Noutras palavras:

A lei não possui verdades, ou uma univocidade de sentido, que foi o sonho do iluminismo, que a pressupunha portadora de uma vontade, perenemente válida, enunciada em um texto milagrosamente transparente (Ovídio, 2008, p. 145).[212]

O juiz deverá, portanto, ao decidir, atender aos fatos e circunstâncias da causa, segundo o artigo 131 do Código de Processo Civil. Ou seja, não se trata de atinar às circunstâncias existentes ao ensejo em que o legislador formulou o preceito e, sim, obedecer à faticidade, ao caso posto a julgamento.

Sem dúvidas, vícios inequívocos de nossa formação jurídica, levam-nos a trabalhar com conceitos, consequentemente com regras, despre-

---

[210] A seguinte passagem de Streck (2009, p. 10) é reveladora: "é preciso entender que a hermenêutica (filosófica) – e Dworkin segue essa mesma reflexão – (re)valoriza a dimensão prática da retórica oferecendo a possibilidade de instauração de um ambiente no qual os problemas da realidade são resolvidos concretamente, no interior desta mesma realidade, e não numa instância superior, de cunho ideal que, posteriormente, passa a ser aplicada por mimetismo à realidade".

[211] Assenta Ovídio que o "cientificismo é enfermidade que desgraça apenas o processo, na medida em que defende a necessidade de se superar a ideia de que o direito processual seja científico. Com efeito, surpreende que apenas ao processo se tenha conferido, na doutrina, o caráter de uma ciência. O direito material conservou-se, para o pensamento moderno, como um produto cultural e, como tal, sujeito às vicissitudes históricas e sociais. Essa distinção, entretanto, que pretende a cientificidade do direito processual e apõe apenas ao direito material a possibilidade de mudar de acordo com os interesses em conflito, é falsa, pois o processo é, também, um produto cultural que "como tal, submete-se às contingências históricas, devendo conviver com a natural insegurança, peculiar à vida humana, administrando-a, como sua condição essencial" (2008, p. 138).

[212] Por isso que sucumbe a pretensão positivista-silogística. É que, como prossegue Ovídio: "o sentido não está no texto. O sentido será dado pelo intérprete. Não há um sentido, a priori, que seja anterior e independente do respectivo contexto em que ele se insere" (op. loc. cit.).

zando as circunstâncias constantes dos autos. Estamos sempre propensos a generalizar, construindo regras, fugindo das circunstâncias, necessariamente individuais do caso concreto.

Conforme já foi referido, há, aqui, uma difernça, que reside na temporalidade, entre o papel do legislador e o papel do juiz.

Não se tratará de desconsiderar-se o texto normativo, embora esse deva passar sempre pelo crivo de constitucionalidade; porém, a faticidade do caso, as suas peculiaridades, é que permitirão a formulação da resposta judicial.

Vale insistir: são as circunstâncias e os fatos da causa que hão de subjazer à decisão judicial, e não, portanto, as circunstâncias que se faziam presentes ao tempo em que o legislador editou o preceito.

A assertiva é importante como linha de frente no combate à tentativa de se impingir uma *leitura originalista*[213] dos textos jurídicos. Por ela, com efeito, pretende-se recompor as intenções originais do legislador, e impor-se isso a todos os intérpretes.

Ora, como dirá Tribe (2007, p. 11):

> Os modeladores da Constituição sabiamente usaram uma linguagem geral e deixaram para as gerações que os sucederam a tarefa de aplicar essa linguagem às constantes alterações do ambiente no qual elas vivem.

Isto é:

> Voltando às intenções originais dos moldadores – mesmo se fosse possível capturá-las em laboratório, engarrafá-las e observá-las em microscópio – não conseguiríamos determinar uma interpretação satisfatória da Constituição (Tribe; Dorf, 2007, p. 12).

A alternativa originalista, ao fim e ao cabo, culminaria pela construção de um significado unívoco e petrificado dos textos jurídicos, mormente do texto constitucional, significado a cuja apreensão estaria reduzida a atividade judicial.[214]

---

[213] Diz Dworkin (2006, p. 466-7): "segundo a doutrina da compreensão original, os juízes têm de considerar não só que as intenções lingüísticas dos autores definem o que eles disseram – o que é inócuo – mas também que suas intenções jurídicas definem os efeitos de suas palavras sobre o direito constitucional".

[214] Como se sabe, na atualidade, o originalismo é defendido de maneira vigorosa por Antonin Scalia, juiz da Suprema Corte Americana, no sentido de que deve haver uma correspondência nos sentidos alcançados pelo intérprete da atualidade e aqueles que nortearam os autores da Constituição. Em seu A matter of interpretation: (1997, p. 24-40), alude que há um formalismo estrural na interpretação constitucional, que, portanto, está situada no campo da semântica. Na apresentação à edição brasileira do On reading the Constitution, de Tribe e Dorf, em que são traçadas contundentes críticas à posição do juiz Scalia, Streck (2007, p. XXXIII) também expõe que, pelo originalismo, transfere-se o problema da abstração dos precedentes para o domínio das tradições, em tal sorte que se aumenta o nível possível de generalizações para possibilitar o preenchimento desse nível de abstração com pontos de vista extremamente particulares, passando os direitos a depender do ponto de vista dos juízes.

Ora, a tarefa hermenêutica, como reconstrução de um original, é buscar um sentido morto (Morcilo Lixa, 2008, p. 74).[215]

Quando comenta a rejeição de Robert Bork à vaga de juiz da Suprema Corte Americana, também Dworkin condena o "apelo vago à intenção original dos autores da Constituição" (2006, p. 439), aplaudindo a rejeição do indicado por Reagan. Explicando o ponto de vista de Bork, manifestamente um defensor do originalismo, Dworkin diz tratar-se de uma visão estreita e positivista da Constituição enquanto norma, de modo que se:

> Insiste em que a Constituição não cria nenhum direito que não esteja explicitado no texto do documento, interpretado de modo que expresse uma expectativa pertinente que os autores tinham quando o formularam (2006, p. 449).

Ocorre que a nossa lei fundamental não consiste somente numa coletânea de regras isoladas e entendidas à luz das expectativas de seus criadores. Parafraseando, ainda, Dworkin, também é a Constituição o conjunto de princípios necessários para explicar e justificar nossas práticas de estado e de decisões judiciais, que formam a nossa história constitucional mais ampla (2006, p. 450).

Numa palavra: "essa visão substitui o historicismo de Bork por uma teoria do direito que não se baseia no discernimento casuístico, mas em princípios" (Dworkin, 2006, p. 450).

E, deste modo, não se incide na equivocada suposição de que se faz possível reconstruir hermeneuticamente o mesmo caminho de compreensão que outros trilharam no passado.[216]

Fosse realizável o desiderato originalista, estar-se-ia a supor que a interpretação se pode desgarrar da aplicação, autonomizando-se. Isso jamais se prestará a conceber possa o intérprete, a seu turno, dizer da Constituição aquilo que deseja.

Como afirma Streck (2007, p. XXI) a concepção hermenêutica do sentido da Constituição implica uma dialética constante entre texto (que não deve estar assujeitado ao intérprete) e a atribuição de sentido a esse texto.

---

[215] Pois, como já se viu, o compreender "é algo mais que uma mera reprodução da opinião alheia. É um compreender a partir das condições históricas – o ponto a partir do qual se visualiza o presente e permite transcendê-lo – de quem pergunta, possibilitando a construção e auto-construção compreensiva" (MORCILO LIXA, 2008, p. 74).

[216] Nas palavras de Bongiovanni (2000, p. 201): "Dworkin, a partire dalla esigenza di congruenza, propone una interpretazione non legata alla intenzione del legislatore bensì evolutiva: l'interpretazione prende in considerazione 'non soltanto il testo del documento legislativo ma la sua evoluzione, il processo che inizia prima che esso diventi diritto e si estende ben oltre quel momento". Isto é: "Dworkin, a partir da exigência de congruência, propõe uma interpretação não ligada à intenção do legislador, porém evolutiva: a interpretação leva em consideração não apenas o texto do documento legislativo mas a sua evolução, o processo que inicia antes que se torne direito e se estende bem além desse momento".

Assim, é na circularidade hermenêutica – e não a partir da intenção original – que se há de justificar a resposta correta.

Que deverá ser amplamente fundamentada.

Assevera Streck (2009, p. 542) que:

> A obrigação de fundamentar – que, frise-se, não é uma fundamentação de caráter apodítico – visa preservar a força normativa da Constituição e o caráter deontológico dos princípios. Consequentemente, representa uma blindagem contra interpretações deslegitimadoras e despistadoras do conteúdo que sustenta o domínio normativo dos textos constitucionais.

Para o atendimento da exigência de fundamentação, ademais, essa há de ser completa, abrangendo tanto a versão aceita pelo julgador quanto as razões pelas quais ele recusara a versão oposta.

Com efeito, assinala Ovídio (2008, p. 151) a necessidade de que o Juiz:

> Ao fundamentar a sentença, não apenas dê os motivos pelos quais aceitou como válidos os argumentos do vencedor mas, além disso, demonstre, também com argumentos convincentes, a impropriedade ou a insuficiência das razões ou fundamentos de fato e de direito utilizados pelo sucumbente.

Isso é fundamental para que o convencimento judicial alcance o nível de racionalidade exigido constitucionalmente.[217]

Outro aspecto relevante, aqui mencionado de passagem, é que a linguagem da fundamentação não deve ser apenas técnica, incompreensível para os leigos. Essa é uma exigência da democracia, na medida em que se deve estabelecer que as decisões judiciais sejam acessíveis às partes do processo.

Segundo Ovídio (2008, p. 155), tal perspectiva:

> Se sustenta no pressuposto de que o Poder Judiciário não seja um poder hermético, a semelhança das organizações judiciais primitivas, quando a revelação do direito era um misterioso segredo dos sacerdotes.

Com efeito, a inserção das decisões judiciais na tradição jurídico-democrática obriga o juiz a explicitar as razões por que decidiu – de maneira

---

[217] É de se anotar que não se trata de peculiaridade brasileira. Segundo Taruffo (2009, p. 238): "nella maggior parte degli ordinamenti processuali moderni esiste per tutti gli organi giurisdizionali l'obbligo di motivare i loro provedimenti, e non di rado questo obbligo è sancito a livello costituzionale". E mesmo em países nos quais não existe uma obrigação expressa de fundamentação das decisões, como na Inglaterra, existe, a tal respeito, uma prática judiciária consolidada. De forma que: "in tutti questi casi il giudice è tenuto a giustificare la propria decisione enunciando le ragioni per cui essa va considerata come valida e razionalmente fondata" (TARUFFO, 2009, p. 238). Quer dizer: "na maior parte dos ordenamentos processuais modernos existe para todos os órgãos jurisdicionais a obrigação de motivar os seus provimentos, e não raramente essa obrigação é fixada em nível constitucional". E mais: "em todos estes casos o juiz tem que justificar a própria decisão enunciando as razões para que a decisão seja considerada como válida e fundada racionalmente".

constitucionalmente adequada –, dando conta, também, dos motivos por que a tese oposta não vingou; tudo, entretanto, sem reduzir-se ao burocratismo e à técnica, como se o seu trabalho não houvesse de, dali em diante, ingressar na *cadeia* do direito que se vai estabelecer sobre casos futuros.

2.4.3. O prazo razoável para a produção da resposta correta

Desde a ratificação, pelo Brasil, da Convenção Americana Sobre Direitos Humanos, ou, como se queira, do Pacto de San José da Costa Rica, já se poderia alvitrar como pertencente à nossa ordem jurídica o comando que impõe tramitem os processos em prazo razoável.[218]

Como é sabido, por Emenda à Constituição, incorporou-se o inciso LXXVIII[219] ao artigo 5º da Carta, em reforço à sua imperatividade. Neste sentido, não se faz írrita a explicitação de tal direito.

É que, como diz Barroso (2009, p. 222), assentando obviedade que, não obstante, em nosso caso deve ser proclamada:

> Todas as normas constitucionais são normas jurídicas dotadas de eficácia e veiculadoras de comandos imperativos. Nas hipóteses em que tenham criado direitos subjetivos – políticos, individuais, sociais e difusos – são elas, como regra, direta e imediatamente exigíveis, do Poder Judiciário ou do particular, por via das ações constitucionais e infraconstitucionais contempladas no ordenamento jurídico.

De tal modo, tem-se que a razoável duração do processo se consubstancia em direito fundamental, em mandado a ser realizado diante de todo e qualquer caso concreto, dependendo de suas peculiaridades, e, portanto, requer mudanças institucionais,[220] do próprio Poder Judiciário,

---

[218] As disposições conducentes ao alvitre estão, respectivamente, nos artigos 8º, I, e 25, I, de referido documento internacional, *in verbis*: "Toda pessoa terá o direito de ser ouvida, com as devidas garantias e dentro de um prazo *razoável*, por um juiz ou Tribunal competente, independente e imparcial, estabelecido anteriormente por lei, na apuração de qualquer acusação penal formulada contra ela, ou na determinação de seus direitos e obrigações de caráter civil, trabalhista, fiscal ou de qualquer outra natureza" (art. 8º, I)."Toda pessoa tem direito a um recurso simples e *rápido* ou a qualquer outro recurso efetivo, perante os juízos ou Tribunais competentes, que a projeta contra atos que violem seus direitos fundamentais reconhecidos pela Constituição, pela lei ou pela presente Convenção, mesmo quando tal violação seja cometida por pessoas que estejam atuando no exercício de suas funções oficiais." (art. 25, I).

[219] Doravante, não há dúvida de que "a todos, no âmbito judicial e administrativo, são assegurados a razoável duração do processo e os meios que garantam a celeridade de sua tramitação" (artigo 5º, LXXVIII, da Constituição Federal).

[220] Essas mudanças escapam aos objetivos do texto, mas para dar clareza a seu significado, e sem que a referência signifique concordância com todos os aspectos mencionados, cabe alusão a Moraes (2005, p. 94), que aponta: "como mecanismos de celeridade e desburocratização podem ser citados: a vedação de férias coletivas nos juízos e tribunais de segundo grau, a proporcionalidade do número de juízes à efetiva demanda judicial e à respectiva população, a distribuição imediata dos processos, em todos os graus de jurisdição, a possibilidade de delegação aos servidores do Judiciário, para a

além de uma atuação, em cada caso concreto, que convirja ao desfecho em tempo razoável.

Noutros termos, a resposta (correta), adequada à Constituição, pois, só o será na exata medida em que não desrespeitar o dispositivo que garante seja proferida em prazo razoável.

Não se trata apenas, então, de um conteúdo que se afeiçoe àquilo que deriva das normas constitucionais, mas, igualmente, do atendimento às garantias, diria formais, entre as quais se situa a necessidade de que a sua prolação se faça sem ultrapassar um lapso aceitável de tempo.

Isto para evitar a verdade contida, por exemplo, no apontamento de Tavares (2008, p. 270), segundo o qual:

> Do aforisma a justiça tarda mas não falha passamos para justiça que tarda é sempre falha, como termômetro da insatisfação geral com a ausência de resposta e a frustração permanente em face da longa tramitação dos litígios (...).

Na verdade, há diversos mecanismos pelos quais se pode direcionar a produção da solução judicial em interregno compatível com o estabelecido na Constituição.[221]

Mas o que se impõe, antes de tudo, é a superação do paradigma a partir do qual a ordinarização das demandas e a pluralidade de fases processuais fazem homenagem à segurança jurídica, tratada como valor maior.

Com efeito:

> O princípio da segurança jurídica foi construído e normatizado em um contexto sociopolítico que em nada se assemelha aos tempos contemporâneos (Duarte, 2005, p. 81).

Aliás, e parece nem ser necessário insistir neste ponto, o conceito de tempo, para o sujeito, é hoje radicalmente diferente daquele vivenciado nos albores do direito moderno. Portanto, ou o conceito de segurança jurídica é reinterpretado, ou se esvaziou de sentido.[222]

---

prática de atos de administração e atos de mero expediente sem caráter decisório, a necessidade de demonstração de repercussão geral das questões constitucionais discutidas no caso para fins de conhecimento do recurso extraordinário, a instalação da justiça itinerante, as súmulas vinculantes do Supremo Tribunal Federal".

[221] Poder-se-ia citar a utilização dos procedimentos sumários, do julgamento antecipado da lide, ampliação do uso das ações coletivas, alterações mais profundas no processo de execução – que não excluem as já empreendidas –, a busca de soluções mediadas não jurisdicionais, implantação de câmaras de conciliação, repressão à litigância de má-fé, enfim, o caminho a trilhar é vasto, embora, escusável o trocadilho, o tempo seja curto.

[222] Adiante, sintetizando essa compreensão, assenta Duarte (2005, p. 281) que: "a sociedade contemporânea tem como características o risco, a incerteza, a instabilidade, a indeterminação e a lógica do tempo real, no que se diferencia da sociedade moderna, que era marcada pelo perigo, pela certeza, pela estabilidade, pela determinação e a lógica do tempo". Não é caso aqui de discutir o paradigma sistêmico, *locus* de que nos fala o autor, pois, mesmo a partir de sua compreensão *luhmanniana*, não

De modo que, como assenta Rocha (1993, p. 97):

> É necessário que a jurisdição seja prestada – como os demais serviços públicos – com a presteza que a situação impõe. Afinal, às vezes, a justiça que tarda, falha. E falha exatamente porque tarda.

Ora, parece acertada a suposição de que a estruturação do processo em fases demarcadas e a pluralidade excessiva de vias recursas não conduzem ao atendimento do dispositivo constitucional e é meramente retórica a asserção de que por quantos mais órgãos de jurisdição peregrinar um feito, melhor será a decisão que se lhe dará; muito ao contrário, na maioria das vezes o contato com a prova e com as partes, que se faz no primeiro grau de jurisdição, enseja, a partir de pré-juízos autênticos, a decisão afinada com a Constituição.

Ao tratar dos obstáculos que conspiram contra a efetividade do processo civil, não escapou de Ovídio (2001, p. 253) a constatação de que tanto a "generalização do procedimento ordinário, com demandas plenárias, formadoras de processos totais", como "o sistema recursal, excessivamente amplo e liberal" forjam um modelo cujo paradigma já se demorou a abandonar.

Uma falsa visão de segurança jurídica a partir de processos em que cada decisão trivial desafia um recurso, em que o procedimento ordinário se faz modelo e padrão, tem, inclusive, contribuído para um perigoso déficit de confiança no Poder Judiciário, cujo interregno de tomada de decisões que se possam, enfim, concretizar, está muito afastado das necessidades da quadra atual. Quando tratarmos, adiante, do contraditório, de alguma maneira se estará, também, a aludir ao escopo de tramitação dos processos judiciais num prazo razoável.

Antes, porém, uma breve alusão a como este problema tem se apresentado na perspectiva do direito penal.

O receio quanto às decisões emanadas dos órgãos jurisdicionais ordinários e uma leitura limitada do texto constitucional produziram, no julgamento do Habeas Corpus 84.078-7, pelo Supremo Tribunal Federal, o que se poderia qualificar como uma incorreta resposta judicial.

Neste caso a Corte, por sete votos a quatro, e alterando jurisprudência antes sólida, vedou fosse executada uma pena criminal, antes do trânsito em julgado da sentença penal condenatória.[223]

---

adotada neste trabalho, traz observações realmente importantes para a compreensão dos desafios atuais no sentido de produção de respostas jurídicas, em prazo razoável.

[223] A alusão anteriormente feita, de que se evitaria neste trabalho a análise sobre decisões judiciais, não será desmentida, como o demonstrará a brevidade da exposição. Que omitirá sobretudo aspectos relevantes do direito comparado, no que privilegiam as decisões criminais de primeira instância, sem que daí se possa extrair violência a outros valores consagrados. Podem-se referir como exem-

Sob o fundamento da presunção de inocência, como se este fosse o único dispositivo constitucional a ser considerado, estabeleceu-se que tão somente esgotados todos os recursos, e os seus consectários – os recursos dos julgamentos dos recursos – é que se poderia cogitar da execução das penas criminais.

Não se pode abordar o tema olvidando-se a técnica dos recursos.

A Constituição Federal estabelece que compete ao Supremo Tribunal Federal julgar, mediante recurso extraordinário, as causas decididas em única ou última instância, quando a decisão recorrida a) *contrariar dispositivo da Constituição Federal*, b) *declarar a inconstitucionalidade de tratado ou lei federal*, c) *julgar válida lei ou ato de governo local,contestado em face da Constituição*.

O Recurso Especial tem cabimento junto ao Superior Tribunal de Justiça quando a decisão recorrida a) contrariar tratado ou lei federal, ou negar-lhe vigência, b) julgar válido ato de governo local contestado em face de lei federal, c) der a lei federal interpretação divergente da que lhe haja atribuído outro tribunal.

São, portanto, recursos aos quais se reduz, constitucionalmente, a pertinência à matéria de aplicação do Direito.

Em sede de direito criminal, e essa premissa é relevante, como regra são interpostos tais recursos com permissivos, respectivamente, para o extraordinário, no artigo 102, III, *a*, da Constituição Federal, isto é, com a tese de que a decisão contrariou dispositivo constitucional e, no especial, com base no artigo 105, III, *a*, da Carta, vale dizer, com a alegação de que a decisão recorrida contrariou a lei federal ou negou-lhe vigência.

Em tais recursos, pois, o que é apreciação a respeito do arcabouço probatório produzido no processo, e que, geralmente, conduz à conclusão a respeito da materialidade e autoria de um crime, esses temas não são devolvidos à apreciação, seja do Supremo Tribunal Federal, quando julga o recurso extraordinário, seja do Superior Tribunal de Justiça, quando julga o recurso especial.

---

plos: o Criminal Justice Act, de 2003, na Inglaterra, e o caráter excepcional do efeito suspensivo dos recursos; a Alemanha, em que o efeito suspensivo é previsto no Código de Processo Alemão (*Strafprozessordnung*) apenas para alguns recursos, como a apelação (§ 316 StPO) e a revisão (§ 343 StPO), mas jamais para recursos deduzidos para os tribunais superiores; o artigo 408 do Código de Processo Penal Português, já interpretado pelo Tribunal da Relação de Lisboa como a referir-se a recursos ordinários, não se aplicando o respectivo efeito suspensivo aos recursos para o Tribunal Constitucional; a situação na Espanha, em que se o acusado foi condenado em processo em que lhe foi oferecido contraditório e ampla defesa, em que foram cotejadas todas as provas, observado está o princípio da presunção da inocência. A sentença condenatória é, deste modo, plenamente executável, mesmo que outros recursos estejam em trâmite; por fim, nos Estados Unidos, de regra, após a prolação da sentença o condenado passa imediatamente a cumpri-la, sendo possível, no entanto, pleitear sua revisão, conforme previsão do US Code, título 18, parte 2, capítulo 235, § 3742, *Review of a Sentence*, baseada nos requisitos que a lei estabelece, sem que, no entanto, se obste ao início do cumprimento da pena.

A limitação no que é o efeito devolutivo desses recursos enseja, intuitivamente, a inexistência de efeito suspensivo. Que, por sua vez, é afastado pela lei de regência – Lei nº 8.038/90.

O que se quer dizer com isso? É que uma vez assentada a matéria probatória, concernente aos fatos, pela instância ordinária – sentença e acórdão –, no ponto ter-se-á a impossibilidade de discussão de tais questões nos recursos especial e extraordinário.

Esses, como se viu, aludirão à eventual contrariedade da decisão à Constituição Federal ou à lei federal. E aqui, a presunção de que se deve cogitar é a de que a decisão recorrida, emanada de um Tribunal, esteja afinada com a lei e a Constituição.

A presunção, convém repetir, embora não tenha sido assim reconhecida pela maioria dos ministros do Supremo Tribunal Federal, a presunção é a de que os juízes e os Tribunais decidam consoante a lei e a Constituição. De maneira que sem nenhum arranhão ao princípio da não culpabilidade ou da presunção de inocência, a partir de uma decisão condenatória confirmada pelo Tribunal de Justiça ou pelo Tribunal Regional Federal pode-se partir para a execução da pena.

Importa, todavia, tratar mais da suposta violação à presunção de inocência, que é princípio constitucional da mais alta envergadura, porém não é o único princípio constitucional a nortear as decisões penais. A presunção de inocência se vê mitigada a partir da primeira decisão condenatória, ainda que do juiz de primeiro grau.

Se a sentença condenatória de primeira instância não abalasse a presunção de inocência, ou seja, se diante do ato jurídico sentença condenatória e o artigo 5º, LVII, da Constituição Federal, o que se assentasse fosse a inocência, e não a culpabilidade afirmada pelo Juiz, a ausência de recurso a essa mesma sentença não poderia ensejar a execução da pena.

Prolatada que seja, entretanto, a sentença condenatória, se nada for feito pelo condenado, isto é, mantido o estado de inércia, o que se tem é a produção do efeito dessa mesma sentença, que afirmava a culpabilidade e determinava a execução da pena.

Sabe-se, desde a doutrina do processo civil, que a coisa julgada se apresenta como uma qualidade dos efeitos da sentença, agregando-lhe a imutabilidade. Noutras palavras, a execução da pena é efeito da sentença, e não do advento do trânsito em julgado, embora seja indiscutivelmente acertado que, ao recorrer no nível da ampla devolutividade, por meio de apelação – recurso que, este sim, devolve amplamente a apreciação de tudo quanto relacionado, ao órgão de segundo grau, Tribunal de Justiça ou Regional Federal –, faça-o o condenado em liberdade, salvo nas hipóteses legais de segregação cautelar, como é curial.

Portanto, não se está a discutir que, de maneira acertada, em nosso ordenamento, para apelar, isto é, para manejar o recurso que carrega consigo ampla devolutividade, entregando ao órgão recursal toda a matéria decidida inicialmente, não haverá o inconformado de ser recolhido à prisão.

Esse o equilíbrio do sistema, que não descura de nenhum dos valores constitucionais em cotejo e que não lê, da Constituição Federal, apenas o artigo 5º, LVII, como se nada mais lhe prestasse obséquio.

Não é deveras concebível que, por exemplo, réu julgado e condenado por Júri, órgão de competência constitucional, com decisão mantida por colegiado de Desembargadores – que sequer a poderiam alterar no mérito –, não cumpra a sanção, pela circunstância de que dispõe, ainda, de recursos, nos quais, pela Constituição, só pode discutir se tais decisões precedentes violaram a lei ou a própria Constituição, o que, francamente, não se presume.

Tão ruim quanto seria aqui, unicamente, o argumento de que a demora excessiva no julgamento destes recursos é o que esgota o problema, e não se trata disso, é justificar a ideia oposta com base, por exemplo, na verdadeiramente caótica situação de nossos presídios. É certa, evidente e infeliz a constatação de que novos presídios devem ser construídos.

Porém, quando a condenação proferida em primeiro grau resultou mantida pelo Tribunal de Justiça, os recursos que aludem à suposta violação ou negativa de vigência à lei ou à Constituição, não poderiam estancar a execução do julgado, emprestando verdadeira descrença à presunção de que as leis e a Constituição foram cumpridas, pelos agentes políticos que já julgaram o processo.

O contrário disso é a inversão das presunções, é fazer da chamada presunção de inocência não mais uma presunção, mas uma certeza, de que em nosso sistema as instâncias de primeiro e segundo grau não são confiáveis e, portanto, aquilo que decidem só encontrará eficácia se respaldado pelo órgão recursal último, que é o Supremo Tribunal Federal.

É a concentração, enfim, do poder de decidir nos órgãos de cúpula, em desfavor da efetividade das decisões e da duração razoável dos processos.

2.4.4. *A resposta correta e o contraditório: o refinamento da resposta judicial a partir das liminares inibitórias*

Como visto, a obediência à duração razoável do processo e, consequentemente, a necessidade de que a resposta judicial se estabeleça em interregno não excessivo, de que decorreria, inclusive, a sua inefetividade, é uma conquista recente, ao menos em termos de previsão no texto constitucional.

Há de se conjugar o mandamento, todavia, com a necessária observância do princípio do contraditório.

Denomina-se aqui de visão tradicional, aquela que concebe o contraditório como o *"princípio da audiência bilateral"*, a partir do qual "é constituído por dois elementos: a)informação; b)reação (esta, meramente possibilitada nos casos de direitos disponíveis" (Grinover; 1997, p. 57).

No mesmo sentido é o alvitre de Theodoro Júnior (1997, p. 29), ao aludir que o contraditório:

> Consiste na necessidade de ouvir a pessoa perante a qual será proferida a decisão, garantindo-lhe o pleno exercício de defesa e de pronunciamento durante todo o curso do processo.

Não é diferente o ponto de vista de Dinamarco (2001, p. 217), segundo o qual o contraditório se identifica:

> No binômio informação-reação, com a ressalva de que, embora a primeira seja absolutamente necessária sob pena de ilegitimidade do processo e nulidade de seus atos, a segunda é somente possível.

Ocorre que já há razões suficientes para enfrentar o dogma. E avançar.

Relevantíssima que seja a asserção de que o processo há de assegurar a atuação efetiva de ambas as partes, a cujos argumentos deverá o Juiz se reportar, ao decidir, não obstante, em certos casos, parece necessária a introdução de técnicas processuais tendentes a reduzir o campo de cognição judicial, de modo a sumarizar a demanda.[224]

Quer dizer, há casos, como aponta Ovídio (2001, p. 255), em que:

> Ao juiz é vedado conhecer de toda uma parcela de questões litigiosas que, não fosse uma determinação do direito material, poderiam ser suscitadas pelo demandado.

Compreender-se que nestas situações, em que se elimina uma área da possível defesa do demandado, não se impõe óbice à efetivação do contraditório, exige uma maior reflexão.

Não é exagero dizer que a ordinarização das demandas, o estabelecimento de fases processuais insuplantáveis e a abertura cognitiva, ou seja, o alargamento de matérias a serem trazidas a juízo, num mesmo

---

[224] Apesar de as decisões liminares serem expressão desta ideia, ao permitirem que o juiz decida com base em cognição apenas superficial sobre as questões da lide, há casos em que a limitação da cognição judicial, e, portanto, do contraditório, no que retirados do campo de análise do juiz certos temas, se faz noutro plano. Casos, por exemplo, das ações possessórias e cambiárias, em que o juiz decide com base em cognição exauriente as questões próprias da lide, sendo-lhe vedada a apreciação de certas questões excluídas de seu conhecimento pela lei.

processo, conspiram contra a sua solução em prazo razoável e transferem o ônus do transcurso do tempo àquele que possui direito material a ser tutelado.

A combater este mal, concebe-se a pulverização, em *lides parciais*, das pretensões de direito material que se podem trazer a juízo. Com Ovídio (2001, p. 269):

> Distribuindo por muitas ações aquelas questões formadoras da imaginada lide total, criaríamos ações de pequena complexidade, capazes de permitir soluções rápidas e seguras.

O recorte, ademais, das matérias que possa o demandado trazer a debate, segue o mesmo enfoque.

Nestes casos, à limitação da defesa a ser exercida no curso da relação processual não apõe mácula à ampla defesa e ao contraditório, porquanto este se fará sob a forma eventual.[225]

Ou seja, nada impedirá que o demandado, cuja defesa é decotada a temas estabelecidos pela lei, numa demanda plenária subsequente, invoque todas as matérias que lhe aprouver. Sem que o alvitre possa causar qualquer constrangimento, importa referir que já há, por exemplo, na ação de desapropriação, em que a contestação, a teor do artigo 20, do Decreto-Lei 3.365/41, só pode versar sobre vício do processo judicial ou impugnação do preço, a adoção de tal perspectiva, visto que qualquer outra questão, segundo essa norma mencionada, deverá ser decidida em ação direta.

A questão está em que, nesta perspectiva, transfere-se ao demandado original o ônus do tramitar de um processo; porque a vedação de discussão de determinados temas, que somente se poderiam ver invocados em processo ulterior, estaria como facilitador da produção de respostas judiciais em tempo mais adequado, dando-lhes, naturalmente, maior efetividade.

O princípio do contraditório será, pois, preservado nos casos em que a defesa se transforme, de contestação, em causa de pedir de uma ação inversa, a ser facultativamente ajuizada pelo sucumbente no juízo sumário. E com isso, ademais, resgata-se a efetividade do processo, afastado o paradigma de que o contraditório somente se efetiva quando abertas todas as portas temáticas, na mesma relação processual, em favor do demandado.

Essa técnica processual, de sumarização das demandas, poderia, segundo Ovídio (2001, p. 283):

---

[225] Segundo Ovídio (2001, p. 275), o contraditório eventual se apresenta de duas formas: "Numa delas, tutela-se o interesse do autor numa fase inicial da causa, para somente depois permitir que o demandado, se o quiser, dê início ao contradittório, tornando-se autor de uma demanda *incidental*. (...) A outra modalidade de contradiório eventual ocorre quando o demandado, a quem cabe provocar o contraditório, (...) terá de fazê-lo através de uma *ação autônoma*".

Transformar-se no instrumento milagroso, capaz de oferecer a cuscada efetividade do processo, sem qualquer ofensa ao princípio constitucional de plenitude de defesa, evitando que o réu, como acontece em nosso sistema, desfrute das vantagens da mora processual, sem qualquer ônus.

Há muito que se fazer, portanto. Mas muito também já se fez, como dá conta a consagração, entre nós, das respostas judiciais tendentes a evitar ou minimizar a lesão de direitos.

É do que se tratará a seguir.

O direito processual brasileiro forjou-se a partir de um modelo em que a atuação jurisdicional direcionava-se à reparação de prejuízos advindos de uma situação em que se produzisse lesão a alguém.

A tutela judicial, com efeito, mormente sob os influxos de sua tradição romano-canônica, sempre vinha depois da efetivação do prejuízo, almejando repará-lo.

Inequivocamente, portanto, mostrou-se salutar a introdução da antecipação de tutela judicial, deslocando-se para fase primitiva do processo a atuação estatal, de modo a evitar que o titular de um direito se visse também alcançado pelos inexoráveis efeitos do tempo necessário para a prolação de uma sentença.

É sabido que a dedução de pretensão em nível de antecipação de tutela requer do magistrado o exercício de cognição sumária. Watanabe aponta que uma das características da sociedade moderna é o ritmo acelerado e agitado das relações sociais, econômicas e jurídicas, resultante do encurtamento das distâncias, das facilidades de comunicação e do avanço tecnológico em geral.

Segundo o autor (2000, p. 143):

O Direito e o processo devem ser aderentes à realidade, de sorte que as normas jurídico materiais que regem essas relações devem propiciar uma disciplina que responda adequadamente a esse ritmo de vida, criando os mecanismos de segurança e de proteção que reajam com agilidade e eficiências às agressões e ameaças de ofensa.

É preciso, entretanto, que se avance mais.

Os pleitos deduzidos sob a forma de liminar, na quadra atual, mercê do preenchimento de certos requisitos e evidenciando o inequívoco risco de ocorrência de situação causadora de lesão a direito, não mais hão de aguardar a sua ocorrência, para o fim de suplantá-lo. É-lhes dada a possibilidade de evitar a situação lesiva, a sua ocorrência em detrimento de alguém.

Noutras palavras, inibe-se, pela via judicial, a prática do ilícito potencial.

Sobre a finalidade da tutela inibitória, ensina Marins (1996, p. 94):

Não é só a violação a direito que legitima, portanto, a intervenção do Estado, nas relações intersubjetivas; basta ao interessado demonstrar a existência de ameaça concreta, evidenciando justo receio de dano a interesse legalmente protegido. A lei refere-se ao fenômeno, que autoriza a tutela preventiva dos direitos, designando-o por variadas formas, às vezes como ameaça ou justo receio ou situação perigosa, ou fundado receio de dano de difícil reparação, ou perigo de dano, e assim por diante.

Por sua vez, diz Marinoni (1996, p. 357) que a tutela inibitória se destina:

> A impedir a prática, a repetição ou a continuação de uma conduta ilícita. A princípio, e considerado o verbo "inibir", se poderia supor que a tutela inibitória somente pode obrigar a um não fazer. A tutela inibitória deve ser compreendida como a tutela que inibe o ilícito, impondo um fazer ou um não fazer, conforme a conduta temida seja omissiva ou comissiva.

Para Barbosa Moreira (1988, p. 25), com essa forma de atuação judicial, visa-se a proteção, de maneira direta, da situação material em si, razão por que a providência judicial descansará no prévio acertamento do direito, prevenindo a violação de um direito que se afigure plausível.

A fim de se compreender o âmbito de aplicação da tutela inibitória faz-se importante referir que eram duas, basicamente, as formas com que se prestava a jurisdição: pela cognição, que define a vontade da lei diante de determinada situação litigiosa, e pela execução, que tornava efetivo, real, aquilo que ficou estabelecido no processo de conhecimento.

Em princípio, estas duas formas deveriam esgotar a missão atribuída ao processo, ao qual se conferia o escopo de instrumento de realização da tutela jurisdicional, definida por Dinamarco (1987, p. 61) como:

> O amparo que, por obra dos juízes, o Estado ministra a quem tem razão num processo. Tutela é ajuda, proteção. É jurisdicional a proteção outorgada mediante o exercício da jurisdição, para que o sujeito beneficiado por ela obtenha, na realidade da vida e das relações com as coisas ou com outras pessoas, uma situação mais favorável do que aquela em que antes se encontrava.

A prestação jurisdicional, no entanto, só tem valor como tal enquanto for efetiva, no sentido de ser útil e eficaz, ou seja, quando o vencedor puder gozar do direito que lhe foi reconhecido. A concepção instrumental do processo, neste sentido, equivoca-se ao atribuir ao processo uma função, qual seja a de fazer afluir o direito material, como se este fosse um ente pré-dado, existente por si mesmo, e, pois, destinado a ser apreendido por quem cabe torná-lo efetivo.

Se o processo é assim visto como meio, logo se incidirá no equívoco de forjarem-se métodos, para o encontro do direito material, ou, de outra parte, confiar-se-á em demasia nas boas intenções do julgador, para o mesmo desiderato.[226]

Como ensina Theodoro Júnior (1997, p. 104), é indispensável que a tutela jurisdicional dispensada pelo Estado aos seus cidadãos seja idônea para realizar, em efetivo, o desígnio para o qual foi engendrada.

Pois, de nada valeria, por exemplo, condenar o obrigado a entregar a coisa devida, se esta já inexistisse ao tempo da sentença ou franquear-se a realização de um ato contrário à lei, quando possível impedi-lo.

Mais do que garantir a efetividade do processo, a tutela jurisdicional deve servir para evitar que ilícitos ocorram. Nessa senda, a tutela inibitória surge, não apenas para a garantia da efetividade do processo, escopo visado pela tutela cautelar, mas para evitar que ocorra a lesão a um direito. A atividade jurisdicional inibitória dirige-se, então, não à composição da lide, à realização de uma decisão ou à garantia da finalidade processual, objetivos colimados, respectivamente, no processo de conhecimento, de execução e cautelar. Sua finalidade é anterior ao processo, busca evitar que o ilícito se concretize e que seja necessário que o prejudicado acione o judiciário para buscar o ressarcimento do prejuízo. Destina-se a evitar, pois sim, a realização do ilícito.

Segundo Marinoni (1998, p. 305), trata-se de tutela que permite a prevenção do ilícito, no sentido de impedir sua consumação ou, em certos casos, sua continuação ou repetição, sem que isso configure uma atuação propriamente cautelar, à medida que propicia, desde logo, a atuação do direito material. De alguma maneira, o pleito voltado a evitar a ocorrência de um ilícito já era previsto no sistema jurídico brasileiro pela via do mandado de segurança. Entretanto, a tutela inibitória alcançada pelo *mandamus* somente era destinada a evitar ações provenientes de atos praticados pelo poder público.

Agora, com base nos artigos 273 e 461 do Código de Processo Civil é possível que se determine ao particular que se abstenha da prática de ato ilegal, para o que são exigidos requisitos menos densos que os necessários ao mandado de segurança. Calha referir os comentários de Magalhães Bonicio (2010, p. 04):

---

[226] São conhecidas as ácidas críticas de Calmon de Passos (2008, p. 55-67) à concepção instrumentalista e a alguns itens das reformas processuais que seguiram o paradigma. Veja-se: "a pergunta que cumpria fosse feita – quais as causas reais da crise do Judiciário – jamais foi formulada. (...) Apenas se indagava – o que fazer para nos libertarmos da pletora de feitos e de recursos que nos sufoca? E a resposta foi dada pela palavra mágica da 'instrumentalidade', a que se casaram outras palavras mágicas – 'celeridade', 'efetividade', 'deformalização' etc. E assim, de palavra mágica em palavra mágica, ingressamos num processo de produção do direito que corre o risco de se tornar pura prestidigitação. Não nos esqueçamos, entretanto, que todo espetáculo de mágica tem um tempo de duração e a hora do desencantamento".

Nessa ordem de idéias, se conjugarmos as disposições contidas no artigo 461 do Código de Processo Civil com as regras atinentes à tutela antecipada, prevista no artigo 273 do mesmo diploma legal, chegamos à conclusão de que existe em nosso ordenamento jurídico atual um instituto análogo ao mandado de segurança, de igual força coercitiva e com a grande vantagem de que pode ser utilizado "contra" atos de particular (ou de atos emanados do poder público, se se preferir esta via), enquanto que o mandado de segurança, como é notório, está restrito aos atos praticados pelo poder público. (...) As novidades introduzidas pelas recentes reformas do Código de Processo Civil abrem novas e promissoras oportunidades de acesso à ordem jurídica justa, e não devem ser desprezadas em decorrência das especialidades técnicas que as cercam. Muito mais do que isso, devem ser captadas pelos operadores do Direito e estes, com a reconhecida capacidade criadora que possuem e a desejável mudança de mentalidade que tanto se espera, devem conduzir a transformação do mundo em que vivemos para um estágio melhor, mais avançado, que é o que mais se espera neste final de século.

Na Itália, tem se consagrado o acionamento do aparato estatal antes da realização de um ilícito. Com efeito, o artigo 156 da lei sobre o direito de autor confere a melhor definição legal de tutela inibitória. São estes os termos: "chi ha ragione di temere la violazione di un diritto ... oppure intende impedire la continuazione o la ripetizione di una violazione già avvenuta, può agire in giudizio per ottenere che il suo diritto sia accertato e sia interdetta la violazione".[227]

Na maioria das vezes, a tutela inibitória supõe que um comportamento ilícito poderá prosseguir ou se repetir; nesse caso a tutela terá por fim inibir a continuação ou a repetição de uma atividade ilícita.

A tutela não perde a sua natureza preventiva por supor um ilícito já ocorrido, pois a sua finalidade é a de prevenir uma atividade ilícita futura.

De todo modo, o que se mostra relevante, em tema de tutela inibitória, é o perigo da continuação, da repetição, ou mesmo da prática do ilícito.

Mesmo nas antigas lições de Frignani (1972, p. 572) já se sustentava existir um princípio geral de tutela preventiva. Dizia o autor:

In tema di tutela preventiva invece il punto cruciale riguarda la possibilità di evitare o prevenire l'illecito. Se si nega tale possibilità, si frustra una delle funzioni primordiali dell'ordinamento giuridico, quella di prevenire l'illecito e, di conseguenza, le liti (ne cives ad arma veniant); se lo si afferma si intacca il principio della certezza del diritto, ampliando in modo pericoloso la sfera di discrezionalità del giudice. Tuttavia, de iure condito, una simile conclusione sembra suffragata, oltre che da un'intima esigenza del diritto, dalle numerose norme sparse in tutto il sistema che consentono forme di tutela giuridica di fronte a 'situazioni preliminari alla violazione della norma e del diritto soggettivo, ao fine di prevenirle. Qualunque soluzione si

---

[227] Em livre tradução: "quem tenha razão para temer a violação de um direito ... ou pretende impedir a continuação ou a repetição de uma violação já ocorrida, pode atuar em juízo para obter a preservação de seu direito e para que seja impedida a violação".

adotti sul problema della tutela preventiva come principio generale, a noi pare che l'inibitoria rappresenti la forma più penetrante di tale tutela.[228]

O manejo adequado dessas novas formas de atuação judicial mostra-se indispensável para a produção de respostas judiciais adequadas à Constituição. De nada adiantaria um esforço tremendo para, no momento de prolação da sentença, o juiz dar cabo de seu ofício, se tiver olvidado que lhe era dado colimar, desde antes, a situação lesiva a outrem que acabou por se efetivar.

Quer dizer, quando se trata de decisão judicial que se pretende correta, impossível se revela o seu isolamento do mundo; o seu pertencimento à totalidade das coisas faz com que uma sentença que atenda a todos os seus condicionantes jurídicos não se afeiçoe à resposta correta, se pretendeu-se reparadora de uma situação lesiva que, em momento anterior, foi-lhe possível coibir.

Afinal, não é certo que a Constituição direciona a atividade judicial às situações de lesão e de *ameaça de lesão* a direito?

Por tudo isso, cabe dizer que, se já é difícil estabelecer, no campo jurídico, a ideia de que há respostas corretas em direito, mais difícil ainda é cercar essa mesma resposta das garantias constitucionais do processo, com a compreensão de que, sem o atendimento dessas, em última análise, seja qual for, a decisão judicial terá se afastado da Constituição.

Este, porém, o objetivo neste tópico, que, ademais, buscou a leitura das garantias processuais da efetividade, contraditório, duração razoável do processo e fundamentação das decisões, a partir da necessidade de termos juízes responsáveis e comprometidos, situados em seu tempo, que possui uma velocidade própria, sem olvidarem a tradição em que se inserem, mas conscientes de que o refinamento das formas de atuação judicial permite o afastamento de situações ilícitas desde o início do processo.

Trata-se de compreender que a resposta judicial há de produzir alterações nas estruturas burocráticas que, muitas vezes, por suas disfunções, ensejam o ingresso em juízo e a proliferação de demandas, superando paradigmas, o que já não era sem tempo, e, sobretudo, de afinar as formas de decidir aos ditames da Constituição Federal.

---

[228] Em tradução livre: "em tema de tutela preventiva, por sua vez, o ponto crucial diz com a possibilidade de evitar ou prevenir o ilícito. Se se nega tal possibilidade, frustra-se uma das funções primordiais do ordenamento jurídico, aquela de prevenir o ilícito e, consequentemente, as lides; se se o afirma, se danifica o princípio da certeza do direito, ampliando de modo perigoso a esfera de discricionariedade do juiz. Todavia, de iure condito, uma conclusão assim parece sufragada, à conta de uma íntima exigência do direito, das numerosas normas esparsas em todo o sistema que autorizam uma forma de tutela jurídica diante de situações preliminares à violação da norma e do direito subjetivo, a fim de preveni-las. Seja qual for a solução que se adote sobre o problema da tutela preventiva como princípio geral, parece-nos que a inibitória representa as forma mais penetrante de tal tutela".

Considerações finais

Não é equivocado dizer que, atualmente, grande parte da produção jurídica nacional tem concentrado as suas forças na análise abstrata de textos legislativos, muitas vezes em comentários que, a realidade demonstra, repetem-se entre variados autores e publicações. Naturalmente que obras assim são importantes, uma vez que, vimos aqui, a dogmática é necessária para o Direito, com o escopo de lhe conferir um mínimo de entificação, sobretudo quando, como no Brasil, nem sempre o legislador cumpra com o seu dever de coerência.

Mas o excesso de abstracionismo, o estabelecimento de exemplos não encontrados no campo da vida e a reiteração de argumentos que se situam no plano meramente legal, são problemas sérios, de que não podemos nos afastar.

Isto para não dizer das tentativas de esquematizar o conhecimento jurídico, simplificá-lo ou resumi-lo, em tal ordem que pouco se vê de textos que procurem trabalhar as complexas implicações do Direito na vida das pessoas e a sua repercussão na esfera judicial.

Manuais, resumos, códigos comentados, tudo isso tem forjado em nossos estudantes universitários uma antecipação de sentido do Direito que se recusa cabalmente à formulação das altas indagações que ocuparam e ocupam diversos pensadores, num nível mais elevado de questionamento.

Muitas vezes indaga-se sobre a necessidade, deveras, de tal tipo de conhecimento.

Ora, se quiséssemos fazer uma concessão a certo dualismo metafísico, apenas para efeito de argumentação, diríamos que sem um consistente conhecimento teórico do Direito, não há como estabelecer uma prática jurídica aceitável.

Quanto mais formos capazes de estudar o Direito em seu nível mais abstrato, mais habilitados estaremos à resolução das questões mais comezinhas que, em nosso cotidiano, podem aparecer.

De outra parte, essa redução do campo de análise basicamente aos textos legais tem deixado de lado investigações mais aprofundadas acerca de como os nossos juízes e tribunais decidem os casos que lhe são submetidos.

Falta-nos, por exemplo, uma doutrina forte acerca de nosso Supremo Tribunal – a literatura americana sobre a Suprema Corte, como se sabe, é vastíssima –, compêndios que se dediquem à análise da jurisprudência – não comentários a respeito de ementas –, e, também, desenvolvimentos sobre os mecanismos que conduzem os juízes a tomarem determinada decisão.

Essa ausência é, seguramente, um dos fatores que contribuem para o *estado de natureza hermenêutico*, de que fala Lenio Streck, no sentido de que temos assistido a uma demasiada expansão da discricionariedade judicial, fundamentalmente porque atuamos, ainda, sob o paradigma do positivismo, de que a discricionariedade é corolário, porém, agora, sob o influxo de uma categoria jurídica que o positivismo desconhecia ou desprezava, qual seja, os princípios; os quais, por se configurarem em um grau de generalidade supostamente maior, ao serem manejados pelo intérprete, acabaram por permitir que os juízes digam *qualquer coisa sobre qualquer coisa*.

É da inquietação profunda que esse tipo de situação haveria de produzir que surge o escopo deste trabalho.

Quer dizer, aqui pretendeu-se delinear uma teoria da decisão judicial que conceba a possibilidade de, em Direito, alcançarem-se respostas corretas. Superando-se, necessariamente, o paradigma positivista, ainda arraigado em nossa doutrina e maneira de decidir, afastando-se o alvitre de que os princípios ampliam o campo de discricionariedade judicial, e, sobretudo, fixando-se a postura hermenêutica como a base de que devem partir as nossas investigações.

Duas palavras antes de prosseguir: também motivou-nos um certo desalento, que nasce da constatação de que em muitos casos as decisões judiciais se têm exarado com carência de fundamentação.

Pois não é fundamentar o proceder-se à colagem de arestos de tribunais, alusivos a casos nem sempre similares, nem sempre sequer parecidos. A resposta correta não se a encontra digitando-se no computador dada expressão, ela não vem da informática.

Esse, aliás, é um sintoma de nossa crise, porquanto é muito mais comum verem-se decisões que se estribam em transcrição de arestos do que em aportes doutrinários, não obstante não vivamos num sistema de precedentes. Talvez a escassez de uma doutrina menos abstrata seja, disso, uma das razões, o que demonstra que, realmente, o *círculo* também pode ser vicioso.

Quando, a par do estudo acadêmico, também compõe a vida de quem está a escrever a missão de julgar processos, essas indagações, de si para si mesmo, ressoam ainda mais estridentes.

Por isso, retomemos, essa tentativa de elaboração de uma teoria da decisão judicial. A qual, neste trabalho, dividiu-se em duas partes.

Inicialmente, sob a parêmia da possibilidade-necessidade de se obterem respostas corretas em Direito, introduzindo o tema, teve-se o escopo de abordar aspectos da filosofia-hermenêutica de Heidegger e da hermenêutica-filosófica de Gadamer.

Jamais, entretanto, no sentido de se empreender uma análise profunda sobre a obra destes dois autores. Jamais, sobretudo, na tentativa de resumir a totalidade do que escreveram. Diversos trabalhos acadêmicos vem sendo produzidos, dedicando largas páginas à transcrição de passagens de ambos, nalguns casos de maneira um tanto enfadonha, mormente quando se cuidam de textos situados no campo do Direito.

O que fizemos, então? Patirmos de Heidegger, abordando as categorias que mais de perto, em sua obra, repercutem em nosso estudo, para, depois, tratarmos de Gadamer, procurando noutros autores também argumentos e lições tendentes a sedimentar o paradigma hermenêutico, de que falamos, para, assim, avançar. E avançamos.

Avançamos para tratar de Dworkin, em tópico que, ademais, procura revelar a pertinência de sua abordagem mesmo num sistema jurídico de *civil law*, como é o nosso.

A dar cabo da primeira parte do trabalho está a abordagem do positivismo jurídico e de sua incapacidade de conceber um alvitre como o da resposta correta, em vista de sua aposta na discricionariedade judicial.

Na segunda parte do texto, já não se fala em resposta correta, como o desenvolvimento abstrato de uma teoria da decisão judicial. Pois, ali, busca-se fornecer contribuição aos variados setores por que se revela o Direito, quase como, tentemos dizer, estabelecendo pré-compreensões constitucionais adequadas às múltiplas faces do Direito. Ou seja, falamos das respostas corretas concernentes a cada um dos ramos do Direito.

E então, mais de perto tratamos do Direito Penal, Direito Público, Direito Privado e Direito Processual.

Não há a menor dúvida de que o desenvolvimento desta segunda parte torna o trabalho suscetível à crítica de, sob uma ampliada extensão horizontal, ou seja, de, na tentaiva de tratar de vários assuntos, pecar pela superficialidade em todos.

Talvez haja pertinência nessa asserção.

Porém, num certo aspecto, o que se tem é um texto que, a rigor, versa sobre o constitucionalismo, ou, melhor dito, trata de como a Constituição há de fazer-se atuar nas decisões judiciais, seja lá em que campo mais específico do Direito elas estiverem. Por isso que não era necessária uma abordagem exauriente de, por exemplo, temas candentes do Direito Privado, se o que queríamos demonstrar é que hoje, no mais das vezes, atua-se sob o influxo de uma visão equivocada, pela qual as cláusulas gerais ampliam a discricionariedade dos juízes; por isso, no Direito Penal, não se fez necessário descer às profundezas da proibição de excesso da intervenção estatal, uma vez que isso vários outros autores já o fizeram, mas há, em nosso país, uma visão errada, um pré-juízo inautêntico, de que o Direito Penal é parente de um Estado Inimigo, de maneira que abordar a proibição de insuficiência, nesta quadra, é de importância radical; por isso, ainda, que não se fazia imperioso, em termos de Direito Processual, dizer sobre o contraditório o que vários outros já disseram, senão que abordá-lo sob o influxo de outras percepções, que o revigoram.

Num certo aspecto, uma vez que não há sentido em compreensão sem *applicatio*, tentou-se, em suma, nesta segunda parte, demonstrar que sim, que a possibilidade de alcançarmos respostas corretas em Direito dá-se quando, em suas múltiplas faces, adotamos a postura de adequarem-se as decisões judiciais à Constituição.

Fica consignada uma penitência: como se buscou uma ampliação de referências em autores não traduzidos para o nosso idioma, é provável que o bom conhecedor de outras línguas encontre equívocos no decorrer do trabalho. Para que esses, e certamente os há, não comprometessem o resultado final, todas as citações em língua estrangeira foram feitas no corpo do texto e as respectivas traduções se fazem presentes, com todas as suas imperfeições, em notas de rodapé. Aliás, também em notas de rodapé procurou-se fazer apontamentos laterais, alguns deles bastante importantes, sobre temas que, nalguns casos, por si sós, já ensejariam uma investigação de maior envergadura. Por isso que em tais notas a pretensão é apenas a de fustigar-nos a estudos posteriores.

Por fim, cabe registrar que foi consciente a opção pela realização de citações de forma direta, algo nem sempre comum em publicações desta natureza, mas que, de alguma maneira, permitem manter hígido o pensamento do autor com que se está a dialogar, evitando-se algum desvirtuamento ou alguma espécie de tentativa de enquadrar o seu argumento, àquele de quem o está a citar.

De modo que, a partir disso, ao final do trabalho, podemos enumerar as seguintes conclusões:

I – A resposta correta em Direito requer nova visão hermenêutica, que observe que a historicidade e a temporalidade do intérprete revelam-se no ato de compreender, pois esse não é um modo de conhecer, mas sim um modo de ser. Há, portanto, a substituição da epistemologia pela ontologia.

II – Há de ser superada a cisão sujeito/objeto, tributária da filosofia da consciência, de que emana o alvitre de que o conhecimento do último, pelo primeiro, faz-se a partir da linguagem, como instrumento.

III – Entre texto e sentido do texto não há uma identificação, da qual adviria o formalismo, tendente a apreender a inalcançável vontade da lei; tampouco há cisão, de que brotaria o subjetivismo do intérprete. Há, portanto, entre texto e sentido do texto, uma diferença (ontológica) que reside na temporalidade.

IV – Toda decisão judicial está inevitavelmente lançada no mundo histórico. Por isso que a resposta correta deve obediência à tradição autêntica

V – A Constituição traduz ideais, jungidos à história institucional da nação a que se destina e estabelece compromissos, conforma um modelo de Estado e o direciona à realização de objetivos expressamente fixados, ou seja, há, inequivocamente, embutidos no texto constitucional elementos de *valor*, que, sobretudo a partir dos princípios, passam a fazer parte de nosso ordenamento jurídico.

VI – A obtenção da resposta correta também pressupõe o acatamento, pelos juízes, da integridade.

VII – Em toda decisão judicial se haverá de conceber, mesmo que implicitamente, um exercício de jurisdição constitucional, porquanto é na Constituição, ou, dito de outra forma, é na adequação da decisão judicial à Constituição, que residirá o entendimento de que se estabeleceu uma resposta correta ao caso posto a decidir.

VIII – Em plena vigência do Estado Democrático de Direito, não se há de conceber que, máxime nas situações de maior gravidade, estejam as decisões judiciais submetidas à discricionariedade dos julgadores; para além de mitigar-se, com isso, a autonomia do Direito, não se compadece, uma tal percepção, àquilo que se há de ter como ideal democrático.

IX – A distância temporal que separa o intérprete do texto não se constitui de um espaço vazio, mas de um ininterrupto fluir da tradição, que enriquece e preenche de significados a compreensão.

X – Em variados setores do Direito, em cada qual dos ramos em que tradicionalmente foi dividido, é possível, e dir-se-ia necessário, aludir-se a pré-compreensões constitucionais autênticas, tendentes à formulação de respostas judiciais constitucionalmente adequadas.

XI – O sujeito, antes de instaurar a relação de conhecimento, já está desde sempre envolvido nela, já que lançado no mundo.

XII – A fenomenologia em Heidegger não será mais o instrumento de redução de tudo à subjetividade, nem um caminho que deve transformar tudo em objeto.

XIII – A compreensão é um existencial. A interpretação é o desenvolvimento da própria compreensão, é a elaboração das possibilidades projetadas no compreender. A interpretação só é possível sobre a base de uma *pré-compreensão*, que projeta, na compreensão, um todo de significatividade.

XIV – Não se há de reduzir a linguagem a uma dimensão instrumental, no sentido de que por meio dela o ser entra em contato com os entes. Tal é o paradigma da filosofia da consciência, pelo qual a dualidade sujeito-objeto faz-se mediada pela linguagem.

XV – A linguagem constitui momento fundamental para toda experiência do real, isto é, todo pensar já se movimenta no seio da linguagem, que, porém, não é obra da subjetividade. Antes, estamos nela inseridos.

XVI – Se a interpretação já sempre se movimenta no já compreendido e dele se deve alimentar, move-se como que num círculo; é decisivo entrar no círculo de modo adequado, porque nele se esconde a possibilidade positiva do conhecimento mais originário que, decerto, só pode ser apreendida de modo autêntico se a interpretação tiver compreendido que sua tarefa primordial é de não se deixar guiar, na posição prévia, visão prévia e concepção prévia, por conceitos populares e inspirações. De modo que o círculo hermenêutico está longe de ser uma armadilha, ou seja, não é um vício, porquanto não alude a um problema metodológico.

XVII – É a partir da diferença ontológica que Heidegger irá situar todo o seu caminho de recuperação da dimensão anterior à relação sujeito-objeto e, a partir dele, realizar a sua crítica à metafísica como entificadora, objetificadora e encobridora do ser.

XVIII – Ser é sempre ser de um ente, e todo ente *é* – há uma *diferença ontológica*. A compreensão do ser, portanto, é realizada na própria existência; nesta reside todo compreender e todo conhecer originários. Pensar o conceito de ser, a partir da diferença ontológica, significa que ao compreendermos o mundo, compreendemos a nós mesmos.

XIX – A repercussão no campo jurídico, de tais considerações filosóficas, parece inegável, mormente quando se tem presente a equivocada percepção de dualidades metafísicas entre o sujeito e o texto, ou entre este e o seu sentido, de modo a cindi-los, em olvido à diferença que os distingue e os une, na temporalidade.

XX – A partir de Gadamer, evidencia-se a ruptura de vinculação da hermenêutica com a metodologia e a hermenêutica se concebe com caráter antirrelativista, daí por que o Direito tem-no como forte aliado no combate à discricionariedade.

XXI – Antes que possamos dispor de métodos ou técnicas tendentes à interpretação de textos, já nos encontramos em certa situação que está imbricada com o resultado de qualquer exegese que possamos fazer, o que decorre de nossa historicidade. Gadamer pretende mostrar que a constituição de sentido não é obra de uma subjetividade isolada e separada da história, mas só é explicável a partir de nossa pertença à tradição.

XXII – A indissociabilidade entre interpretação e aplicação dá-se como uma decorrência da fusão de horizontes, onde o intérprete, situado em seus pressupostos, dando-se conta deles, propicia o aparecimento da novidade que o objeto a ser interpretado descortina. Interpretação e aplicação se incluem, na medida em que a compreensão é a superação de uma distância temporal que separa o texto e o intérprete, pois quem compreende, interroga, e liberta o texto de um sentido passado, como um amálgama em que não existe o lapso temporal.

XXIII – A *applicatio* há de ensejar uma visão da norma jurídica que não a considera pronta, acabada e autônoma na projeção do texto normativo. Este, inequivocamente, realiza um papel importante, mas não prescinde da sempre necessária atualização diante do problema concreto.

XXIV – O passado não há de ser concebido como um amontoado de fatos que se possam tornar objeto da consciência. É antes um fluxo em que nos movemos e participamos em todo ato de compreensão. Desta forma, a tradição não se coloca contra nós ou se revela antagônica, porquanto é nela mesma em que nos situamos e existimos.

XXV – Essa historicidade do conhecimento, essa pertença à tradição, é que hão de conferir, ao fim e ao cabo, o caráter não relativista da interpretação, tão caro ao campo do Direito.

XXVI – Fundar corretamente a compreensão numa pré-compreensão constitucional adequada será, para nós, a condição de possibilidade de retirar o Direito do campo da discricionariedade e de uma potencial anarquia relativista.

XXVII – A compreensão de Direito como integridade nega que as manifestações jurídicas sejam relatos factuais do convencionalismo, voltados para o passado, ou programas instrumentais do pragmatismo jurídico, voltados para o futuro. A partir da integridade, todas as regras particulares e as deliberações legislativas em vigor hão de remontar a um único esquema de princípios coerentes entre si.

XXVIII – Os argumentos de princípio não estão a ensejar uma maior amplitude à atividade interpretativa; os princípios não são construídos pelo intérprete. Os juízes não podem dizer que a Constituição expressa as suas próprias convicções.

XXIX – A integridade é também uma fonte hermenêutica, porquanto prescreve, nas decisões judiciais, que os juízes devam decidir os seus casos singulares como a melhor expressão possível do Direito.

XXX – Ao decidir um novo caso, cada juiz deve considerar-se como parceiro de um complexo empreendimento em cadeia, do qual as inúmeras decisões pretéritas, estruturas, convenções e práticas são a história; é seu trabalho continuar essa história no futuro por meio do que ele faz agora.

XXXI – Se o Direito é concebido como um sistema unicamente de regras deixa-se de lado, no nível das decisões judiciais, os argumentos de princípios, os quais fornecem critérios a serem observados pelos juízes, pela razão de que constituem uma exigência de justiça, equidade, ou de alguma outra dimensão da moralidade.

XXXII – A possibilidade de obtenção de respostas corretas em Direito não se situa num paradigma inalcançável para um sistema com as características da *civil Law*.

XXXIII – O que não se afaz à ideia da resposta correta é um modelo calcado no ideal positivista, porque o positivismo trabalha com dois *mundos* em separado, o das regras e o dos fatos, fixando que a aplicação da lei dar-se-á a partir de raciocínios silogísticos, isto é, de subsunções, e essas, ao se impossibilitarem, devolvem à discricionariedade judicial a solução dos casos.

XXXIV – Alvitrar-se que o Direito deve ser estudado como fato e não como valor, como alude o paradigma positivista, retira-lhe qualquer perspectiva transformadora, uma vez que seu escopo reduz-se à regulação somente. Não é isso, seguramente, o que se estabelece numa Constituição compromissária, como a nossa.

XXXV – Os modelos de interpretação do Direito forjados pelo positivismo, ao valorizarem a metódica, fornecem variados *álibis teóricos* a partir dos quais se têm escondido graus diversos de *decisionismo*. Se toda interpretação legitima-se a partir do atendimento de critérios meramente formais, quase tudo se faz possível em termos de decisões judiciais. O Direito não pode aprisionar o ente que lhe diz respeito ao modo de um objeto a ser dominado, medido e quantificado e que, uma vez delimitado, implica o permanente enquadramento de todo o acontecimento futuro dentro dos seus moldes.

XXXVI – No positivismo não há a dimensão compreensiva dos princípios.

XXXVII – Os princípios, em Dworkin, serão os portadores das razões, morais ou políticas, que fornecem ao juiz uma diretiva a respeito de suas decisões. Essa a distinção crucial entre regras e princípios, dado que os princípios, ao contrário das regras, não indicam as consequências jurídicas que se seguem à realização das condições que estão previstas, mas exercem um peso na decisão judicial, que não se dá a partir de uma relação *all or nothing*. As regras, pois, hão de encontrar sustentação nos princípios, expressam-nos.

XXXVIII – O contexto prático das relações humanas não aparece no campo de análise positivista, no que se tem uma espécie de *asfixia da realidade*, como assinala Lenio Streck.

XXXIX – Os princípios desnudam a capa de sentido imposta pela regra e direcionam a atuação do juiz à obtenção da resposta correta. Neste sentido, os princípios representam a efetiva possibilidade de resgate do mundo prático (faticidade) até então negado pelo positivismo.

XL – A atividade criadora, pelos juízes, frustra as expectativas justificadas, daqueles que, ao agirem, depositaram sua confiança de que as consequências de seus atos seriam determinadas pelo estado conhecido do Direito estabelecido.

XLI – Quando Dworkin diz que o juiz há de decidir a partir de *argumentos de princípio*, concebe-os não como entes dados previamente, de forma a serem alcançados por um esforço intelectual individual dos julgadores. Pelo contrário, o manejo dos princípios aponta, efetivamente, para os limites que se há de impor ao ato de aplicação judicial, em ordem a afastar dessa mesma aplicação as convicções políticas, morais e pessoais de quem decide, por isso que os princípios se vão afirmando e modificando ao longo do tempo e dependem de interpretações da prática jurídica como um todo.

XLII – A proteção de direitos fundamentais pelo Estado é decorrência inequívoca da ordem constitucional; o Estado evolui da posição de adversário – ou de provável causador de ofensas, para uma função de guardião dos direitos fundamentais. Devemos superar o vetusto paradigma de que o Estado apresenta-se, apenas, como o inimigo a ser contido.

XLIII – De modo que em certos setores tem-se um autêntico dever constitucional de legislar, e, assim, não apenas a existência de lei, mas também sua falta poderá ser afrontosa aos direitos fundamentais. O Direito Penal surge como um, dentre outros, mecanismos de tutela, impondo ao legislador a necessidade de serem editadas normas de índole penal para o seu resguardo. Nalguns casos, é a Constituição mesmo que estatui mandados de criminalização de condutas.

XLIV – A compreensão de que os bens jurídicos penais encontram sua base de fundamentação nos direitos fundamentais, expressos constitucionalmente, traz como consectário a observação de que, no sistema de proteção de tais direitos, insere-se o ordenamento penal. De tal modo, não pode o Estado omitir-se, nesse seu dever de tutela, ou seja, surge uma necessidade de atuação estatal, da qual não pode renunciar.

XLV – A partir da proibição de insuficiência, a noção de proporcionalidade – que, atualmente, pode-se dizer que se constituiu numa espécie de álibi teórico a permitir a expressão do decisionismo –, refina-se, adensa-se, sem cair numa espécie de figura retórica por meio da qual toda e qualquer decisão judicial encontra justificativa.

XLVI – A legislação penal e, sobretudo, as decisões penais, devem observar os ditames constitucionais, também nesta perspectiva, que aponta para a preocupação do sistema jurídico com o fato de o Estado não proteger suficientemente dado direito fundamental.

XLVII – O olvido à proibição de insuficiência, pelo legislador, impõe o acionamento dos mecanismos de controle de constitucionalidade, inclusive do denominado controle difuso, pelo qual, em nosso país, todo juiz é um juiz constitucional. A Constituição não pode ser lida pela metade, somente pelas lentes da proibição de excesso.

XLVIII – No debate entre as correntes procedimentalistas e substancialistas, não se pode olvidar que a maioria não deve ser sempre a juíza suprema de quando o seu próprio poder deve ser limitado para protegerem-se os direitos individuais. A premissa majoritária muitas vezes há de ceder passo diante daquilo que se pode conceber como concepção constitucional de democracia, cujo objetivo deve ser o de que as decisões coletivas sejam tomadas por instituições políticas cuja estrutura, composição e modo de operação dediquem a todos os membros da comunidade, enquanto indivíduos, a mesma consideração e o mesmo respeito.

XLIX – Com a previsão dos direitos sociais fundamentais na Constituição, afigura-se inexorável que a jurisdição constitucional passe a ter um papel de relevância, inclusive contra as maiorias eventuais, dando-se conta dos valores e promessas contidos nos textos constitucionais.

L – Em nosso quadro constitucional, diante de um texto que apregoa, inequivocamente, o primado dos direitos fundamentais, não há como deixar-lhes ao olvido, com a adoção de ideias de caráter meramente procedimental. Isto equivaleria a uma consideração meramente abstrata do texto constitucional e, destarte, afastar-se-ia de um comprometimento, que há de advir das decisões judiciais, com a concretização daquilo que estabelecido pela Carta.

LI – A Constituição deve ser analisada diante de uma realidade concreta e delimitada, dentro das especificidades de um cenário nacional e de sua inserção no cenário internacional. Com isso, o seu caráter dirigente e compromissário também deve ser analisado frente à realidade em que está inserido cada Estado Nacional. Perfilhar-se o substancialismo, no quadro brasileiro, intui-se como uma contingência, quase uma necessidade, tendente à afirmação de direitos ainda não efetivados.

LII – É também a nossa realidade que condiciona o papel que se dará à Constituição, em especial à sua perspectiva transformadora, de efetivação de direitos ainda não realizados e de avanços democráticos, de maneira que, no Brasil, ainda é idônea a defesa da tese do dirigismo constitucional.

LIII – O controle judicial sobre a atividade administrativa não está adstrito ao parâmetro da legalidade. Já não é somente o cumprimento da lei o norte a guiar a atividade administrativa, senão que o atuar estatal há de mostrar-se conforme o preceituado pela Constituição, especialmente no que essa direciona para a satisfação dos direitos fundamentais.

LIV – A legitimidade da atuação estatal deve estar também nos fins e não apenas nos procedimentos, e os resultados também só podem ser considerados suficientemente satisfatórios se atenderem eficientemente às finalidades constitucionalmente cometidas ao Estado. Essa circunstância não há de escapar da atividade judicial, quando acionada.

LV – Os direitos fundamentais hão de vincular e produzir efeitos nas relações privadas. Porém, se as cláusulas gerais são havidas como veículo para a irrupção de direitos fundamentais, a critério do juiz, está-se, em última análise, relegando à apreciação deste a incidência de direitos constitucionais, com apreço à sua discricionariedade.

LVI – Perde-se a oportunidade de, a partir das inequívocas alterações por que passou o direito privado em nosso país e da sua abertura à principiologia constitucional, levar-se o Direito a sério, com a simplificadora percepção de que cláusulas gerais e conceitos indeterminados levam à ampliação de poder do julgador, ao invés de imporem-lhe um nível de argumentação que desborde das regras e passe, inevitavelmente, pelos princípios, tendo-se em conta, como é curial, a integridade do Direito.

LVII – As regras dependem dos princípios; por detrás das regras estão os princípios, princípios que não se fazem presentes no tema da decisão judicial somente quando as regras falhem ou sejam obscuras; princípios, ademais, sobre cujo conteúdo não há o julgador de exercer a discrição, porque o conteúdo de um princípio não lhe pertence; pertence à história, pertence à tradição e há de estar situado na pré-compreensão autêntica do julgador.

LVIII – De pouco terão valido as variadas alterações empreendidas na legislação de direito privado, se a mentalidade dos juristas não acompanhar as necessidades do momento presente, em que a entrega da solução de grande parte dos casos à discrição do julgador parece discrepar do que corresponde ser anseio de um Estado democrático.

LIX – Os princípios cumprem ainda a função de limitação da interpretação ao restringir a discricionariedade judicial. No momento em que um caso é resolvido através de um argumento de princípio, não se cuida de eleição sobre qual princípio há de incidir; não se cuida de articular um princípio em desfavor de outro; não se cuida, enfim, de ponderar

LX – A denominada constitucionalização do Direito Civil representou importante avanço a uma disciplina que, durante largo interregno, fez-se prisioneira do paradigma pelo qual o Direito reduzia-se a um modelo de regras, infenso às influências constitucionais. A suplantação desse modelo não se pode dar com o manejo discricionário de princípios, sem a observância da importância institucional que eles estão a representar.

LXI – Projetar o modelo de subsunção às cláusulas gerais parece tão equivocado quanto afirmar-se que a sua presença está assentada numa ampliação da discricionariedade do intérprete, fazendo do Código Civil uma espécie de *código do juiz*. É na Constituição e nos princípios que se situa o que subjaz às regras coaguladas sob o modo de cláusulas gerais. É neles, pois, na Constituição e nos princípios, que se situa a razão instituidora dessas cláusulas e, deste modo, é dessa circularidade, e não da captação de sentidos pelo juiz, que depende a produção de respostas corretas em Direito privado.

LXII – A decisão judicial somente será adjetivada de correta se, no campo do direito material, der a solução constitucionalmente adequada ao caso, com respeito, ademais, às garantias constitucionais para tal fim estabelecidas. É de cercar-se, a formulação de decisões judiciais, dos dispositivos constitucionais de caráter formal, que consubstanciam as garantias processuais.

LXIII – A efetivação das decisões judiciais compreende a alteração de certas estruturas que ensejaram a necessidade de ingresso em juízo. Sem efetivar-se, a resposta judicial banaliza-se.

LXIV – O positivismo oculta, pela fórmula da aplicação silogística da lei, as verdadeiras razões de decidir. De modo que a fundamentação das decisões judiciais se erige como condição mesma de sua validade.

LXV – A concepção hermenêutica do sentido da Constituição implica uma dialética constante entre texto, que não deve estar assujeitado ao intérprete, e a atribuição de sentido a esse texto. Assim, é na circularidade hermenêutica – e não a partir da intenção original – que se há de justificar a resposta correta. De modo que a denominada *leitura originalista* da Constituição se revela uma impossibilidade hermenêutica.

LXVI – A fundamentação das decisões visa a preservar a força normativa da Constituição e o caráter deontológico dos princípios.

LXVII – A formulação das respostas judiciais deve se dar em prazo razoável, mas se impõe a superação do paradigma a partir do qual a ordinarização das demandas e a pluralidade de fases processuais rendem-lhe homenagem. É meramente retórica a asserção de que por quantos mais órgãos de jurisdição peregrinar um feito, melhor será a decisão que se lhe dará.

LXVIII – O contraditório não é um ente que, em si, carregue o seu sentido. A limitação da defesa a ser exercida no curso da relação processual não lhe apõe mácula, quando se estabelece que o seu exercício se fará sob a forma eventual, a encargo do demandado, numa demanda plenária subsequente. O princípio do contraditório será preservado nos casos em que a defesa se transforme, de contestação, em causa de pedir de uma ação inversa, a ser facultativamente ajuizada pelo sucumbente no juízo sumário.

LXIX – O refinamento das formas de atuação judicial, de que é exemplo a tutela inibitória, permite o afastamento de situações ilícitas desde o início do processo e, deste modo, presta homenagem, à efetividade processual, minimizando os efeitos do tempo.

LXX – A resposta correta em Direito é aquela que, a um só tempo, reconduz-se à Constituição e expressa-a da melhor forma, e vice-versa, como num círculo.

A RESPOSTA CORRETA EM DIREITO É AQUELA QUE, HERMENEUTICAMENTE, ESTIVER ADEQUADA À CONSTITUIÇÃO.

Referências

AGUIAR JÚNIOR, Ruy Rosado de. Projeto do Código Civil – as obrigações e os contratos. In: *Revista dos Tribunais*, ano 89, vol. 775, maio de 2000.

——. Palestra proferida por ocasião do lançamento do livro A boa-fé no direito privado, da autoria de Judith Martins Costa. Rio Grande do Sul, Universidade Federal do Rio Grande do Sul, 29.11.99. Disponível em: www.stj.gov.br/discursos. Acesso em 02 de julho de 2010.

ALEXY, Robert. *Teoría de los derechos fundamentales*. Trad. de Ernesto Garzóz Valdés. Madrid: Centro de Estudios Constitucionales, 1997.

——. Direito e Moral. In: *Direito natural, Direito positivo, Direito discursivo*. Luís Afonso Heck (org.). Porto Alegre: Livraria do Advogado, 2010.

ALVAREZ GOMÉZ, Mariano. Lenguage y ontología en H.G.Gadamer. In: *El Pensamiento Alemán Contemporaneo*. Salamanca: Editorial San esteban, 1985.

AMARAL. Francisco. *A interpretação jurídica segundo o Código Civil*. Revista do advogado. São Paulo, n° 9, julho 2008.

AMBROSI, Andrea. Costituizione Italiana e manifestazione di idee razziste o xenofobe. In: *Discriminazione razziale, xenofobia, ódio religioso*: Diritto fondamentali e tutela penale. Verona: Cedam, 2006.

ARNAUD, André-Jean; LOPES Jr, Dalmir. *Niklas Luhmann: do sistema social à sociologia jurídica*. Rio de Janeiro: Lumen Juris, 2004.

BANCALARI, Stefano. Gli anni' 20. Introduzione alla differenza ontologica. In: *Sentieri della differenza: per un'introduzione a Heidegger*. Roma: Nuova Editrice Universitária, 2008.

BAPTISTA DA SILVA, Ovídio. *Epistemologia das Ciências Culturais*. Porto Alegre: Verbo Jurídico, 2009.

——. *Jurisdição, Direito Material e Processo*. Rio de Janeiro: Forense, 2008.

——. *Da Função à Estrutura*. Constituição, Sistemas Sociais e Hermenêutica. PPG em Direito da Unisinos, Anuário 2008.

——. Decisões Interlocutórias e Sentenças Liminares. In: *Da Sentença Liminar à Nulidade da Sentença*. Rio de Janeiro: Forense, 2001.

——. O Contraditório nas Ações Sumárias. In: *Da Sentença Liminar à Nulidade da Sentença*. Rio de Janeiro: Forense, 2001.

BARATTA, Alessandro. *Criminologia crítica e crítica do direito penal*. 3. ed. Rio de Janeiro: Revan, 2003.

——. Funções instrumentais e simbólicas do direito penal. Lineamentos de uma teoria do bem jurídico. *Revista Brasileira de Ciências Criminais*, São Paulo, ano 2, n. 5, jan./mar. 1994.

BARROSO, Luis Roberto. *Curso de Direito Constitucional Contemporâneo*. São Paulo: 2009.

——. *Interpretação e aplicação da constituição*. São Paulo: Saraiva 2004.

BATISTA, Nilo. *Introdução crítica ao direito penal*. 4. ed. Rio de Janeiro: Revan, 2001.

BERCOVICI, Gilberto. *Constituição e política: uma relação difícil*. Lua Nova, São Paulo, n. 61, 2004.

——. *Teoria da Constituição*. Estudos sobre o lugar da política no Direito Constitucional. A Constituição Dirigente e a crise da Teoria da Constituição. Rio de Janeiro: Editora Lumen Juris, 2003.

BIANCO, franco. *Introduzione a Gadamer*. Bari: Editori Laterza, 2004.

BOBBIO, Norberto. *O Positivismo Jurídico*. Lições de Filosofia do Direito. São Paulo: Ícone, 2006.

_____. *A Era dos Direitos*: Direitos do Homem e Sociedade: Rio de Janeiro: Campus, 1992.
_____. *O Futuro da Democracia*. Rio de Janeiro: Paz e Terra, 2000.
BODIN DE MORAES, Maria Celina. A constitucionalização do Direito Civil e seus efeitos sobre a responsabilidade civil. In: *A constitucionalização do Direito*: fundamentos teóricos e aplicações específicas. Daniel sarmento e Claudio Pereira de Souza Neto (organizadores). Rio de Janeiro: Lumen Juris, 2007.
BOLZAN DE MORAIS, José Luis. Constituição ou barbárie: perspectivas constitucionais. In: *A Constituição concretizada: construindo pontes com o público e o privado*. Ingo Wolfgang Sarlet (org.). Porto alegre: Livraria do Advogado, 2000.
BONAVIDES, Paulo. *Curso de direito constitucional*. 15. ed. São Paulo: Malheiros, 2004.
_____. *Teoria Constitucional da Democracia Participativa. Por um Direito Constitucional de luta e resistência*. Por uma Nova Hermenêutica. Por uma repolitização da legitimidade, São Paulo: Malheiros, 2001.
BONGIOVANNI, Giorgio. Teoria "costituzionalistiche" del diritto: morale, diritto e interpretazione in R. Alexy e R. Dworkin.Bologna: CLUEB, 2000.
CADEMARTORI, Luiza Valente. Os casos difíceis e a discricionariedade judicial: uma abordagem a partir das teorias de Herbert Hart e Ronald Dworkin. In: *Novos Estudos Jurídicos* – v. 10, jan/jun. 2005.
CALMON DE PASSOS, J. J. *Instrumentalidade do processo e devido processo legal*. São Paulo: Revista de Processo, 2008.
CAMPBELL, Tom. El sentido del positivismo jurídico. In: *Doxa*, n. 25, 2002.
CAMPILONGO, Celso Fernandes. Os Desafios do Judiciário: Um enquadramento teórico. In: FARIA, José Eduardo (org). *Direitos Humanos, Direitos Sociais e Justiça*, 3ª ed. São Paulo: Malheiros, 2002.
CANARIS, Claus-Wilhelm. *Direitos fundamentais e Direito privado*. Coimbra: Almedina, 2009.
_____. *Pensamento Sistemático e conceito de sistema na ciência do Direito*. Lisboa: Fundação Calouste Gulbenkian, 2008.
CANOTILHO, José Joaquim Gomes. *Direito constitucional*. 5. ed. Coimbra: Almedina, 2002.
_____. O Estado adjetivado e a teoria da Constituição. In: *Revista da Procuradoria-Geral do Estado*. v. 25, n. 56, 2002.
_____. El Derecho Constitucional como un compromisso permanentemente renovado. *In Anuário de Derecho Constitucional y Parlamentario*, 1998.
CAPPELLETTI, Mauro; GARTH, Bryant. *Acesso à Justiça*, trad. Ellen Gracie Northfleet: Porto Alegre: Fabris, 1988.
CAPELLETTI, Mauro. *Juízes Legisladores?* Porto Alegre: Sergio Antonio Fabris Editor. 1993, Reimpressão 1999.
CARDOZO, Benjamin N. A natureza do Processo e a Evolução do Direito. *Coleção Ajuris*, 1978.
CARRARA, Francesco. *Programa do curso de direito criminal*. Campinas: LZN, 2002. v. 1.
CARVALHO, Márcia Dometila. *Fundamentação constitucional do direito penal*. Porto Alegre: Sergio Antonio Fabris, 1992.
CARVALHO, Salo de. *Aplicação da pena e garantismo*. Rio de Janeiro: Lumen Júris, 2001.
_____. *Pena e garantias*: uma leitura do garantismo de Luigi Ferrajoli no Brasil. Rio de Janeiro: Lumen Juris, 2001.
CASTANHEIRA NEVES, Antônio A. *A Crise atual da filosofia do direito no contexto da crise global da filosofia*. Tópicos para a possibilidade de uma reflexiva reabilitação. Coimbra: Coimbra Editora, 2003.
_____. *O Direito Hoje e Com que Sentido?* Lisboa: Piaget, 2002.
_____. *Curso de Introdução ao Estudo do Direito*. Coimbra: Coimbra, 1976.
CATTONI DE OLIVEIRA, Marcelo Andrade. *Direito, Política e Filosofia*: contribuições para uma teoria discursiva da constituição democrática no marco do patriotismo constitucional. Rio de Janeiro: Lumen Juris, 2007.
CICCARELLI, Pierpaolo. Gli anni' 30. Distruzione della differenza ontologica. In: *Sentieri della differenza: per un'introduzione a Heidegger*. Roma: Nuova Editrice Universitária, 2008.

CITTADINO, Gisele. *Pluralismo, Direito e Justiça Distributiva. Elementos da Filosofia Constitucional Contemporânea.* 2ª ed. Rio de Janeiro: Lumen Juris, 2000.

COPPETTI, André. *Direito penal e estado democrático de direito.* Porto Alegre: Livraria do Advogado, 2000.

------; STRECK, Lenio Luiz. *Direito penal e os influxos legislativos pós-constituição de 1988*: um modelo normativo eclético consolidado ou em fase de transição? Disponível em: http://www.ihj.org.br/_novo/professores/ Professores_11.pdf. Acesso em: 5 dez. 2009.

CORDEIRO, Paulo Machado. *A responsabilidade social dos juízes e a aplicação dos direitos fundamentais.* Salvador: Editora JusPodivm, 2007.

CORSI, Giancarlo; ESPOSITO, Elena; BARALDI, Claudio. *Glosario sobre la teoría social de Niklas Luhmann.* Iteso. Cuenca. 1996.

COUTINHO, Jacinto Nelson de Miranda (org). *Canotilho e a Constituição dirigente.* Rio de Janeiro: Renovar, 2003.

CUNHA, Maria da Conceição Ferreira da. *Constituição e crime: uma perspectiva da criminalização e da descriminzalização.* Porto: Universidade Católica Portuguesa, 1995.

CURY, Munir. AMARAL; SILVA, Antonio Fernando; MENDEZ, Emilio Garcia. *Estatuto da criança e do adolescente comentado.* 3. ed. São Paulo: Malheiros, 2001.

DALLARI BUCCI, Maria Paula. *O Conceito de Política Pública em Direito.* In: Políticas Públicas: reflexões sobre o conceito jurídico. São Paulo: Saraiva, 2006.

DAVID, René. *Os grandes sistemas do direito comparado.* Martins Fontes, 2002.

------. *O Direito Inglês.* Martins Fontes, 2000.

DÍEZ-PICAZO, Luis M. *Sistema de derechos fundamentales.* Madrid: Civitas, 2003.

DINAMARCO, Candido Rangel. *Instituições de Direito Processual Civil*, vol. I. São Paulo: Malheiros, 2001.

------. *Fundamentos do processo civil moderno.* 2. ed. São Paulo: Revista dos Tribunais, 1987.

DI PIETRO, Maria Sylvia Zanella. *Direito Administrativo.* São Paulo: Atlas, 2001.

DOLCINI, Emilio; MARINUCCI, Giorgio. *Constituição e escolha dos bens jurídicos.* Revista Portuguesa de Ciência Criminal, ano 4, fascículo 1, jan./mar., 1994.

DOMINGUES, Ivan. *Epistemologia das ciências humanas.* Tomo I: positivismo e hermenêutica. São Paulo: Loyola, 2004.

DROMI, Roberto. *Modernización del Control Público.* Hispania Libros, 2005.

DUARTE, Francisco Carlos. *Direito Fundamental à Decisão Judicial Urgente.* In Tutela de Urgência e Risco: em defesa dos direitos fundamentais. Volume I., Juruá: Curitiba, 2005.

DWORKIN, Ronald. *A Justiça de toga.* São Paulo: Martins Fontes, 2010.

------. *O Direito da Liberdade: A Leitura Moral da Constituição Norte-Americana.* Martins Fontes, 2006.

------. *Levando os Direitos a Sério.* São Paulo: Martins Fontes, 2002.

------. *O Império do Direito.* São Paulo: Martins Fontes, 2003.

------. *Uma Questão de Princípio.* São Paulo: Martins Fontes, 2002.

------. *Domínio da vida*: aborto, eutanásia e liberdades individuais. São Paulo: Martins Fontes, 2003.

------. *A Virtude Soberana.* São Paulo: Marins Fontes, 2005.

ECO, Umberto. *Kant e o ornitorrinco.* Rio de Janeiro: Record, 1998.

ELY, John Hart. *Democracy and distrust*: a theory of a judicial review. Harvard University Press, 1980.

EMERICH CORETH, S. J. *Questões fundamentais de hermenêutica.* São Paulo: EDUSP, 1973.

ENGELMAN, Wilson. *Crítica ao Positivismo Jurídico*: princípios, regras e o conceito de Direito. Porto Alegre: Sergio Antonio Fabris Editor, 2001.

FACCINI NETO, Orlando. Corolários da Lei 10.792/03 no panorama da execução penal. *Revista da Ajuris*, Porto Alegre, n. 97, mar. 2005.

FELDENS, Luciano. *A Constituição Penal* – a dupla face da proporcionalidade no controle de normas penais. Porto Alegre: Livraria do Advogado, 2005.

FERRAJOLI, Luigi. *Diritti Fondamentali: um dibattito teórico.* Roma: Editori Laterza, 2008.

_____. *Direito e razão: teoria do direito penal.* São Paulo: Revista dos Tribunais, 2002.
_____. *O Direito como sistema de garantias.* In: OLIVEIRA JUNIOR, José Alcebíades de (org.). *O Novo em Direito e Política*, Porto Alegre: Livraria do Advogado, 1997.
FERRAZ JÚNIOR, Tércio Sampaio. *Introdução do Estudo do Direito* – Técnica, Decisão e Dominação, 2. ed. São Paulo: Atlas, 1994.
FERREIRA, Manoel Gonçalves Filho. *Curso de direito constitucional.* São Paulo: Saraiva, 2001.
FERREIRA DA SILVA, Luís Renato. A função social do contrato no novo Código civil e sua conexão com a solidariedade social. In: *O novo Código Civil e a Constituição.* Ingo Wolfgang Sarlet (org.). Porto Alegre: Livraria do Advogado, 2003.
FIGUEIREDO. Marcelo. O controle das políticas públicas pelo poder judiciário no Brasil: uma visão geral. *Revista de Interesse Público*, Porto Alegre, v.9, 2007.
FIGUEIREDO DIAS, Jorge. *Questões fundamentais do direito penal revisitadas.* São Paulo: Revista dos Tribunais, 1999.
FINGER, Julio Cesar. Constituição e direito privado: algumas notas sobre a chamada constitucionalização do Direito Civil. In: *A Constituição concretizada*: construindo pontes com o público e o privado. Ingo Wolfgang Sarlet (organizador). Porto Alegre: Livraria do Advogado, 2000.
FISS, Owen. *Um Novo Processo Civil*: Estudos norte-americanos sobre jurisdição, constituição e sociedade. Revista dos Tribunais, 2004.
FRIGNANI, Aldo. L'injunction nella common law e l'inibitoria nel diritto italiano. In: *Rivista Trimestrale di Diritto e Procedura Civile*, 1972.
GADAMER, Hans Georg. *Verdade e método* – traços fundamentais de uma hermenêutica filosófica. 6. ed. São Paulo: Vozes, 2004.
_____. *El problema de la conciencia histórica.* Madrid: Tecnos, 1993.
_____. *Hermenêutica em retrospectiva: a virada hermenêutica.* Rio de Janeiro: Vozes, 2007.
GAGLIARDI, Maria Aparecida; MATTIUZO JUNIOR, Alcides. A constitucionalização do Direito Civil e a nova teoria contratual. In: *Anais do XIV Encontro preparatório para congresso nacional do CONPEDI.* Florianópolis: Fundação Boiteux, 2005.
GARAPON, Antoine. Bem Julgar: *Ensaio sobre o ritual judiciário.* Instituto Piaget, 1997.
GARCÍA DE ENTERRÍA, Eduardo. *Democracia, Jueces Y Control de la Administración.* 3ª ed. Madri: Editorial Civitas, 1997.
GASPARINI, Diógenes. *Direito Administrativo.* São Paulo: Saraiva, 1995.
GIORGIANNI, Michele. O direito privado e as suas atuais fronteiras. São Paulo: *Revista dos Tribunais-RT*, vol. 747, janeiro, 1998.
GOMES, Luis Flavio. *Princípio da ofensividade no direito penal.* São Paulo: Revista dos Tribunais, 2002.
GRAU, Eros Roberto. *Ensaio e discurso sobre a interpretação/aplicação do direito.* São Paulo: Malheiros, 2005.
_____. *A Ordem Econômica na Constituição de 1988.* 6 ed. São Paulo: Malheiros, 2001.
GREGORIO, Giuliana. *Linguaggio e interpretazione: su Gadamer e Heidegger.* Rubbettino: Rubbettino Editore, 2006.
GRINOVER, Ada Pellegrini; DINAMARCO, Candido Rangel; CINTRA, Antonio Carlos de Araújo. *Teoria Geral do Processo.* 13. ed. São Paulo: Malheiros. 1997.
GSCHWENDTNER, Loacir. *A constitucionalização do direito privado contemporâneo.* Florianópolis: OAB/SC Editora, 2006.
GUASTINI, Riccardo. Disposizione vs. Norma. In: *Scienza e tecnica della legislazione.* Trieste: Università degli Studi di Trieste, 1988.
GUEST, Stephen. *Ronald Dworkin.* Rio de Janeiro: Elsevier, 2010.
HABERMAS, Jürgen. *Direito e Democracia*: entre facticidade e validade, vol. I, 2ª ed., trad: Flávio Beno Seibeneichler, Rio de Janeiro: Tempo Brasileiro, 2003.
_____. *A inclusão do outro.* São Paulo: Loyola, 2002.
HART, H. L. A. *O Conceito de Direito.* São Paulo: Martins Fontes, 2009.
HEIDEGGER, Martin. *Introdução à filosofia.* São Paulo: Martins Fontes, 2008.
_____. *Ser e Tempo.* Rio de Janeiro: Vozes, 2006.
_____. *Que é Isto – A filosofia? Identidade e diferença.* Rio de Janeiro: Vozes, 2008.

——. *Ontologia: hermenêutica de la facticidad*. Madrid: Alianza, 2000.
——. *Que é Metafísica?* In: *Conferências e escritos filosóficos* (Os Pensadores). São Paulo: Abril Cultural, 1979.
——. *O conceito de tempo*. Lisboa: Fim de Século, 2003.
HEKMAN, Susan. *Hermenêutica e sociologia do conhecimento*. Lisboa: Edições 70, 1990.
HESSE, Konrad. *Derecho Constitucional y derecho privado*. Trad. De Ignácio Gutiérrez. Madrid: Civitas, 1995.
IMPALLOMENI, G.B. *L'Omicidio Nel Diritto Penale*. 2. ed. Torino: Unione Tipográfico Editrice, 1900.
INWOOD, Michael. *Heidegger*. São Paulo: Edições Loyola, 2004.
IRTI, Natalino. *L'età della decodificazione*. Milano: Giuffrè, 1978.
JAKOBS, Günter. *Fundamentos do Direito Penal*. São Paulo: Revista dos Tribunais, 2003.
JORGE JUNIOR, Alberto Gosson. *Subsídios para uma interpretação das cláusulas gerais no Novo Código Civil*. Dissertação (mestrado), Pontifícia Universidade Católica de São Paulo – PUC/SP, Biblioteca Nadir Gouvêa Kfouri, 2003.
KAUFMANN, Arthur. *Filosofia do direito*. Lisboa: Calouste Gulbenkian, 2004.
KELSEN, Hans. *Direito natural e direito positivo. Uma investigação de sua relação recíproca*. In: *Direito natural, Direito positivo, Direito discursivo*. Luís Afonso Heck (org.). Porto Alegre: Livraria do Advogado, 2010.
——. *O que é positivismo jurídico ?* In: *Direito natural, Direito positivo, Direito discursivo*. Luís Afonso Heck (org.). Porto Alegre: Livraria do Advogado, 2010.
——. *Teoria pura do direito*. São Paulo: Martins Fontes, 1991.
KNIJNIK, Danilo. *Os Standards do convencimento judicial: paradigmas para o seu possível controle*. In: *Revista Forense*, volume 353. Rio de Janeiro: Forense, 2001.
KREEL, Andréas J. *Direitos Sociais e Controle Judicial no Brasil e na Alemanha. Os (dês)caminhos de um direito constitucional "comparado"*. Porto Alegre: Sergio Antonio Fabris Editor, 2002.
——. *Controle Judicial dos Serviços Públicos básicos na base dos direitos fundamentais sociais*. In: SARLET, Ingo Wolfgang. *Constituição Concretizada. Construindo Pontes com Público e o Privado*. Porto Alegre: Livraria do Advogado. 2000.
KUJAWSKI, Gilberto de Mello. *O Poder Econômico e a Lei Ambiental*. Jornal o Estado de São Paulo, 22 de julho de 1985.
LARENZ, Karl. *Metodologia da Ciência do Direito*. 4. ed.. Lisboa: Fundação Calouste Gulbenkian, 2005.
LIMA, George Marmelstein Lima. *Crítica à Teoria das Gerações (ou mesmo Dimensões) dos Direitos Fundamentais*. Disponível em http://jus2.uol.com.br/doutrina/texto.asp?id=4666. Acesso em 07 de janeiro de 2010.
LOPES, Edgard de Oliveira. *Os direitos fundamentais sob a ótica das influências ético-filosóficas, consoante o magistério de Hans Kelsen, Miguel Reale e Willis Santiago Guerra Filho*. Disponível em: http://jus2.uol.com.br/doutrina/texto. asp?id=2872. Acesso em: 7 dez. 2009.
LOPES, Mauricio Antonio Ribeiro. *Princípio da insignificância no direito penal*. 2. ed. São Paulo: Revista dos Tribunais, 2000.
——. *Critérios constitucionais de determinação dos bens jurídicos penalmente relevantes*. 1999. Tese (Livre Docência em Direito Penal) – Faculdade de Direito da Universidade de São Paulo, São Paulo, 1999.
——. *Direito penal, estado e constituição*. São Paulo: Instituto Brasileiro de Ciências Criminais, 1997.
LIMA, George Marmelstein Lima. *Crítica à Teoria das Gerações (ou mesmo Dimensões) dos Direitos Fundamentais*. Disponível em http://jus2.uol.com.br/doutrina/texto.asp?id=4666. Acesso em 07 de dezembro de 2009.
LISZT, Franz von. *Tratado de direito penal alemão*. Campinas: Russel, 2003.
LOBO TORRES, Ricardo. *A Cidadania Multidimensional na Era dos Direitos*. In: *Teoria dos Direitos Fundamentais*. Rio de Janeiro, Renovar: 1999.
LÓPEZ CALERA, Nicolas Maria. *Filosofia Del Derecho*. Granada: Comares, 1992.
LORENZETTI, Ricardo Luis. *Teoria da decisão judicial: fundamentos de Direito*. São Paulo: Revista dos Tribunais, 2009.

LUHMANN, Niklas. *El Derecho de la sociedad*. Universidad Iberoamericana. México. 2002.

──. *Sociologia do direito I*. Rio de Janeiro: Edições Tempo Brasileiro, 1983.

LUISI, Luiz. *Os princípios constitucionais penais*. Porto Alegre: Sergio Antonio Fabris, 2003.

──. *Bens constitucionais e criminalização*. Disponível em: http://www.cjf.gov.br/revista/numero4/artigo13.htm. Acesso em: 7 set. 2010.

MACHADO, Marta Rodrigues de Assis. *Sociedade do risco e direito penal: uma avaliação de novas tendências político-criminais*. São Paulo: Instituto Brasileiro de Ciências Criminais, 2005.

MACCORMICK, Neil. *H. L. A. Hart*. Rio de Janeiro: Elsevier, 2010.

──. *Argumentação Jurídica e Teoria do Direito*. São Paulo: Martins Fontes, 2006.

MAGALHÃES BONICIO, Marcelo José. *Considerações Sobre a Tutela Inibitória*. Disponível em: <http://www.pge.sp.gov.br/centro deestudos/revistaspge/revista53/consideracoes.htm>. Acesso em 11 set. 2010.

MAIA, Alexandre da. *O garantismo jurídico de Luigi Ferrejoli: notas preliminares*, Pernambuco, 2004. Disponível em: http://www1.jus.com.br/doutrina/texto.asp?id=17. Acesso em: 10 dez. 2009.

MAMAN, Jeannette Antonios. *Fenomenologia existencial do direito* – Crítica do pensamento jurídico brasileiro. São Paulo: Quartier Latin, 2003.

MANCUSO, Rodolfo Camargo de. *Ação Civil Pública*. 7. ed.. São Paulo: Revista dos Tribunais, 2001.

MARINS, Victor Alberto Azi Bonfim. *Tutela Cautelar* (Teoria Geral e Poder Geral de Cautela). Curitiba: Juruá, 1996.

MARINONI, Luiz Guilherme. *Tutela Inibitória: Individual e Coletiva*, 3. ed.. São Paulo: Revista dos Tribunais, 2003.

──. *Técnica Processual e Tutela dos Direitos*. São Paulo: Revista dos Tribunais, 2004.

──. Tutela inibitória: a tutela de prevenção do ilícito. In: *Revista de Direito Processual Civil*, Curitiba: Genesis, v. 2, ano 1, jan./abr., 1996.

MARTÍNEZ-GARCIA, Jesús Ignacio. Para leer Luhmann: aviso para juristas. In:

MARTINS-COSTA, Judith. *Diretrizes teóricas do novo Código Civil brasileiro*. São Paulo: Saraiva, 2002.

──. O Direito privado como um "sistema em construção": as cláusulas gerais no projeto do código civil brasileiro. In: *Jus navigandi*, Teresina, ano 4, n. 41, mai.2000. Disponível em: Acesso em: 12 de fevereiro de 2010.

──. *A Boa-fé no Direito Privado*: sistema e tópica no processo obrigacional. São Paulo: Revista dos Tribunais, 1999.

MAURACH, Reinhart. *Derecho penal*. Parte general. Buenos Aires: Astrea, 1994.

MAURER, Hartmut. *Elementos de Direito Administrativo Alemão*. Porto Alegre: Sergio Antonio Fabris Editor, 2001.

MAXIMILIANO, Carlos. *Hermenêutica e aplicação do direito*. 16. ed. Rio de Janeiro: Forense, 1996.

MEIRELLES, Hely Lopes. *Direito Administrativo Brasileiro*. São Paulo: Malheiros, 1998.

MELLO, Cláudio Ari. *Democracia constitucional e direitos fundamentais*. Porto Alegre: Livraria do Advogado, 2004.

MENDES, Gilmar Ferreira. *Direitos fundamentais e controle de constitucionalidade*. 2. ed. São Paulo: Celso Bastos, 1999.

──. Os direitos fundamentais e seus múltiplos significados na ordem constitucional. *Revista Diálogo Jurídico*, jan. 2002. Disponível em: www.direitopublico.com.br. Acesso em: 12 dez. 2009.

MENDES, Gilmar Ferreira; COELHO, Inocêncio Mártires; GONET BRANCO, Paulo Gustavo. *Curso de Direito Constitucional*. São Paulo: Saraiva, 2007.

MICHAEL, Lothar. As três estruturas de argumentação do princípio da proporcionalidade – para a dogmática da proibição de excesso e de insuficiência e dos princípios da igualdade. In: *Direito natural, Direito positivo, Direito discursivo*. Luís Afonso Heck (org.). Porto Alegre: Livraria do Advogado, 2010.

MILARÉ, Edis. *Direito do ambiente*. 2. ed. São Paulo: RT, 2001

MIRANDA, Jorge. *Contributo para uma teoria da inconstitucionalidade*. Coimbra: Coimbra, 1996.

MORAES, Alexandre de. *Direito constitucional*. 17. ed. São Paulo: Atlas, 2005.

MORAIS, Fausto Santos de. *A argumentação jurídica e a (in)devida abertura do Direito*. Trabalho publicado nos Anais do XVIII Congresso Nacional do Conpedi, realizado em Maringá, de 02 a 04 de julho de 2009. Disponível em http://www.conpedi.org/maringa/html. Acesso em 13 de setembro de 2010.

MORCILO LIXA, Ivone Fernandes. *Hermenêutica e Direito: uma possibilidade crítica*. Curitiba: Juruá, 2008.

MOREIRA, José Carlos Barbosa. *Tutela Sancionatória e Tutela Preventiva*. in: Temas de Direito Processual, 2ª série, 2ª ed., São Paulo: Saraiva, 1988.

MOREIRA NETO, Diogo de Figueiredo. *Quatro Paradigmas do Direito Administrativo Pós-Moderno: legitimidade, finalidade, eficiência, resultados*. Rio de Janeiro: Editora Fórum, 2008.

MOREIRA, Vital. *Constituição e democracia na experiência portuguesa*. In: Constituição e democracia. Antonio Gomes Moreira Maués (organizador). São Paulo: Max Limonad, 2001.

NUNES, Vidal Serrano Júnior; ARAÚJO, Luiz Alberto David. *Curso de direito constitucional*. 9. ed. São Paulo: Saraiva, 2005.

OLIVEIRA, Manfredo A. de. *Reviravolta linguistico-pragmática na filosofia contemporânea*. São Paulo: Loyola, 2006.

OLIVEIRA, Rafael Tomaz de. *Decisão Judicial e o Conceito de Princípio*: A Hermenêutica e a (in)determinação do Direito. Porto Alegre: Livraria do Advogado, 2008.

PADOVANI, Umberto; CASTAGNOLA, Luís. *História da Filosofia*. São Paulo: Melhoramentos, 2003.

PALLAZZO, Francesco. *Corso di Diritto Penale*. Terza Edizione. Torino: G.Giappichelli Editore, 2008.

——. *Valores constitucionais e direito penal*. Porto Alegre: Sergio Antonio Fabris, 1989.

PALMA, Maria Fernanda. *Direito Constitucional Penal*. Coimbra: Almedina, 2006.

PELARIN, Evandro. *Bem jurídico penal* – Um debate sobre a descriminalização. São Paulo: IBCCRIM, 2002.

PEREIRA, Rodrigo da Cunha. *Por que o direito se interessa pela psicanálise?* Disponível em: http://www.puc-rio.br/sobrepuc/depto/direito/revista/online/ rev06_rodrigo.html. Acesso em: 2 dez de 2009.

PÈRES LUÑO, Antonio-Henrique. *Los derechos fundamentales*. 6. ed. Madrid: Ed. Tecnos, 1995.

PICARDI, Nicola. *Jurisdição e Processo*. Rio de Janeiro: Forense, 2008.

PÖGGELER, Otto. *A via do pensamento de Martin Heidegger*. Lisboa: Instituto Piaget, 2001.

PRADO, Luis Regis. *Bem jurídico penal e constituição*. 3. ed. São Paulo: Revista dos Tribunais, 2003.

QUADRA-SALCEDO, Tomás. *El recurso de amparo y los derechos fundamentales en las relaciones entre particulares*. Madrid: Civitas, 1981.

RAMIRES, Mauricio. *Crítica à aplicação de precedentes no Direito brasileiro*. Porto Alegre: Livraria do Advogado, 2010.

RENQUIST, William H. *The Supreme Court*. New York: Morrow, 2001.

RIBEIRO MOREIRA, Eduardo. O Momento do Positivismo. In: *Teoria do Direito Neoconstitucional*: superação ou reconstrução do positivismo jurídico. Método: São Paulo, 2008.

RICOEUR, Paul. *Hermenêutica e Ideologias*. Petrópolis: Vozes, 2008.

ROCHA, Carmen Lúcia Antunes. O Direito Constitucional à jurisdição. In: TEIXEIRA, Sálvio de Figueiredo (coord.). *As Garantias do Cidadão na Justiça*. São Paulo: Saraiva, 1993.

RODOTÀ, Stefano. Ideologia e tecniche della riforma Del diritto civile. *Rivista di Diritto Commerciale*, vol. I., 1967.

RODRÍGUEZ, César. *La Decisión Judicial: El debate Hart-Dworkin*. Universidad de los Andes: Siglo Del Hombre Editores, 1997.

ROHDEN, Luiz. *Hermenêutica Filosófica*: entre a linguagem da experiência e a experiência da linguagem. São Leopoldo: Unisinos, 2002.

SAGNOTTI, Simona C. *I Diritti tra storia e morale: riflessioni sul pensiero di Ronald Dworkin*. Milano: Giuffrè Editore, 1998.

SALDANHA, Jânia Maria Lopes. Do Funcionalismo Processual da aurora das luzes às mudanças processuais estruturais e metodológicas no crepúsculo das luzes: a revolução paradigmática do sistema processual e procedimental de controle de constitucionalidade no STF. *Constituição, Sistemas Sociais e Hermenêutica*. PPG em Direito da Unisinos, Anuário 2008, n. 05.

SANTOS, Juarez Cirino. *A moderna teoria do fato punível*. 2. ed. Rio de Janeiro: Freitas Bastos, 2002.

——. *Direito penal*: a nova parte geral. Rio de Janeiro: Forense, 1985.

SARLET, Ingo Wolfgang. *A eficácia dos direitos fundamentais*. 2. ed. Porto Alegre: Livraria do Advogado, 2001.

——. Constituição e proporcionalidade: o direito penal e os direitos fundamentais entre proibição de excesso e de insuficiência. *Revista da Ajuris*, Porto Alegre, n. 98, jun. 2005.

——. *Dignidade da pessoa humana e direitos fundamentais na constituição Federal de 1988*. Porto Alegre: Livraria do Advogado, 2001.

——. Direitos fundamentais e Direito privado: algumas considerações em torno da vinculação dos particulares aos direitos fundamentais. In: *A Constituição concretizada*: construindo pontes com o público e o privado. Ingo Wolfgang Sarlet (organizador). Porto Alegre: Livraria do Advogado, 2000.

SCALIA, Antonin. *A matter of interpretation*: federal courts and the law: an essay. Princeton: Princeton University Press, 1997.

SCHÄFER STRECK, Maria Luiza. *Direito Penal e Constituição*: A face Oculta da proteção dos Direitos Fundamentais. Porto Alegre: Livraria do Advogado, 2009.

SCHWANITZ, Dietrich. *Cultura Geral*: Tudo o que se deve saber. Martins Fontes, 2007.

SCHWARTZ, Germano; ROCHA, Leonel Severo; CLAM, Jean. *Introdução à Teoria do Sistema Autopoiétiuco do Direito*. Livraria do Advogado. Porto Alegre, 2005.

SEABRA FAGUNDES, Miguel. *O Controle dos Atos Administrativos pelo Poder Judiciário*. Rio de Janeiro: Ed. Forense, 1967.

SEGANFREDO, Carmen. *As 100 Melhores Histórias da Mitologia*. LPM, 2003.

SÉROUSSI, Ronald. *Introdução a Direito Inglês e Norte-Americano*. Landy Editora, 2006.

SESMA, Victoria Iturralde. *El precedente en el common law*. Madrid: Editorial Civitas, 1995.

SILVA, José Afonso. *Curso de direito constitucional positivo*. 13. ed. São Paulo: Malheiros, 1997.

——. *Aplicabilidade das normas constitucionais*. São Paulo: Revista dos Tribunais, 1982.

SILVEIRA ESPÍNDOLA, Angela Araújo de; SALDANHA, Jânia Maria Lopes; BOLZAN DE MORAIS, José Luis. *A superação do funcionalismo processual e a construção de mudanças processuais "estruturais" e "metodológicas"*: uma (nova) identidade para o sistema processual e procedimental de controle concentrado da constitucionalidade no STF. Trabalho publicado nos Anais do XVII Congresso Nacional do Conpedi, realizado em Brasília – DF, de 20 1 22 de novembro de 2008. Disponível em http://www.conpedi.org/manaus/arquivos/anais/brasilia/05_370.pdf. Acesso em 03 de dezembro de 2009.

SMANIO, Gianpaolo Poggio. *O bem jurídico e a constituição*. São Paulo: Complexo Jurídico Damásio de Jesus, acesso em 11 de dezembro/2009. Disponível em: www.damasio.com.br/novo/html/frama_artigos.htm.

SILVA FILHO, José Carlos Moreira da. *Hermenêutica filosófica e direito*: o ejemplo privilegiado da boa-fé objetiva no direito contratual. Rio de Janeiro: Lumen Juris, 2006.

SOUZA DE OLIVEIRA, Fábio Corrêa. *Morte e vida da Constituição Dirigente*. Rio de Janeiro: Lumen Juris, 2010.

SOUZA NETO, Cláudio Pereira de. *Teoria da Constituição*. Estudos sobre o lugar da política no Direito Constitucional. A Constituição Dirigente e a crise da Teoria da Constituição. Rio de Janeiro: Lumen Juris, 2003.

STEIN, Ernildo. *Compreensão e Finitude*: estrutura e movimento da interrogação heideggeriana. Ijuí: Unijuí, 2001.

——. *Aproximações sobre hermenêutica*. Porto Alegre: EDIPUCRS, 2004.

——. *Aproximações sobre hermenêutica*. Porto Alegre: EDIPUCRS, 1996.

——. *Pensar é pensar a diferença*: filosofia e conhecimento empírico. Ijuí: Unijuí, 2001.

——. *Seis estudos sobre Ser e Tempo*. Rio de Janeiro: Vozes, 1988.

——. *Nas proximidades da antropologia*: ensaios e conferências filosóficas. Ijuí: Unijuí, 2003.

——. *Diferença e metafísica* – ensaios sobre a desconstrução. Porto Alegre: EDIPUCRS, 2000.

——. *Racionalidade e existência*. Uma introdução à filosofia. Porto Alegre: LPM, 1988.

———. *A questão do método na filosofia*: um estudo do modelo heideggeriano. Porto Alegre: Movimento, 1983.
STEINMETZ, Wilson. *A vinculação dos particulares aos direitos fundamentais*. São Paulo: Malheiros, 2004.
STRECK, Lenio Luiz. *O que é isto – decido conforme minha consciência?* Porto Alegre: Livraria do Advogado, 2010.
———. *Verdade e Consenso: Constituição, Hermenêutica e Teorias Discursivas*: Da possibilidade à necessidade de respostas corretas em direito.Rio de Janeiro: Lumen Juris, 2009.
———. *Verdade e Consenso*: Constituição, Hermenêutica e Teorias Discursivas: Da possibilidade à necessidade de respostas corretas em direito. Rio de Janeiro: Lumen Juris, 2008.
———. *Desconstruindo os modelos de juiz*: a hermenêutica jurídica e a superação do esquema sujeito-objeto. Constituição, Sistemas Sociais e Hermenêutica. PPG em Direito da Unisinos, Anuário 2007, n. 04.
———. *Hermenêutica Jurídica e(m) crise*. Uma exploração hermenêutica da construção do direito. 4. ed. Porto Alegre, Livraria do Advogado, 2004.
———. *Hermenêutica jurídica e(m) crise*. Uma exploração hermenêutica da construção do direito. 3. ed. Porto Alegre: Livraria do Advogado, 2001.
———. Hermenêutica, Costituição e Processo, ou de como "discricionariedade não combina com democracia": o contraponto da resposta correta. In: *Constituição e Processo*: a contribuição do processo ao constitucionalismo democrático. Belo Horizonte: Del Rey, 2009
———. Da proibição de excesso (Übermassverbot) à proibição de proteção deficiente (Untermassverbot): de como não há blindagem contra normas penais inconstitucionais. *Revista da Ajuris*, Porto Alegre, n. 97, mar. 2005.
———. *Jurisdição constitucional e hermenêutica*. 2. ed. Rio de Janeiro: Forense, 2004.
———. A dupla face do princípio da proporcionalidade e o cabimento de mandado de segurança em matéria criminal: superando o ideário liberal-individualista-clássico.Disponível em: http://www.ihj.org.br/_novo/professores/Professores_16.pdf. Acesso em: 11 nov. 2009.
———. A resposta hermenêutica à discricionariedade positivista em tempos de pós-positivismo. In: *Teoria do Direito Neoconstitucional*: superação ou reconstrução do positivismo jurídico. São Paulo: Método, 2008.
———. *O problema da decisão jurídica em tempos pós-positivistas*. In: Novos estudos Jurídicos, vol. 14, n. 2/ 2º quadrimestre 2009.
———. A hermenêutica e o acontecer (Ereignen) da Constituição: a tarefa de uma nova crítica do Direito. In: *Anuário do programa de pós graduação em Direito*. São Leopoldo: Unisinos, 2000.
———. Aplicar a "letra da lei" é uma atitude positivista? In: *Revista NEJ – Eletrônica*, vol. 15, nº 01, jan-abr. 2010, disponível em www.univali.br/periodicos. Acesso em 24 de setembro de 2010.
STRECK, Lenio Luiz. BOLZAN DE MORAIS, José Luis. *Ciência Política & Teoria do Estado*. 7. ed. Porto Alegre: Livraria do Advogado, 2010.
SUÁREZ, Jesús Aquilino. *La crisis de la ley: control judicial de la legalidad*. In: El positivismo jurídico a examen, estúdios en homenaje a José Delgado Pinto. Universidade de Salamanca, 2006.
TARUFFO, Michele. *La Semplice Verità*: Il giudice e la costruzione dei fatti. Roma-Bari: Editori Laterza, 2009.
TAVARES, Fernando Horta. Acesso ao Direito, Duração Razoável do Processo e Tutela Jurisdicional Efetiva nas Constituições Brasileira e Portuguesa: um estudo comparado. In: *Constituição e Processo*: a contribuição do processo ao constitucionalismo democrático brasileiro. Belo Horizonte: Del Rey, 2008.
TAVARES, Rodrigo. *Neopositivismos: Novas ideias sobre uma antiga tese*. In Teoria do Direito Neoconstitucional: superação ou reconstrução do positivismo jurídico. São Paulo: Método, 2008.
TEPEDINO, Gustavo. *Premissas metodológicas para a constitucionalização do Direito Civil*. In: temas de Direito Civil. Rio de Janeiro: Renovar, 2008.
———. Crise de fontes normativas e técnica legislativa na parte geral do Código Civil de 2002. In: *A parte geral do novo Código Civil*: estudos na perspectiva civil constitucional. Gustavo Tepedino (coor.). Rio de Janeiro: Renovar, 2003.

――. O Código Civil, os chamados microssistemas e a Constituição: premissas para uma reforma legislativa. In: *Problemas de Direito Civil-Constitucional*. Gustavo Tepedino (coordenador). Rio de Janeiro: Renovar, 2000.

THEODORO JÚNIOR, Humberto. *O contrato e sua função social*. Rio de Janeiro: Forense, 2003.

――. *Curso de Direito Processual Civil*, vol. I. Rio de Janeiro: Forense, 1997.

――. *Curso de Direito Processual Civil*, vol II. Rio de Janeiro: Forense, 1997.

TRIBE, Laurence; DORF, Michael. *Hermenêutica constitucional*. Tradução de Amarílis de Souza Birchal. Coordenação e supervisão de Luiz Moreira. Coleção Del Rey Internacional. Belo Horizonte: Del Rey, 2007.

TRINDADE, André. *Para Entender Luhmann*. Porto Alegre: Livraria do Advogado, 2008.

TROCKER, Nicolò. *La tutela guirisdizionale degli interesse diffusi nel diritto comparato*, Milão, Giuffrè, 1976.

VATTIMO, Gianni. *Introduzione a Heidegger*. Bari: Editori Laterza, 2008.

VIEIRA, Oscar Vilhena. *A Constituição e sua reserva de justiça*: um ensaio sobre os limites materiais do poder de reforma. São Paulo: Malheiros, 1999.

――. *Discricionariedade judicial e direitos fundamentais*. Disponível em http://www.dhnet.org.br/direitos/militantes/oscarvilhena/vilhena-discricionariedade.html. Acesso em 22 de abril de 2010.

VIGORITI, Vicenzo. *Interessi colletivi e processo*. Milão: Giuffrè, 1979.

WARAT, Luis Alberto. A produção crítica do saber jurídico. In: *Crítica do direito e do estado*. Rio de Janeiro: Graal, 1984.

WATANABE, Kazuo. *Da Cognição no Processo Civil*, 2. ed. São Paulo: Bookseller, 2000.

WOODWARD, Bob; ARMSTRONG, Scott. *Por detrás da Suprema Corte*. São Paulo: Saraiva, 1985.

ZAFFARONI, Eugenio Raul. *Derecho Penal*: parte general. 2. ed. Buenos Aires: Ediar, 2002.

Impressão:
Evangraf
Rua Waldomiro Schapke, 77 - POA/RS
Fone: (51) 3336.2466 - (51) 3336.0422
E-mail: evangraf.adm@terra.com.br